公共关系学教程

（第六版）

主　编　方宪玕

副主编　章瑞华　黄华新　方晓阳

浙江大學出版社

图书在版编目（CIP）数据

公共关系学教程／方宪玕主编．修订本．—杭州：浙江大学出版社，2001（2020.7 重印）
ISBN 978-7-308-01617-9

Ⅰ.公… Ⅱ.方… Ⅲ.公共关系学—教材 Ⅳ.C912.3

中国版本图书馆 CIP 数据核字（2007）第 015157 号

公共关系学教程

方宪玕　主编

责任编辑　董雯兰
出版发行　浙江大学出版社
（杭州市天目山路 148 号　邮政编码 310007）
（网址：http://www.zjupress.com）
排　　版　杭州中大图文设计有限公司
印　　刷　浙江省良渚印刷厂
开　　本　850mm×1168mm　1/32
印　　张　11
字　　数　306 千
版 印 次　2004 年 2 月第 6 版　2020 年 7 月第 27 次印刷
书　　号　ISBN 978-7-308-01617-9
定　　价　30.00 元

浙江大学出版社市场运营中心联系方式：0571－88925591；http://zjdxcbs.tmall.com

第六版前言

公共关系传入中国大陆已20多年，它一度成为一种时尚，风靡一时，呈现出泡沫繁荣，现在则已进入平静的、健康的发展时期。

现在全国较具规模的企业，均已设立了公共关系机构，配置了公共关系人员。从中央到地方各级政府均开始设立了新闻办公室，定期或经常举行新闻发布会，实行公示制度等，提高政府办事的透明度，截止目前，全国乡村政务公开已逐步走上规范化轨道，县级政务公开已全面推行，市（地）级行政机关政务公开正在积极推行之中，公用事业单位实行办事公开制度，是今年我国政务公开工作的重点之一。最近抗“非典”期间，卫生部、北京市政府每天发布疫情公告，这能稳定民心，防止流言传播，争取民众的谅解和支持，这都可以称之为政府公共关系活动。虽然许多一哄而起的公关事务所已偃旗息鼓或改换门面，但是相当一批公关公司已站稳了脚跟，他们为企业树立形象、开拓市场所提供的服务，已被中外企业所肯定。2002年全国公关公司的营业额已达20亿。国家劳动和社会保障部已正式把公共关系事业确定为一种职业，并对这一职业作了定位。这一切显示公共关系事业在社会主义市场经济体系中，已牢牢地确立了自己的地位，成为中国社会经济发展的一种真正需要，也显示出中国公共关系事业的日益完善和成熟。

十多年来，公共关系的教学和理论研究也有长足进展。全国高校公关教学工作者先后在深圳、杭州、兰州、北京等地召开过全国公关教学研讨会，对公共关系学科中的一些重要问题，进行了深入的探讨。近年来，公关案例、公关心理、公关语言艺术、公关写作等专著相继出版。公共关系学已成为高等院校许多专业的必修课。中国公共关系学的理论研究，与发达国家之间的差距正在迅速缩小。但也应该看到，中国公共关系人员严重不足，中国公共关系事业还未完善成熟。中国公关实践与发达国家相比还有较大差距，而理论研究方面差距的缩小，并不表明中国公关理论研究已达到很高的水准，而是因为世界范围内公关理论研究与其他学科研究相比，显得单薄，不是在很高的水准上。

本书自1988年初版问世以来，已有15年。本书出版的初衷，是想在培训各种层次的公共关系人员的工作中，尽一份微薄的力量。本书已出过五版，累计发行量近40万册，这次是第六版。一再改版的目的，是力图吸收公共关系学科领域的最近研究成果，跟上当前政治、经济、社会的发展。这次修改，除了在《公共关系传播》一章中增加了《网络传播》一节，把原第六、七两章四步工作法合并为一章《公共关系工作程序》，把原《企业形象识别》一章缩编为一节，并入《公共关系专题策划》一章内，还对《公关文书》一章作了较大的修改。

作为主编，我在本书的构思，章节的确定，全书的统稿上尽了一些力，但本书是原杭州大学公关研究中心集体智慧的结晶。15年来，撰稿人和撰稿人的工作岗位有变动。本版各章具体持笔的是：第一、二章方宪玕(浙江大学)，第三章姜增和、方宪玕，第四章方晓阳(杭州里仁教育咨询有限公司)，第五章黄华新(浙江大学)、方晓阳，第六章章瑞华(浙江日报)、方宪玕，第七章章瑞华，第八章黄华新，第九章张金山(浙江广播电视大学)、胡为民(浙江大学)，第十章麻美英(浙江大学)，第十一、十二章章瑞华。

本书从第一版开始，就得到一些公关同人的帮助，不少读者给我们以鼓励，也提出一些宝贵意见。在此，对他们表示诚挚的感谢。本版修改中得到郑丽芳小姐的协助，也一并表示感谢。

方宪玕

2003年6月26日于香樟公寓

目　　录

第一章 绪 论

从世界范围来说，公共关系理论的出现已有近百年的历史，它在现代政治、经济以及其他社会活动中的重要性已被普遍承认。公共关系这一名词传入中国也已 20 多年了，人们对它已不感到陌生和好奇。但当一些人拿“公关”作幌子，干些不光彩的事时，人们又感到困惑。公共关系究竟是什么？因此在展开公共关系的各个侧面之前，首先需要对公共关系的起源、涵义、核心内容，以及它在我国社会主义现代化建设中的地位和作用，作一简要的介绍。

第一节 古老的事业，新兴的学科

一、古代的公共关系活动

由于“公共关系”这个词是从国外传入的，因此人们往往认为公共关系纯粹是个“舶来品”。确实，公共关系作为在社会分工体系中一种专门的职业，作为一项利用大众传播媒介来广泛开展的活动，作为一门系统的学科，是近几十年内才在欧美出现的。但是，公共关系作为一种客观存在的社会关系，作为一种思想与活动的方式，早在出现了人类社会组织，开展了人际交往以后就存在了。任何组织即使它并不了解公共关系这个概念，也没有有意识地从事公共关系活动，但它的对内对外活动，却都处在某种公共关系状态之中。现代公共关系活动的某些思想，某种类似的活动，也古已有之。

古希腊学者曾论述过公众意志的重要性。亚里士多德在其《修辞学》一书中，提出要使用动感情的呼吁影响听众，并把修辞看作是争取和影响听众思想与行为的艺术。因此被西方公共关系学界称作最早问世的公共关系学理论著作，古罗马人创造了“公众赞成”和“公众反对”的专用名词，并认为“公众的声音就是上帝的声音”。

中国自古以来就非常重视守信用、讲信誉。如孔子说“与朋友交，言而有信”，“人而无信，不知其可也”，这都是强调要守信用；又说“民无信不立”，是说国家失去了人民的信任，是无法生存下去的。战国时，冯谖自荐替孟尝君到他的家乡去收债，并答应用收来的钱买回孟尝君所缺少的东西。但冯谖到那里，把债务都废除了。他回来后，告诉孟尝君，他已替孟尝君买回了民心，当时，孟尝君还不以为然。后来，孟尝君被国王罢了官回到家乡，家乡人民都出来欢迎他。这时，他懂得了民心之可贵。中国的商店过去往往挂着“真不二价”、“童叟无欺”的牌子，以表明该店的诚实可信。这些与现代公共关系活动中主张建立信誉、取得公众的信任与支持的原则是一致的。

中国历来强调“人和”，即搞好人际关系的重要性。孟子说“天时不如地利，地利不如人和”。这就是强调了人和的重要性。一出有名的历史剧《将相和》，就是讲赵国的蔺相如为了团结一致共御外敌，设法搞好与大将军廉颇的关系的故事。这些都符合现代公共关系活动中的协调关系、争取谅解的主张。

与公众利益一致是公共关系活动的基本原则，也即是我们通常所说的平等、互利。中国传统文化非常强调这一点。中国儒家学说的核心是“忠恕”。儒家认为“忠”就是“己欲立而立人，己欲达而达人”。即自己想要在社会上站得住脚，也应该使别人在社会上站得住脚；自己想要达到某种目的，满足自己的某种愿望，也应该使别人达到他的目的，满足他的愿望。“恕”则是“己所不欲，勿施于人”。即自己所不喜欢的事物，也不应该加到别人身上。与儒家对立的墨家提倡“兼相爱，交相利”。认为“天下兼相爱则治，交相恶则乱”。交相利就是互相得到利益，认为在为别人的利益着想使人得到利益时，自己的利益也就在其中了。这些与现在我国在处理国际事务中经常强调的“双赢”原则是相一致的。

在内部关系上，公共关系强调充分调动内部员工的积极性。这与《孙子兵法》中“上下同欲者胜”一脉相承。

中国历史上有些皇帝也懂得听取对自己施行的政策的不同反映。唐朝的魏征就劝太宗皇帝要听取不同的意见，说“兼听则明，偏听则暗”。历代王朝都设有御史、谏议大夫等一类的官职，作为皇帝的耳目。当然，在封建专制时代，这种官职往往形同虚设。设此类官职的目的有点类似于我们今天说的信息反馈。《孙子兵法》说“知彼知己，百战不殆”，就是强调了掌握信息的重要性。

战国时期有个叫苏秦的人，游说燕、赵、韩、魏、齐、楚，使六国订立合纵的盟约，共同抗击西方的强秦。后来又有个张仪，帮助秦国去游说这六国，拆散他们的合作关系，使六国分别与秦建立连横关系，秦用此谋略，最后并吞六国，统一了天下。这可以说是一种古代的政府公共关系。苏秦、张仪这样的纵横家，也可以说是古代的政府公共关系专家了。

总之，公共关系学是一门新兴的学科，但公共关系活动则是一项古老的活动。

二、现代公共关系事业的兴起

古代的公共关系活动毕竟是原始而不普遍的，并主要局限于政治领域。与高度发达的商品经济相联系，有计划地、系统地、自觉地开展的现代公共关系活动的出现，则是近几十年内的事。商品经济的高度发展，竞争的日益激烈，使企业需要不断地为自己和自己的产品做广告和宣传，以树立企业的良好形象和确立生产的产品的品牌。而报纸、刊物、广播、电视这些大众传播媒介的出现，又使广告和宣传能在一个非常广泛的范围中进行。

首先利用大众传播媒介为自己在公众中树立美好形象的是一些政治家。他们利用大众传播媒介来进行竞选和宣传自己的纲领、主张。1888 年美国总统竞选时，共和党和民主党的候选人都以选民的代言人自居，有计划地开展一系列活动，以争取公众的支持，获得更多的选票。从此，美国总统竞选时，候选人都要建立一个庞大的竞选班子，开展一系列的活动，以便在选民中树立自己的良好形象，于是形成了早期的公共关系。但这时的公共关系活动，还只是一些政客为达到自己的目的而使用的一种手段，局限于政府公共关系。

19 世纪末期，资本主义进入了垄断时期，垄断资本家一味追求高额利润，他们的贪婪和无视公众利益的行为，引起社会公众的不满，于是新闻界掀起一个"揭丑运动"，谴责和抨击资本家的贪婪行为。开始，资本家企图聘用一些专业人士为自己辩护和遮丑，但无济于事。一些企业家这才逐渐认识到，只有谋求企业利益与社会利益的一致，才能真正取得公众的谅解。欧美各国发明了现代化的大生产，他们注重经济效益，主张实行严格的科学管理制度，开创了现代的物质文明。但他们忽视情感的作用，忽视社会效益，人际关系被简化为金钱关系，缺乏东方文化主张守信、提倡人和、以情感人的传统，终于导致了自己和社会公众的对立。在实践中，他们逐渐自觉或不自觉地吸收了东方文化的传统，开展了公共关系活动。因此，现代公共关系活动在欧美的兴起，可以说是东西文化相互渗透的体现。虽然公共关系这一名词是"舶来品"，但公共关系的基本思想，却可以在中国文化的传统中找到它的历史渊源。

1908 年，美国电话电报公司在自己的公司内第一个设立了公共关系部，同时开始有人专门以从事公共关系活动为职业。1903 年，美国的艾维·李创立了公共关系咨询公司，从此，公共关系成为一种专门的职业和行业。专业的公共关系人员和部门在美国大量涌现。公共关系活动愈来愈得到企业界的重视，成为企业生存发展的重要一环。现在美国公共关系的从业人员有 10 多万人，各种类型的公共关系公司数千家。

第二次世界大战后，公共关系事业在西欧各国和日本也迅速发展，已普及到政府机构、工商企业、社会团体及教育、科学、文化部门等各个领域。1955 年成立了国际公共关系协会，参加该协会的有来自 60 多个国家的公共关系人员。1959 年成立了欧洲公共关系联盟，它通过成员组织与欧洲一万两千多个公共关系人员保持联系。

随着公共关系事业的开展,如何让以大众传播媒介为主的各种手段取得最佳的效果,就成为一门需要专门研究的学问了。1923年,美国的爱德华·伯奈斯首先在纽约大学讲述公共关系课程,使公共关系逐渐成为比较有系统的理论和一门完整的学科。目前,美国已有400多所大学设有公共关系课程。公共关系学作为一门应用科学,作为一门新兴的边缘学科,愈来愈受到各国教育和研究机构的重视。在美国已设有公共关系学的硕士学位和博士学位。

20世纪80年代起,公共关系这个词开始传入中国,并由南向北,由东到西地被愈来愈多的中国人和中国企业所接受。1987年全国性的中国公共关系协会成立。上海、浙江率先成立了地方性公共关系协会,现在全国大多数省市都已成立了地方性公共关系协会。教育部已将公共关系学作为主要专业课程列入许多专业的教学计划。一些高等学校已招收公共关系专科生。中山大学、杭州大学、深圳大学、国际关系学院已招收四年制本科生。全国高校的公关教学已由以往的引进、普及阶段,开始走向成熟、创新阶段。在深圳、杭州、兰州、北京等地先后召开了全国高校公关教学研讨会,推动了中国公关理论的研究,使中国公关理论研究与国外的差距正在迅速缩小。中国公关实务的发展则更加迅速,许多企业均已设立了专门的公关部门。一些专门化的公关公司,策划了一些具有较大影响的公关活动。随着社会主义市场经济的建立,公共关系事业在我国将会越来越蓬勃地发展。

第二节 公共关系的地位

在中国共产党领导下,经过全国各族人民的共同努力,我们胜利实现了现代化建设“三步走”战略的第一步、第二步目标,人民生活总体上达到小康水平。但是,现在达到的小康还是低水平的、不全面的、发展很不平衡的小康。因此,中国共产党第十六次全国代表大会提出，要在21世纪头20年，集中力量，全面建设更高水平的小康社会，使经济更加发展、民主更加健全、科教更加进步、文化更加繁荣、社会更加和谐、人民生活更加殷实。这一全面建设小康社会的目标，是中国特色社会主义经济、政治、文化全面发展的目标，是与加快推进现代化相统一的目标。在实现这一目标中，公共关系应有其重要地位，应发挥其重要作用。

一、经济建设和经济体制改革需要公共关系

我国确立的是以公有制为主体，多种所有制经济共同发展的基本经济制度。既要巩固和发展国有经济和集体经济组成的公有制经济，又要鼓励、支持和引导个体、私营等各种形式的非公有制经济。我们要健全统一、开放、竞争、有序的现代市场体系，打破行业垄断和地区封锁，促进商品和生产要素在全国市场自由流动。在分配制度上，我们确立了劳动、资本、技术和管理等生产要素按贡献参与分配的原则，实行以按劳分配为主体，多种分配方式并存的分配制度。我国已加入世贸组织，要适应经济全球化和加入世贸组织的新形势，在更大范围、更广领域和更高层次上参与国际经济技术合作的竞争。既要"引进来"又要"走出去"。

随着我国由"卖方市场"转入"买方市场，竞争已成为市场经济的不变的主题。竞争越来越激烈。各行各业的巨无霸们，千方百计地构筑一道道防线来维护自己的地位，尽力使自己已到手的那块"奶酪"不被别人分享。而那些后起之秀的挑战者则殚精竭虑不断地发起冲击，要分享那块"奶酪"，要取代巨无霸们的地位。于是市场上战火纷飞，价格战、广告战、技术战、概念战以及一些让人耳目一新的策略，让人目不暇接。

价格竞争仍然是中国市场上最常见、最有效的竞争手段。但企业家们已日益明白，仅靠价格战是不能使自己立于不败之地的，还必须采取其他的策略。于是彩电业在价格战之外，又围绕数字电视展开了技术战，轿车行业则打起时尚牌，不断地推出各种新款，他们还围绕

性能、质量、技术、价格、政策、维修等多要素，展开“价格性能比”竞争。零售业则展开服务战，并且一方面开设大卖场，另一方面又发展便利店、连锁店，把自己的脚伸向城市各个角落和全国各地。电脑业在价格战同时，开展新配置、新标准之战。概念之争也愈演愈烈，楼市推出五维空间，纯酒店公寓，抗“非典”以后，推出了健康楼盘，尽管这些楼盘在“非典”疫情发生前已建造完毕。家电行业的概念战更是家常便饭，纯平彩电、健康空调、绿色家电的概念充斥着各类媒体的版面。国际竞争最显著的形式是反倾销战。伴随着中国经济的飞速发展，出口贸易的激增，国外针对我国的反倾销调查越来越多，而中国企业也开始举起了反倾销这一洋武器，以防御洋货的入侵。

这些，对于一个企业和企业家来说，既是机遇又是挑战。时代赋予我们一个充分施展自己才能，发展自己企业的机会，但又面临和必须参与日益激烈的国内与国际竞争。一个现代企业家，不仅需要精明强干，具有开创精神，还必须善于处理上下左右内外的各种关系。

首先，厂长、经理要处理好企业内部的各种关系，如厂长与企业党组织的关系，厂长与工会、职工代表大会的关系，保证厂长的管理权威与发挥职工主人翁作用之间的关系，企业内部职工特别是青年职工思想非常活跃，青年职工观点新颖，要求参政议政；有些青年要求读书深造，合理流动，发挥自己内在潜力；企业内部改变了吃“大锅饭”的做法，在物质利益分配上拉开了差距，职工之间会出现矛盾；有些职工讲究实惠追求自身利益，要求企业为他们提供尽可能多的生财门路，尽快富起来。随着企业改革深化、技术进步和经济结构调整，人员流动和职工下岗是难以避免的，这会给一部分职工带来暂时的困难。作为一个企业领导者必须善于处理这许多方面的关系。处理不好，就会导致干群关系的紧张、甚至对立。处理好了，就能在职工中产生一股向心力、凝聚力，就能把蕴藏在企业中巨大的人力、物力和财力的潜能发挥出来。

其次，企业成为自主经营、自负盈亏的法人以后，它还要独立地处理与外部各方面的关系。它要同政府机关、上级主管部门、工商行政管理部门、城建部门、交通运输部门、水电部门、卫生环保部门、原材料供应者、产品经销者、消费者等发生关系，甚至要同消防队、街道、居民区、司法部门、律师等打交道，还必须与报纸、刊物、电台、电视台等新闻机构以及广告公司、科研单位等保持密切的关系。如果你的产品要出口，或要进口设备、原料，就得与外贸部门、海关、外事部门发生关系，与外商、外国消费者、外国新闻媒介发生关系。如何协调和处理好这众多的复杂的关系，对于一个企业来说是至关重要的，有人把这称为"经济统战"、"经济外交"。厂长、经理如果不具备这种才能，不会利用这种手段，就很难开展工作。

我国经济引入竞争机制后，企业的知名度和美誉度，即企业在外部公众中的形象，关系着一个企业的发展。对于新厂、小厂，特别是乡镇企业、私营企业来说，甚至关系着它们的生存。因此，一个企业必须善于制订提高知名度的策略。"健力宝"是个成功的例子，广东三水县饮料厂生产的"健力宝"，是一种质量很好的运动饮料。但三水县是广东一个偏僻的小县，饮料厂的前身是个小酒厂。一个不知名的县的一个默默无闻的小厂生产的一种新产品，要打开国内市场的销路，不是一件容易的事情，更不用说打入国际市场了。这个厂领导懂得，要打开国内外市场，必须提高自己的知名度。当得知亚洲足联理事会将在广州召开的时候，他们就在"健力宝"向市场推出之前，先免费提供给会议，作为会议专用饮料。结果得到好评，使他们初露头角。接着，他们又将"健力宝"提供给参加23届奥运会的我国体育健儿。作为他们的专用饮料。随着我国体育健儿在奥运会上大显身手，"健力宝"也就名扬四海，被称为"东方的魔水"。知名度一提高，产品打开了国内外市场，吸引了大量的投资，小小的县饮料厂也扩建为规模庞大的健力宝集团。

信息是现代企业决策的基础。特别是我国已加入了世贸组织，我国的经济必须逐步和世界经济接轨，必须及时地大量地掌握国际市场瞬息万变的信息，并迅速作出反应，要熟悉世贸组织和国际经济交流、合作和竞争中的各种游戏规则，否则是无法在国际市场上立足的。

在经济全球化深入发展，国际竞争日趋激烈的情况下，一个企业只有顺应世界发展潮流，才能更好地利用国内外两个市场、两种资源，加快发展壮大自己。面对严峻的国际经济环境，我们要积极应对，趋利避害，变挑战为机遇，这关系着一个企业的兴衰成败。而要做到这一点，就要沟通信息，预测未来，制订策略，协调关系。

协调各种关系，搜集大量信息，熟悉各种规则，制订相应的策略，都要企业领导人自己来干是不可能的，需要有专门处理这些工作的机构和人员，这样的机构就是公共关系部，这样的人员就是公共关系人员。

二、政治建设和政治体制改革需要公共关系

发展社会主义民主政治，建设社会主义政治文明，是全面建设小康社会的重要目标。因此要深化行政管理体制改革，进一步转变政府职能，按照精简、统一、效能的原则，建立行政管理体制。目前，一些政府工作人员脱离群众，形式主义、官僚主义作风的弄虚作假、奢侈浪费行为相当严重，有些腐败现象仍然突出。这将影响社会环境的和谐稳定。克服这些弊端的一个重要方面，就是要改革和完善决策机制。正解决策是各项工作成功的重要前提。而要正确决策，就需要深入了解民情、充分反央民意、广泛集中民智，使决策科学化、民主化。要建立社情、民意反映制度，建立与群众利益密切相关的重大事项社会公示制度和社会听证制度，防止决策的随意性。政府工作人员要深入基层，深入群众，倾听群众呼声，关心群众疾苦，及时解决群众反映强烈和不满意的问题。而了解民情，反映民意，集中民智，坚持公平、公正、公开的原则，使政府和人民彼此沟通、互相理解、充分发挥人民群众的积极性，促进生产力发展和社会进步，这正是政府公共关系的主要任务。

三、文化建设和文化体制改革需要公共关系

全面建设小康社会，必须大力发展社会主义文化，建议社会主义精神文明。当今世界，文化与经济和政治相互交融，在综合国力竞争中的地位和作用越来越突出。文化的力量，深深熔铸在民族的生命力、创造力和凝聚力之中。进行文化建设，要坚持弘扬和培育民族精神。民族精神是一个民族赖以生存和发展的精神支撑。要建立与社会主义市场经济相适应、与社会主义法律规范相协调、与中华民族传统美德相承接的社会主义思想道德体系。而思想道德建设要以诚实守信为重点，诚信正是公共关系的一个基本职能。

文化因素不仅为经济发展和社会全面发展提供精神动力和智力支撑，而且本身就已经成为一个日趋庞大的产业。随着我国全面进入小康社会进程的加快，我国社会消费结构正在发生重大的变化，文化消费将是今后社会消费的重要组成部分，文化产业在强有力需求的帮助下，将成为第三产业的重要组成部分，成为国民经济的支柱产业之一。文化产业是指从事文化产品生产和提供文化服务的经营性行业，它包括教育、体育、咨询、新闻出版、旅游、娱乐、休闲、会展、广告业等，这些行业都是与公众直接发生关系的，在这一领域开展公共关系就成为不可或缺的工作。

建立社会主义市场经济体制是一项前无古人的开创性事业。经济体制改革、政治体制改革、文化体制改革是一场涉及经济基础和上层建筑许多领域的深刻革命，必然要改革旧体制固有的和体制转变过程中形成的各种不合理的利益格局，不可避免地会遇到这样或那样的困难和阻力。如个人收入分配实行以按劳分配为主体，多种分配方式并存的制度，体现效率优先、兼顾公平的原则。劳动者的个人劳动报酬要引入竞争机制，打破平均主义，实行多劳多得，合理拉开差距。这一分配制度会得到大多数人的拥护，推动经济的发展。但拉开差距后，也必然会有一部分人不理解甚至不满。因此，除了加快改革步伐，尽快实现共同富裕外，还需要对群众进行实事求是的宣传与解

释。从公共关系的角度来说，这种宣传与解释，就是公共关系活动。

处理好改革、发展和稳定的关系，积极倡导在社会主义市场经济条件下坚持正确的人生观和文明健康的生活方式，加强社会公德和职业道德的建设，加强企业文化的建设，也正是公共关系的根本精神。

四、建设有中国特色的公共关系事业

作为一种事业，作为一门学科有它的共同性、普遍性。西方的公共关系的许多思想、理论、活动应该也必须借鉴。但公共关系在中国的发展，又必须具有中国的特色。

(1)我国要建立的是社会主义市场经济体制，它是同社会主义基本制度结合在一起的。在所有制结构上，是以公有制为主体，多种经济成分共同发展；在个人收入分配制度上，是以按劳分配为主体，多种分配方式并存；社会主义市场经济体制要求市场在社会主义国家宏观调控之下，促进国民经济和社会的协调发展。这些与资本主义市场经济均有明显的区别。服务于我国社会主义经济建设的公共关系，它的理论与实务不能不具有自身的特点。

(2)我国企业原已设置的一些机构，事实上已在从事某些方面的公共关系工作。因此设立新的公共关系机构和人员，如何协调与原有机构的关系，或者将原有机构进行精简和合并，都需要根据实际情况加以解决。中国不可能采用西方模式来设立公共关系机构和配置公共关系人员。

(3)我们的社会组织之间，社会组织与公众之间以及公众与公众之间，有着共同的目标：把我国建设成为四个现代化的社会主义强国。虽然现在引入竞争机制，提倡“优胜劣汰”，允许企业承包，但目的是提高全社会的经济效益和社会效益。在竞争中不能为了抬高自己贬低别人，更不能攻击别人或危害同行。这与资本主义社会的大鱼吃小鱼，通过扼杀竞争者来壮大自己是有本质不同的。

(4)我国的传统文化与西方文化也有差异，在开展公共关系活动中,必须注意这种差异。如果我们的公共关系工作,违反了我国人民的文化传统和风俗习惯,一味模仿西方的做法,就可能会引起公众的反感而导致失败。但是尊重传统文化,并不等于拘泥于我国古代的伦理关系,不吸取西方合理的、有益的东西。

(5)中国公共关系虽已取得较大发展,但仍面临着很多困难,公共关系还未引起人们足够的重视,甚至还存在许多误解。首先,我国在很长一段时间内,社会物品需求量大于供给量,这种供不应求的状况,使“顾客至上”的公共关系意识很难确立。现在大多数商品虽然已供大于求,已实现了“卖方市场”向“买方市场”的转变,但原有服务意识和服务态度一时难以转变,公共关系意识的树立处于滞后状态。其次,企业管理人员的素质与管理水平不高,企业的短期行为较为普遍,对公共关系所形成的长期效益不予重视。第三,一些人打着公共关系的旗号大搞不正之风,败坏了公共关系的声誉,从而在一些公众心目中,把公共关系与不正之风等同起来,这就会给公共关系活动的正常开展带来困难。第四,我国大众传播媒介还比较落后,许多城市还只有一份报纸,版面容量也有限,主要是登载国内外大事和当地的重要新闻,一般企业的活动,除了登广告之外,很难在报上占有栏目。企业需要但不容易利用报纸作为大众传播媒介来开展公共关系活动。

总之,要创造具有中国特色的社会主义公共关系,一方面要吸收西方公共关系学研究中的现代科学成果,借鉴他们的一些先进方法和手段,而摒弃其中的渣滓;另一方面必须植根于中国传统文化的土壤,而剔除其糟粕,服务于社会主义的物质文明建设和精神文明建设。这一艰巨的任务,还有待于中国的公共关系人员来共同完成。

第三节　什么是公共关系

一、众说纷纭的涵义

公共关系这个词有两个不同的概念。一个概念是指一种客观存在的状态。任何组织,不论是政府机构还是民间组织,是工矿企业还是事业单位,都和别的组织或个人存在着某种关系,并在活动中自觉或不自觉地,主动或被动地应付、处理、协调着这些关系,不管其结果如何,这种关系总是客观存在着的。因此,任何组织,不管它是否知道公共关系这个概念,在客观上,它都在从事着某种公共关系活动,都存在于某种公共关系状态之中。另一个概念是指一个组织为了达到某种明确的目的,自觉地、有计划地去从事的公共关系活动。公共关系学的目的,不是去描述第一种概念,即那种客观存在的公共关系状态,而是要研究第二种概念,即研究一个组织如何通过有效的公共关系活动去实现自己的目标。

关于公共关系的涵义,不论是在国外还是在国内,都可以说是众说纷纭。

公共关系涵义众说纷纭的原因,主要是涉及公共关系的学科归属问题和公共关系的核心概念问题。

在学科的归属上,大体可归纳为两类:

一类是传播沟通论。持这类观点的人强调传播是公共关系活动的手段,认为公共关系离不开传播沟通,公共关系学是传播学的子学科。如美国人约翰·马斯顿认为:公共关系就是动用有说服力的传播去影响重要的公众。1981年出版的《不列颠百科全书》关于公共关系的定义是:旨在传递有关个人、公司、政府机构或其他组织的信息,并改善公众对于其态度的种种政策或行动。在我国,由于第一批公共关系研究者中,有不少人是从事新闻传播研究的,他们就倾向于这类传播沟通论。

第二类观点是管理职能论。如美国卡特李普和森特合著的《有效公共关系》中的定义是:“公共关系是一种管理职能,它用以认定、建立和维持某个组织与各类公众之间的互利关系,而各类公众则是决定其成败的关键。”美国的哈洛博士通过对472个定义的分析,提出了一个详细的定义:“公共关系是一种特殊的经营管理职能,它有助于建立和维持一个组织与其公众之间的相互沟通、理解、接受和合作;负责解决和处理各种公众问题;有助于对公众舆论的不断了解和及时作出反应;强调和认定以公众利益为核心的经营管理责任;有助于使经营管理活动与有效地利用各种变化保持一致,即作为一种早期警报系统,它有助于预测未来的发展趋势;公众调研、传播、合乎道德的沟通交往作为公共关系的基本手段而被广泛运用。”

有些公共关系学者则认为公共关系不仅仅是属于社会科学的一门学科,并且是一种艺术。如1978年8月,在墨西哥召开的世界公共关系协会大会上曾通过一个定义:“公共关系是一门分析发展趋势,预测其结果,为组织领导提供决策咨询,并执行为本组织与公众共同利益服务的行动计划的艺术和社会科学。”确实,在公共关系的实践中,一个熟悉公共关系理论的人并不一定能开展有效的公共关系活动,这牵涉到一个人的艺术修养和魅力,并不是所有人都适合从事公共关系活动。

于是,有些学者试图综合上述观点,从公共关系的本质属性或核心概念入手来确立公共关系的定义。但在这方面,仍然有两种观点。

一种是上述持传播沟通论的学者,他们认为“双向传播与沟通”是公共关系的本质属性。国内较多的研究者则认为核心概念是组织形象。如16所高等学校的公共关系学教师联合编写的《公共关系学》认为:“组织形象问题是公共关系理论的核心问题,组织形象概念是整个公共关系理论概念群中的核心概念。”因此该书对公共关系涵义的表述是:“公共关系是社会组织为了塑造组织形象,通过传播、沟通手段来影响公众的科学与艺术。”

1999 年劳动和社会保障部出版了《中华人民共和国职业分类大典》，它对公共关系职业的描述是将上述两种观点并列。它的描述是：专门从事组织机构信息传播、关系协调与形象管理事务的咨询、策划、实施和服务的人员。

除此之外还有些人抓住公共关系的某一功能或某种现象来下定义，如："公共关系是 90％靠自己做得对，10％靠宣传。""公共关系是说服和左右社会大众的技术。""广告是要大家买我，公共关系是要大家爱我。"等。这类定义简洁生动，但不是严格的、科学的定义。

二、公共关系涵义的核心内容

公共关系学是一门还在不断发展中的学科，对公共关系的定义存在各种不同的意见是正常的。何况公共关系涵义虽然众说纷纭，而他们所表述的核心内容还是比较一致的。归纳起来这些核心内容是：

(1) 公共关系活动是主体在公众中塑造自身形象的活动。公共关系必须是塑造形象和面对公众两者的密切结合，缺一不可。一个组织或个人的活动是多方面的。那些既不面对公众又不是直接为了塑造自身形象的活动，如企业组织生产，科学工作者在实验室做实验，都不是公共关系活动。那些虽然面对公众但不是为了塑造自身形象的活动，如教师在课堂上讲课，学者作学术报告，在报刊上发表学术论文，也不是公共关系活动。再如那些虽为了塑造自身形象但不是面对公众的活动，也不是公共关系活动。比如，一个热恋中的青年，他必然会极力地在恋人和恋人的亲属面前，塑造自身的良好形象，以博取恋人的好感，但由于这种活动是针对特定的个别的对象，不是面向公众，因此也不能算是公共关系活动。

只要是塑造形象和面对公众两者相结合，无论是组织或个人均可成为公共关系活动的主体。在国外，一些政治家竞选议员、总统，一些演员要成为明星，他们都要刻意塑造自身的形象，以博取公众的好感，这些都是公共关系活动。在我国，随着改革的深化，人才的交流日益频繁，一些拥有一定技术和知识的人士，在人才市场中，向用人单位自我推荐,他们也注意塑造自身形象,努力向用人单位证明,他们正是该单位所需要的合适的有用的人才。这些都可以列为公共关系活动。

(2) 公共关系的目的是要使本组织在公众中树立起良好的形象,使本组织取得公众的信任、理解、支持和合作,从而提高工作效率或增进经济效益。因此,公共关系活动应该是互利的,绝不能去损害别人。

现在社会上有些人打着公关的旗号,以贿赂甚至色情等不正当手段拖人下水,坑害公众,这只会败坏自身的形象,决不是公共关系活动。

(3) 公共关系活动的目标,只有通过持久的、不断的努力才能达到,而不能急功近利搞实用主义。

(4) 公共关系活动是为了达到既定目标而采取的一种策略行动。作为一种策略手段,它在行动中应该审时度势,要广泛收集信息,了解过去的情况,分析现在情势,预测未来的发展,然后制定缜密的行动计划,不能贸然行动,草率行事。

(5) 传播沟通是公共关系活动的手段。离开传播沟通,公共关系活动的目标和计划就无法实施。主体、公众、传播是任何公共关系活动必须具备的三要素。

在分析了公共关系的核心内容以后,公共关系的有关定义就容易明确了。但是,在定义之前,还必须搞清一个问题。在大多数教材包括本书的前三版均犯了一个通病,就是下定义时混淆了公共关系状态、公共关系活动和公共关系学三个不同的概念。如说公共关系是一门科学,是一种艺术,是一种职能,是一种策略行动等。

"公共关系"一词源于英文 Public Relations,简称 PR。在英文原意中,有多种含义,如公共关系状态、公共关系活动和公共关系学三种含义。因此在英文著作中,这三种情况都使用 PR 一词。但在中文里"关系"、"活动"、"学科"是三个不能混用的概念。

公共关系是主体与公众之间保持的相互理解、信任和合作的关系,是指主体在公众中所确立的形象。它是一种客观状态,是公共关系活动的结果。

公共关系活动的涵义是指一个组织或个人为了塑造自身的良好形象,以传播沟通为手段,对公众采取的一种持久的策略行动。它是一种艺术,是一种管理艺术或传播艺术。它是一种职能,是一种管理职能或传播职能。在公共关系活动中,要运用许多科学的原理,但活动本身不能等同于科学。

公共关系学是一门科学,它是研究主体与公众之间应保持一种什么样的良好关系和如何开展有效公共关系活动的科学。

一般所说的公共关系的涵义其实是指公共关系活动的涵义。

三、公共关系活动与其他活动的区别

1. 公共关系与庸俗关系的区别

公共关系活动是注重联络感情广结人缘的活动。资本主义社会把一切人际关系简化为金钱关系,而中国的传统文化,特别是社会主义社会的人际关系,主张肝胆相照、荣辱与共,体现出人际关系的相互关怀与合作。公共关系与庸俗关系在现象上有些雷同的地方,但两者之间是根本不同的。第一,目的不同。公共关系要实现的是组织的利益,而庸俗关系是追求个人的私利,以权谋私,以情谋私,以钱谋私。第二,后果不同。公共关系在为本组织谋利益时,并不损害公众的利益,而是谋求组织与公众利益的一致。不顾国家利益,不顾别的组织或别人的利益,一切为谋求私人或小团体的利益而进行活动,这种活动所产生的关系称为庸俗关系。如某些企业,通过拉关系推销假冒伪劣产品,损害公众的利益,即使推销者不是为了个人的利益,而是为了企业的利益,但这种推销活动仍属于庸俗关系而不是公共关系。第三,是否超出公众承受能力。这是一个“度”的问题,如果公共关系活动,超过了公众所能接受的“度”,也就是通常说的“太过分了”,那也是不行的。

2. 公共关系活动与交际活动的区别

由于现代公共关系活动在我国开展还不久，人们对它往往存在某种误解，有些人把它与交际应酬活动等同起来，把公共关系机构等同于接待处，以为公共关系活动就是由一批公关先生、公关小姐组织一些舞会、酒会、招待会，进行一些迎来送往的工作。更有人把公共关系说成是漂亮的脸蛋加微笑，于是把美容、服饰设计等贴上了“公关技巧”的标签。公共关系活动需要热情地接待宾客，进行必要的交际应酬活动，但这只是公共关系活动的一个方面。公共关系活动，更主要的方面是开展信息交流，提供决策咨询，为组织建立信誉、协调关系、增进效益。

3. 公共关系与宣传的区别

宣传是为了取得公众对组织实施的政策、行动的支持。宣传是公共关系人员执行公共关系计划时的一种重要手段。公共关系活动需要进行大量的宣传工作，它需要借助新闻媒介和发行刊物、小册子、简报等，将本组织的情况向外传播，以引起公众的注意和支持。因此，公共关系活动与宣传有其一致的地方，但公共关系活动与宣传仍然是有区别的。

首先，宣传是一种单向的传播，公共关系活动则是双向的沟通，既有向外的信息传递，又有向内的信息输入和反馈。

其次，为了获取公众的支持，宣传容易产生报喜不报忧，夸张渲染和文过饰非等情况，因此公众对宣传有一种潜在的疑虑。而公共关系活动必须尊重事实，力戒偏激，报喜又报忧，以真诚去取得公众对自己的正确理解与合作。宣传计划的完成不等于公共关系活动的成功，一种虚假的宣传也可能暂时获得公众的信任，扩大自己的名声，但一旦真相暴露，那么形象就会更坏，使得今后真正的公共关系工作变得更加困难。

4. 公共关系与产品广告

公共关系要树立组织的良好形象，同产品广告有类似的地方，在它的活动中，有时也要使用广告，但公共关系与产品广告仍有区别。

首先，产品广告限于特定的销售任务，是为了推销某种具体的产品或劳务，而公共关系广告是为了树立整个组织的良好形象，它比产品广告影响的范围更广，综合性更强。

其次，有些组织可以不做广告，而任何组织都必然有它的公共关系活动。如治安部门、消防队不需要做广告，因为他们没有产品需要推销，也不推销其劳务。但他们有自己的公众，有自己的公共关系对象。有些组织为了某个特定的目的利用大众传播媒介进行宣传，这种宣传不是为了推销产品或劳务，而是为了寻求理解和支持。它不是广告，而是公共关系活动。如许多城市存在乘车难的问题，公众对此很有意见，而由于乘车秩序混乱，影响车辆的正常行驶，使乘车难问题更加突出。上海公交公司在上海市公共关系协会的协助下，通过大众传播媒介介绍自己的困难和问题，提出改进的措施，并希望乘客配合。这次活动的主题是“理解、了解、配合、支持”，通过这次活动，使乘车难问题有所缓解。这是一次成功的公共关系活动，但不是招揽乘客的广告。

现在有些企业在大众传媒上刊登公益广告，这些广告既不宣传企业的产品，也不介绍企业本身，纯粹是公益活动。如倡导节约用水，保护生态，防止艾滋病等，但这些企业通过在公益广告上的署名而在公众中树立良好形象，这就是一种公共关系活动。

第三，产品广告为了取得效果，可以用艺术夸张的手段，而公共关系活动必须恰如其分，不能哗众取宠。

第四，产品广告的效益可以用产品或劳务的推销情况来测定。广告的支出可以用所占版面或时间来计算。公共关系活动不是免费的广告，它也需要一定的开支，但不能直接用所占版面或时间来计算，它的支出更多的是公共关系人员所花的精力与时间。而一篇报道，一则评论所发挥的效益，又远远不是占有同样版面或时间的广告所能比拟的。因为公众对于广告往往抱有疑虑，而公共关系活动则可消除人们的疑虑。

思考与练习

1. 公共关系在中国现代化建设中有什么作用？
2. 中国的公共关系事业为什么必须要有自己的特色？
3. 公共关系的核心内容是什么？

第二章　公共关系职能

职能是机构和个人所发挥的作用与功能。公共关系职能是指公共关系机构或公共关系人员所发挥的特定作用与功能。

现代社会是个复杂多变的社会，既互相依赖又彼此激烈竞争。在这个社会中，任何组织要生存发展，都必须追求高效益和高效率。效益和效率已经成了现代组织各项工作优劣的尺度，当然也是衡量公共关系活动优劣的准绳。为了实现增进效益和提高效率这一总目标，现代组织和各个部门都必须根据自身的特点来开展活动，并确定自己的具体目标。公共关系部门的具体目标就是塑造组织的形象。为此，它需要开展四个方面的工作：一是收集和向外界传递信息，二是建立组织在社会公众中的信誉，三是使组织有一个融洽协调的环境，四是为决策层提供决策咨询。这四方面的工作，是公共关系机构或公共关系人员所发挥的特定作用与功能，也就是公共关系的职能。

第一节　沟通信息

一、信息是公共关系活动的基础

信息是管理的前提，决策的基础，是决策选择和制定的最重要依据。“凡事预则立，不预则废”，“人无远虑，必有近忧”，领导、管理的一个重要环节就是科学预见。中国的市场经济正在迅速发展，越来越多的企业已十分清醒地认识到，要想在激烈的市场竞争中立于不败之地，必须要用一整套科学的方法和手段进行市场分析、商品调查、推销调查、消费调查、广告调查、企业形象调查等。在市场经济中，对本企业的市场竞争力监测具有十分重要的意义，它要求对企业形象、产品质量、服务质量等进行长期全面的跟踪调查，不断掌握客户和消费者的反映，按月甚至按周记录数据，从而及时掌握信息，在可能出现亏损前就加以改进，在市场潜力较大时加大投入。也可随时掌握竞争对手的企业形象以及消费者对其质量和售后服务的反映，进行比较，采取对策，提高本企业的市场竞争力。

世界公共关系协会大会通过的关于公共关系的定义指出，公共关系学是一门分析发展趋势，预测其结果，为组织领导提供决策咨询的科学。公共关系人员只有掌握大量历史的和现状的信息，知己知彼，并运用科学的分析方法对信息进行处理，才能具有预先测度的本领，事先料及的见识。因此，对信息的收集、整理和传递、反馈，是公共关系部门的重要职责。当然，并不是所有的信息沟通都属于公共关系机构的职能，一个组织的各职能部门都要进行收集信息的工作。也不能把信息机构当作公共关系机构。公共关系机构的信息沟通，应该是有关建立信誉和协调关系方面的信息沟通。可是在实际工作中，公共关系机构信息沟通的任务要广泛得多。这是由于：

第一，一个组织的其他职能部门往往局限于收集某一方面的信息。如企业的供销部门，它关心的是关于市场供需信息、价格信息、产品形象信息、公众消费趋向信息，以及物资流通信息；技术部门收集的限于技术资料信息；财务部门关心的是税收改革信息、财务制度改革信息和银行信贷信息等。而组织的领导，进行管理和决策所需要掌握的信息是非常广泛的，全方位的。他要掌握各种经济信息、政策信息、社会环境信息、竞争对手信息、消费倾向信息、公众对组织形象评价信息、公众物质和精神需求信息等。对于要进入国际市场参与国际市场竞争的企业来说，世界各国的政治、经济、文化、科技、民族的风俗习惯、传统意识等信息都需要广泛地收集，盲目地进入国际市场，就很容易在国际市场大海中遭受灭顶之灾。全方位地收集信息，是组织中其他职能部门所无法完成的，它是公共关系部门的职责。

第二，全方位地收集信息，也是公共关系部门自身开展活动的基础。公共关系活动所要树立的形象是组织的整体形象，因此公共关系部门在策划公共关系活动时，在内部，必须了解组织自身的全貌；在外部，必须了解各类不断变化着的公众，以及组织所处的宏观与微观的环境，这样才能做到知己知彼，也才能卓有成效地进行公共关系策划。因此，善于从各类传播媒介中，从自己的社会交往中，和从其他各种专门性活动中获取信息，是公共关系人员必须具备的专业技能。

第三，我国的绝大多数组织现在还没有设置独立的信息机构，因此，往往把信息沟通的任务交给公共关系机构来兼管。

二、对信息的敏感和处理

公共关系人员必须有强烈的信息意识，信息意识突出地表现在对信息的敏感性。同样的信息，有的人能立即意识到它巨大的价值，而某些人则可能熟视无睹，或者在大量信息面前束手无策。现代社会的信息量很大，有些信息又有很大的时限性，错过时机，一个有用的信息会变得毫无价值。因此，能否及时而准确地捕捉有用的信息，也就是对信息的敏感程度如何，就成为衡量公共关系机构和人员工作质量的重要标志。对于企业来说，对信息的敏感性也就是捕捉经营时机的问题。企业的发展，需要“天时”、“地利”、“人和”条件的配合。“经营时间”就是企业有利的“天时”条件，它包括原材料的购入，商品的销售，新产品的试制与投产，新技术和新设备的使用时机等。捕捉到最佳时机，能大大增进经济效益；丧失了时机，就会失去发展的大好机会，企业效益就会大减可能出现负效益，甚至导致经营的失败。

公共关系人员不仅要及时地广泛地收集信息，而且要对信息进行分析、综合、比较。因为任何事物总呈现几个不同的侧面，对这些不同侧面要分别进行研究、解剖，事物的内在矛盾总有主要矛盾与次要矛盾之分，必须加以区别，这就要做分析工作；各人所处的环境总有局限性，因此要从多方面观察问题，一个即使很有才能的人，他的认识也总是有限的，因此要听取不同的意见，采集不同的信息，这就是综合。事物总是发展的，有进步和落后，有一般和特殊，有真有假，只有进行比较，才能看透，才能掌握事物的本质。公共关系人员只有对采集到的大量信息，经过分析、综合、比较后，才能掌握到全面的、真实的、有用的信息；才能判别哪些信息是反映事物的假象或是暂时的现象，哪些信息是反映事物的本质；从而对公众环境的发展趋势，作出科学的预测，帮助组织领导作出正确的决策。公共关系机构要努力建立起严格的技术和质量控制标准，运用先进的通信技术、计算机技术、网络技术，使信息的收集与处理更为完善，更为周密，更为准确。

中国市场经济的迅速发展，引发了国内市场调查业的迅速发展和空前活跃。近年来，国内集中涌现出一批市场调查机构。1993 年秋，“盖洛普咨询有限公司”(英文为 Gallup China，即“盖洛普中国”)正式在中国注册登记。在短短的几个月内，已在全国 18 个城市建立了工作站，并在北京、上海、天津、广州、深圳、杭州、大连 7 大城市建立了抽样框。目前省、市一级统计局均先后设立了城市社会经济调查队和农村社会经济调查队。这些市场调查机构的建立，将为公共关系机构信息的收集和处理提供方便。

三、信息的向外传递

信息沟通是双向的交流，公共关系人员不仅要收集外界的信息，还应该向外界传递本组织的信息，即向外界进行宣传。宣传是重要的，否则，即使你做了卓越的工作，人们也往往忽视，甚至被怀有各种目的或居住分散的人们所曲解。一种经过详细解释的行为与不加解释的行为效果截然不同。因此，必须通过各种传播媒介，将组织的各种信息及时、准确、有效地传播出去，争取公众对组织的了解和理解，提高组织的知名度和美誉度，为组织树立良好的社会形象，创造良好的社会舆论。

从组织的内部管理来说，现代化组织的一项决策，决不仅仅是决策者的事情。要使一个决策真正能够贯彻实施，就必须使领导的决策成为干部和群众的行动。首先要使干部和群众决定是否同意领导的决策，然后要使他们决定采取什么措施来贯彻领导的决策。而要做到这一点，最主要的就是通过信息的传递将领导的意图、计划、方案、办法告诉干部和群众。

上述一系列的信息传递工作，是一个组织各职能部门分别需要进行的工作，但是公共关系部门起着协调、充实这一工作的作用，使信息传递成为组织全方位的工作。

信息的向外传递，对于企业来说尤为重要。再好的商品，不为人所知，不为人所信赖，它也不可能成为一种畅销的商品。

现代市场交易谈判，已不是现场看货交钱，而主要是产品信息的交换。双方都根据信息来权衡自己的利益而进行决策。货物的质与量是靠商品和企业的信誉来保证的。为了在谈判中正确地决策，准确而充分的信息具有决定性的意义。因此，必须事先或者“适时”地一方面收集信息、掌握信息，另一方面将自己的信息传递给对方。这样，收集和传递信息已成为市场经营的最基本功能。

向外传递信息的渠道是多方面的。如商品，它本身就包含有大量向外传递的信息。首先是商品的内在品质信息，如可靠性、耐用性、效用性等。现代商品是科技密集、知识密集的产品，商品的结构越来越复杂，越来越精密。因此，对于商品的内在信息，如技术性能、使用保养方法，要有必要的文字和图表说明。其次是商品的表象品质信息，如造型、图案、色彩等外型艺术，商品的包装、命名和商标。我国有些商品有着很好的内在品质，但由于外型艺术性不佳和包装不符合国际标准，就无法进入国际市场或不能成为高档商品。商标也是商品重要的表象品质信息，名牌、著名商标体现了商品的知名度和信誉度，并往往在很大程度上决定着它的市场交换价值。一家商店的命名，一种产品的命名，一定要符合消费心理，一定要能吸引消费者并为消费者所乐意接受。儿童牙膏取名“小白兔”，儿童营养食品取名“娃哈哈”，对广大儿童具有很大吸引力。上海有家烤鸭店，取名“稳得福”，英文名“Wonderful”。中文名含有祝福、吉祥的意思，英文名的译意则是奇妙的、精彩的，对外国顾客也有吸引力。现在有些店家一哄而起地用“帝”、“皇”、“后”、“龙王”命名，有些取个谁也不知道其含意的洋名，实在是不足取的。

随着经济的发展，人们生活水平和文化素养的提高，越来越多的人对商品造型和包装的美学价值、科学性要求都越来越高。因此，商品必须不断更新。现代商品更新周期越来越短，而且往往都是首先在外形和包装上做文章。

商品信息向外传递的另一个重要渠道是广告。过去我国广告事业很不发达，这几年已得到迅速发展。1989 年全国广告经营单位 1.08万家，年营业额 15 亿元。1996 年全国广告经营单位 5.2 万家，营业额 366.63 亿元。而到 2001 年，仅电视、报纸、杂志三大媒体的广告收入就达 112 亿 3700 万美元。但与发达国家相比，我国广告业仍显落后。发达国家对广告非常重视，每年都耗费巨额经费用于广告开支。1993 年，美国广告费就达 1340 亿美元，日本广告费达 230 亿美元。

虽然产品广告是市场营销部门的职责，但公共关系人员可以发挥自己的宣传才能，协助市场营销部门设计制作广告，使广告更具感情的色彩，更有艺术性，使企业更有利于建立、改变或维持与社会公众的联系。

对外宣传工作对企业至关重要。河南洛阳肉联厂在推出新产品火腿肠的同时，大力开展信息向外传递工作，他们常年在中央电视台晚间黄金时段播出广告，虽然广告开支较大，但伴随着一系列内容的不断更新，越作越精的广告宣传和越来越猛的营销攻势，使"会跳舞的春都火腿肠"一步步跳出河南，跳向全国，跳上全国消费者的餐桌。生产规模由不足万吨迅猛扩大到 20 万吨，出现了产量连年翻番，仍无法满足市场需求的局面。

一些较大的企业还编印资料、画册，出版厂报，设立自己的广播台和电视台，开展各方面的宣传工作，扩大组织的影响。

但公共关系人员进行宣传时应当明确：

(1) 成功的宣传必须建立在良好的工作和正确的行为的基础上。所宣传的各项工作必须被公众确认为是良好的，动机是诚实的，表述是可信的。

（2）影响公众观点的不是宣传的数量而是宣传的质量，即宣传的内容以及公众对内容的接受程度。已经向外传递的信息并不等于公众所收到的信息。

（3）并不是所有的公共关系活动都要进行宣传，有时候不进行宣传反而是明智的。

（4）过分的宣传往往事与愿违，夸大的渲染可能在一定时期内起作用，但以后便会适得其反。而进行虚假的宣传，只会败坏组织的声誉。

（5）公关人员向外传递的信息，要尽可能争取为大众传播媒介所采用，从而使自己的信息能传送给广大听众或观众。但是公关人员提供的信息，能否为大众传播媒介所承认和采纳，以及信息的传播时间和传播方式，是无法控制的，存在着成功与失败的两种可能。要提高成功率，就必须善于创造有新闻价值的事件，以吸引新闻界的注意。

随着对外交流的增多，在向外传递信息时，经常要将宣传内容译成外文，公关人员不仅要努力使自己精通外语，并且要请教有关专家，千万不可杜撰，否则就会令人啼笑皆非。如有家企业生产了海蟹方便面，在市场上十分畅销，可是它的英文译名写成 Toad Meat，成了一个令人心惊肉跳的词——癞蛤蟆肉，恐怕没有一个外国友人敢吃这种方便面的。一种矿泉水产品说明书本想说明产品水源岩层深厚，水龄长久，然而译成英文，竟成“古潭死水”。一家企业生产的一次性小毛巾译成英文成了“曾经是纸巾”。由于译文的不当，使信息沟通发生障碍，造成误解，不仅不能使自己的信息向外传递，甚至会产生相反的效果。

近几年，在中国企业界掀起一个 CI 热，或叫 CIS 热，即企业识别或企业识别系统。他的主旨是在企业内外突出自己区别于其他企业的鲜明个性，总体设计自己的形象识别，给公众的视觉一个强烈的冲击，使公众产生一个深刻的印象。一些企业运用这一战略取得了巨大的成功。而有一些组织因忽视这一问题而遭受挫折。有一个编钟乐团，拥有我国规模最大、性能最好的曾侯乙编钟。这个团在日本演出时，由于宣传的成功，受到日本皇室成员及15万人的热烈欢迎。但后来到国内南方一城市演出时，观众寥寥无几，个别场次仅一两名观众。原因是事先没有进行“包装”，形象设计上火候不足，演员的服饰过于古旧，给人视觉印象不深；舞台背景仅用一条红帷幕，过分凝重、呆板；门票制作简单，连公园的门票都不如；事先又未作充分的宣传，知道的人不多。因此国内这次南方演出就未能引起公众注意，导致失败。

第二节 建立信誉

一、信誉是组织的生命

对于任何一个组织，信誉历来都是至关重要的。人心的向背，是任何一个国家政府能否进行有效的治理，政党能否得到人民的拥护，军队能否在作战中取胜的根本条件。欧美、日本各国的政治竞选或议会竞选的候选人，都竭力争取公众的信任。古今中外成功的政治家，都懂得“取信于民”的重要性。

我国古代的一些商品生产者和经营者，在实践上已认识到信誉的重要性，因此把“货真价实”、“童叟无欺”作为生产经营的准则。在现代商品经济激烈竞争的条件下，信誉更关系着企业的发展与生存。市场经济是一种契约经济，一种建立在诚信基础上的信用经济。但是，我国还有不少人不重视信用，把合同视作儿戏，虚假广告屡见不鲜，因而出现许多经济纠纷，造成重大损失。有经济学家计算过，由于社会信用和经济信用问题，我国国民生产的增长每年至少减少两个百分点。现代社会，信誉之所以变得如此重要，是由于：

首先，在现代科学技术日益发展的今天，商品结构越来越复杂，商品质量优劣的判断，需要一些专门的测试设备来鉴定，一般消费者既无法仅仅用直观的方法，又不可能拥有那些专门的测试设备来鉴定商品质量的优劣。因此，他们只能根据商品的牌子也即商品的信誉度来判断商品质量的优劣。其次现代商品花色品种越来越多，令人眼花缭乱，但同类商品的相似之处仍多于不同之处，在这种情况下，消费者在挑选商品时，总是偏爱自己所信赖的那些牌子的商品。第三，随着人们生活水平的提高，消费者特别是年轻一代都比较崇尚品牌，他们不太斤斤计较商品的价格，而愿意以较高的价格购买那些名牌商品，特别是一些拥于一定收入，具有较高学历和职位的"白领"，他们更是非品牌商品不用，因为，在他们看来，只有知名品牌才能匹配他们的地位。因此，建立商品的信誉也就是树立品牌，对现代企业来说，是非常重要的。美国行销专家里斯说：行销的精髓就是在消费者心目中建立品牌。

但是，随着商品经济的高度发展，现代企业仅仅建立商品的信誉已经不够了，还必须建立企业的信誉。

第一，由于科学技术的发展，商品更新换代非常迅速，昔日走俏一时的商品，今天可能变得无人问津，而对新产品的性能、质量等消费者又往往心存疑虑。因此，如果仅仅建立商品的信誉，则企业向社会公众提供每一种新产品，建立信誉的工作都要从头开始。而一个建立起企业信誉的企业，它向市场推出的新产品，就容易得到消费者的信任。发达国家的企业比较注意企业的信誉，企业的名称往往与名牌产品的名称或商标相一致，如"丰田"汽车，"松下"电器，"可口可乐"饮料等。相比之下，我国在这方面显得不够重视。很少有人能说出"永久"、"凤凰"自行车是哪个厂家生产的。上海有好几个自行车厂，但既没有取名"永久"的，也没有取名"凤凰"的，而是用第一、第二、第三来命名。到处都有以"朝阳"、"向阳"、"永红"、"红星"命名的企业，使消费者分辨不清。产品牌子与企业名称不一致的情况，很难使消费者把名牌产品与生产企业联系起来，从而影响了企业知名度的提高。特别是由于企业以数字或革命化词汇来命名，造成企业名称上的雷同，使消费者分辨不清甚至产生误会，从而严重影响了企业的信誉。

第二，随着生产的发展，尤其是现代化大生产的出现，使企业行为带来了广泛的社会后果，特别是一些企业的存在和发展，产生了或可能产生威胁人们健康，破坏生态平衡，甚至威胁人类生存的公害。当广大公众日益认识到企业行为所带来的这种广泛的社会后果时，也就相应地把企业的评价范围从单纯针对产品或服务质量，扩大到企业行为的各个方面。当代公众不只根据企业所提供的产品和服务质量来评价企业，而且根据企业是否增进社会总体效益，是否带来环境污染，是否破坏生态平衡等涉及社会整体的和长远的利益标准来评价企业。这样企业信誉不仅是企业的经济、技术素质的综合反映，而且是企业作为社会的一个集体成员，是否履行社会责任和具有高尚企业道德的标志。企业信誉不仅涉及企业自身的利益和效益，并且涉及社会公众的整体利益和长远利益。因此，提高信誉度，应该是每个组织开展公共关系活动要实现的首要目标。

我国加入世界贸易组织以后，国内企业要参与国际竞争，实施"走出去"战略，走国际化经营之路，是企业在竞争中不断发展壮大的必由之路。要"走出去"，就要建立信誉，树立中国产品的良好形象，确定自己的品牌，与洋品牌一争高下。

海尔以很高的成本在美国设厂，它的目的不是"创汇"而是"创牌"，在美国站稳脚跟后，就向其他国家扩张，现在它已在 13 个国家设厂，产品销往 160 多个国家，全球销售额达 405 亿。

TCL 集团已在越南、印度、新加坡等地建厂和办事处。越南是 TCL"走出去"的第一站，当时他们遇到很大困难，越南彩电市场早已被日本、韩国等著名品牌牢牢占领，加上在中越边贸开放初期，我们的某些环节控制不严，一些假冒伪劣的中国产品大量流入越南，造成很坏影响，不少越南人把中国产品与"假、冒、伪、劣"划上等号。面对洋品牌，面对越南人的误会和偏见，TCL 决定在提高产品质量、做好售后服务和参与越南社会公益事业等方面下功夫。在产品质量上，他们提高彩电的稳定性，确保产品制造的精度，他们改变一般厂家对出厂产品进行抽检的常规做法，对每一件出厂产品都进行检验，从而确保了 TCL 产品在产品质量上的强大竞争力。TCL 将销售店设到越南的乡镇一级，编了一张覆盖越南全国，渗透力和影响力很强的营销大网。他们针对日、韩企业售后服务不完善的弱点，在越南各地设立 100 多个服务维修站，率先推出“3 年免费保修，终身维修”的服务措施。越南人酷爱足球，越南足球队与别国比赛赢球时，一些大城市都会举行游行庆贺，对这些狂热的球迷来说，如果在观看比赛时，电视机出了毛病无法继续收看，是无法忍受的。TCL 经销维修站明确规定，这种时候只要接到电话，维修人员必须立即赶到现场，并带上一台备用电视机，若现场修不好，则将备用机暂时给用户使用。此举大大提高了 TCL 的美誉度。TCL 还设立青年奖励基金，救灾捐款等，受到当地政府和民众的好评。TCL 的这些出色表现，树立了中国企业和中国产品的崭新国际形象。在短短两年多的时间里，抢占了越南彩电市场 10％的份额，跻身越南市场的前 3 位，2001 年实现利润 40 万美元。

一个组织的信誉度由该组织的知名度和美誉度两部分组成。它们之间既密切联系又互有区别。可类比于“量”与“质”的概念。知名度是衡量一个组织名气的大小，美誉度则关系到这个组织名声的好坏。知名度是美誉度的基础，没有知名度就不可能有美誉度，一个默默无闻不为公众所知的组织，公众就不可能有对该组织的赞誉。但是，如果一个组织只知道提高自己的知名度，而忽视自己的美誉度的提高，甚至美誉度很差的话，其结果，就不是什么“誉满全球”，而是使自己成为“臭名远扬”了。

美国安然能源公司，是在世界 500 强中排名第七，2000 年营业额超过千亿美元的能源巨人，但它的造假账欺骗股东的内幕被揭露后，它的信誉扫地，安然的股票价格从 2001 年年初的 90.75 美元到 12 月 2 日跌到约 50 美分，不得不申请破产。由于丧失信誉，一个庞然巨人，就这样瞬间倒塌了。

二、建立信誉的原则

一个组织要在公众中建立起信誉，不是一件容易的事，它必须遵循下列原则：

1. 优良服务和优质产品是建立信誉的基础

一个组织不开展公共关系活动，不进行必要的对外宣传，不被社会公众所熟知，是不容易在社会公众中建立起良好的信誉的。但是，一个组织要在社会公众中建立起良好信誉，必须以优良服务和优质产品为基础。如果相反，靠虚假的宣传掩盖自己的缺点，把不符合公众利益硬说成符合公众利益，其结果就必然会适得其反，将会给组织带来不可弥补的损失。政府部门必须以为人民服务，为生产建设服务，为政清廉，办事效率高等为基础；学校必须以组织良好的教学活动，培养合格的学生为基础；商业旅游服务行业必须以提供充裕的、花色品种齐全的商品，开发能吸引游客的旅游景点，提供多种服务项目，具有优良的服务设施和态度为基础；交通运输部门必须以提供安全、迅速、舒适、方便的交通工具和优良的服务态度为基础。如1988年8月，英国航空公司的一架“协和”式班机从伦敦起飞后，出现技术故障不得不停留在纽约，公司即刻租用飞机把60名需要继续前往迈阿密和华盛顿两地的乘客送到目的地，并全数退还了3200美元的机票钱，使乘客感到满意。这个公司的顾客服务部负责人说：“我们宁可多花钱也不愿引起哪怕是极少数顾客的抱怨。”由于注重自己的信誉，公司的经营非常成功，他们获得的净利润，在所有国际航空公司中位居榜首。

工厂企业则必须以提供优质产品，不断开发新产品和严格遵守合同为基础。社会主义企业的生产目的，是满足人民日益增长的物质和文化生活需要，应该坚持“质量第一”的方针，确保产品质量。消费者对某种商品的认识，一般都取决于质量是否优良，款式是否新颖，价格是否合理，服务是否周到等因素，而在诸多因素中，质量则居首位。特别在当前大多数人还不十分富裕的情况下，一些家庭想购买彩电、冰箱、洗衣机这类高档耐用消费品时,对产品的质量是否可靠就会更加关心。如果消费者知道某个牌子的商品质量不可靠,即使营业员服务态度很好,笑容可掬,顾客也是不会购买的。因此,质量关系企业的存亡。产品质量不好,必然影响企业的信誉,就会失掉市场,从而丧失经济效益。因此,取得成功的企业总是非常重视产品的质量。特别是要创建拥有高信誉度的名牌产品更是如此。例如,长春汽油机股份有限公司生产的长春铃木牌摩托车,中国社会调查事务所于1993年9月至12月经过对全国消费者进行大规模社会评价调查,结果显示,在全国100多家摩托车生产厂家中,铃木牌摩托车以总分第一的成绩,被确认为中国公认名牌摩托车,并被授予中国公认名牌产品证书。为什么能取得这一成就?他们的体会是,先进的技术,可靠的质量,优良的服务是名牌产品的灵魂。他们意识到,在市场竞争中,只有高标准抓质量才会真正赢得名牌。他们把产品质量作为企业永恒的主题,真正使企业各项工作围绕质量这根主线,并贯穿于企业管理全过程,使产品质量稳步提高。1991年AX100摩托车通过国家优质产品检测,各项技术指标均达到国优产品水平。在抓高质量的同时,他们又抓优质服务,他们认为"名牌产品必须拥有优质服务",要求技术服务人员处处为用户着想。他们将长春铃木摩托车的维修中心发展到106个,使技术服务覆盖全国29个省市区。目前,接到用户反映,在长春市,当天就能上门维修,在本省,只要3天,在外省只要7天,保证登门维修。他们还经常举办技术培训班,对各地的维修站、经销单位的人员进行培训,提高他们的维修技术水平。每年还在全国各地轮流开展用户服务活动,对广大用户进行产品技术咨询和服务,受到了用户的广泛好评,扩大了产品和企业的知名度和信誉。河北制药企业集团公司更有独特的质量观,他们把质量视为企业的命根子。根据药品的特殊性,他们不主张搞售后服务。他们说,药品是特殊商品,"好药治病,劣药致命"。药厂靠搞售后服务弥补质量缺陷,无异于帮助用户抬棺材。强烈的质量意识,使这家集团公司10年来没有发生过一次用户质量控诉的事件。国家中监所连续3年在市场上对他们的产品进行跟踪检查，十几个品种、几十个批号的产品全部合格。在被抽查的几十个企业数百个批号的产品中，惟有河北制药集团的产品质量百分之百合格。日本三菱公司称赞河北制药集团的产品质量可以与世界名牌日本明治药厂的产品质量媲美。中国1993年质量万里行采访小组，对他们严把质量关，在中央电视台连续5次作了报道。

这些企业就是靠优质产品优良服务，赢得了很高的信誉。

2. 建立信誉的整体性原则

对于一个组织来说，建立信誉是一种全方位的工作，应由全体职工上下一致共同努力来完成。因此要对全体职工进行公共关系的基本教育，要使每个职工自觉地意识到，组织是作为一个整体出现在社会上的，每个职工都在不同程度上代表着组织在社会上的形象，每个职工自身形象的好坏，都或多或少地影响着组织的形象。要在职工中树立起本身与组织休戚相关、荣辱与共的意识。

整体性原则要求组织制订统一的公共关系策略，协调组织的全部公共关系活动。一个组织的公共关系活动，是一种全方位的活动。大量的公共关系工作，不可能全由公共关系部门来进行，需要依靠各职能部门分头进行。各职能部门面对的公众是不相同的，它们的活动方式也各有区别。以企业为例，供应部门对原材料供应者，销售部门对顾客和经销商，人事劳动部门对职工，财务部门对金融、税收等机构，运输部门对交通部门都要开展公共关系活动，但这些职能部门开展公共关系活动，多局限于本部门的工作，有时难免会与企业或别的职能部门的工作相抵触，甚至发生冲突。这就需要通过公共关系部门，把各职能部门分头进行的公共关系活动，加以组织协调，使各部门工作相互促进，相互配合。当某一职能部门的活动与整体的活动相冲突时，就要设法使该部门的活动服从全企业的活动。譬如销售部门，它追求的是产品销售的数量与价格，但有时从建立企业的整体信誉着想，需要取消一笔销售额或达成一笔定价对于本企业不利的交易时，就应该去这样做。美国芝加哥康迪斯科公司，一年要做10亿美元的计算机生意,它取得成功的经验之一,就是信誉至上,使销售服从于它。该公司的总经理说:“销售成功之路,是建立长期的关系,而不是追逐一笔笔的交易。”

特别是在组织开展对外的传播活动时,更需要制订统一的传播计划,协调各种部门的对外传播活动。否则就可能会出现各自为政,相互重叠,甚至互相矛盾的活动,反而会影响企业的信誉。

3. 建立信誉的长期性原则

建立信誉是一项持久性的战略目标,是公共关系工作的长期任务。

信誉的建立是长期努力的结果,不是一朝一夕之事,特别是在商品竞争剧烈的当代,争取市场不易,巩固市场更难。要建立起较高层次的企业信誉,形成企业整体的信誉观念,必须作出持久的艰苦的努力,进行长期的细致的工作,坚持不懈地进行有效的对外传播,不能企求在短期内出现奇迹。成功的企业在开展公共关系活动时,总是着眼于长远的未来。江苏仪征化纤厂总经理任传俊在产品十分紧俏的情况下,仍十分重视开拓市场,搞好与消费者的关系,他说,产品处于卖方市场时,恰恰是开拓市场的黄金时节,别人困难的时候 ,你帮他一把,他永远也忘不了你。相反,假如你处于卖方市场时高高在上,到了买方市场时,你给他下跪都迟了。

随着社会经济、文化和政治的发展,公众的素质、价值观和需求也必然发生相应的变化,他们对组织评价的标准也随之不断地变化。因此,每个组织必须适应公众变化着的评价标准,不断改进和更新自身的形象,这也使得建立信誉的工作成为一项长期的任务。

信誉的好坏是一个相对的概念,知名度的大小,美誉度的好坏往往是在与同行业、同类型的其他组织相比较而得出的。一个组织的服务、效率、质量虽然没有下降甚至还略有提高,但是同行业、同类型的其他组织在各方面提高得较快,原来不如该组织的,现在超过了该组织,这个组织的信誉就下降了,尽管他自身的工作没有倒退。在市场竞争激烈的今天,这个问题尤其突出,一些曾红极一时的企业,由于不注意这点而变得默默无闻。因此要始终坚持不懈地提高自己的信誉。

从建立信誉的长期性原则出发，企业需要开展一些与产品销售没有直接关系的专门性的公共关系活动。如发起、组织、参与有广泛群众基础的社会活动，它能表现企业的宗旨，显示企业的实力与信心，从而赢得公众的好感和加深他们对企业的印象，是一种行之有效的公共关系活动。这种社会活动，当代最常见的是发起、参与或赞助文体活动。

北京举办第 11 届亚运会，广东健力宝集团先后赞助了 1600 万元。这对当时仅有 600 名职工的健力宝公司来说，等于每人都掏了两万多元的腰包。亚运会的圣火传递，运动员领奖，中外电视记者采访专用服都使用健力宝集团生产的“李宁牌”高级运动服。在天安门广场，江泽民总书记握着健力宝公司总经理的手说：“欢迎你到北京来，感谢你对亚运会的支持。”他们的这一活动大大提高了他们在全国人民中的信誉。几个月后，在郑州举行全国糖酒商品秋季交易会，4 天内健力宝公司同客户签订的订货合同达 7.5 亿元，占交易会总订货额的四分之一。商业部一位负责人在总结大会上惊叹：“一个产品，在一次订货会上占了这么大的比例，是从未有过的。”在巴塞罗那奥运会期间，健力宝公司宣布中国运动员的领奖服，指定为“李宁牌”，在奥运会上夺得冠军的中国选手，将获得健力宝公司特制金罐一只。不久，健力宝公司又宣布，中国少年足球队赴巴西受训 5 年一切费用，由该公司承担。这些活动一次又一次地使健力宝公司成为世人关注的热点。

目前有许多企业与体育艺术团体组成松散型或紧密型的联合团体，一些体育团体如各地的足球队、篮球队和一些艺术团体，由企业捐资赞助，解决了他们的经济困难，而这些球队和艺术团体则以企业的名称命名。这样，随着这些球队在各地的比赛和电视台的比赛实况转播，扩大了企业的影响。同样，随着被赞助的艺术团体到各地巡回演出，企业的影响也就扩散到各地。

第三节 协调关系

一、广结人缘的艺术

如果说公共关系是建立信誉的工作，是协调公众与某组织的关系、争取谅解的工作，是一种广结人缘的工作，是要在公众中树立起某组织的一种“可亲”、“可敬”的形象。那么，协调组织与公众之间的关系，争取公众对组织的谅解和支持，使组织与公众之间的关系处于一种和谐的状态，为组织创造一个“人和”的环境，是公共关系的另一个重要职能。

现代社会生活，导致一个组织的社会关系和所处的社会环境越来越复杂，可以说是千头万绪，变幻莫测。例如，企业过去只有一个“上帝”，即代表国家的主管部门。在经济体制改革后，企业的“上帝”骤然增多，除主管部门和其他政府职能部门外，还有众多的客户、协作者、投资者、竞争者、各种需要打交道的社会团体和传播媒介，还有本企业的职工。这就使现代社会组织，较以往任何时候都更需要开展公共关系活动，以协调自己与各方面的关系，使之和谐化，并能应付一些突发事件，从而不致对自身造成太大的危害。在众多关系中，哪怕只有一个方面被忽略或未妥善处理，都会给组织带来麻烦和损失。

组织所面临的众多复杂的社会公众，对于组织的目标和发展，均具有一定的利益关系、影响和约束力，并且这种关系处在不断变化之中。为此，现代组织必须开展广泛、多样的社会交往活动，处理好各种关系，增进与公众之间的感情，创造一个宽松、融洽、友爱的环境，减少产生误会的可能性，即使发生矛盾时，由于双方原来有比较融洽的关系，也容易使矛盾得到妥善的解决。因此广结人缘的工作，是一种防患于未然的工作，是防止公共关系纠纷发生的重要一环。

一些成功的企业家，总是非常注意广结人缘的工作，他们着眼于与公众建立长远的关系，而不斤斤计较一事一时的得失。南京化学工业公司经理郭克礼，在同安徽省东至县一家化肥厂洽谈合作项目时，对方主动提出，事成之后，利润以 1∶9 的比例分成，让“南化”得大头。郭克礼主动提出按双方各一半的比例分成。“应得之利为何不取？”有人表示不解。郭克礼解释说，搞商品经济，不能只盯着眼前一点利益，还应注意树立企业的形象，使合作伙伴感到你是真诚的、值得信赖的伙伴，这样才会有长期的合作。对合作伙伴太苛刻，使他们感到吃亏，这样的合作就不可能持久。在当前激烈的市场竞争中，良好的企业形象将会带来巨大的效益。

二、组织的几类主要关系

一个组织需要协调的关系是多方面的，并且不同的组织有不同性质、类型的关系，需要运用不同的沟通方式进行协调。但一般来说，现代组织在公共关系活动中，需要协调的关系主要是下列几类：

1. 内部关系

协调关系首先要协调组织内部公众的关系，这是组织生存和发展的基础。内部公众既是内部公关工作的对象，又是外部公关工作的主体。一个组织的存在价值和整体形象在取得社会的承认以前，首先要得到自己内部成员的承认。组织的目标和任务在赢得社会支持之前，首先需要赢得自己成员的配合与支持，否则组织的价值和目标将会落空，组织将无法作为一个整体面对外部社会公众。因此，良好的内部关系是公共关系工作的起点。组织内部形成了团结一致的融洽关系，就能激发员工的士气和工作热情，就能增强组织的内聚力。一个“内耗”很重的组织，不会有活力，也不可能有出色成就。组织的公共关系人员要善于收集本组织的动态，了解外部公众对本组织的评价等信息，并及时作出反映，通过教育与引导，培养职工与组织之间“荣辱与共”、“休戚相关”的观念。对于社会主义企业来说，也就是要培养劳动者的主人翁意识。公共关系人员要主动协同各有关部门，妥善解决有关职工福利待遇和薪金的提高、职务的升迁、文体生活、家庭和其他私人问题，解除职工的各类后顾之忧。这些都影响着组织内部融洽、和谐关系的建立。

企业要发展，固然离不开“天时”，离不开“地利”，但是更离不开“人和”。一家企业的运转，最重要的润滑剂是“人和”。有见识的企业家认为，职工在物质要求和奖金刺激、生活压力下只能发挥出40%左右的积极性，余下的60%是要靠职工内心的理想、信念以及精神追求才能激发出来的。如果企业把人当成机器，把金钱当作润滑剂，即使能取得一些效益也只是暂时的。因此，必须把物质利益原则与精神文明建设统一起来。在抓经济建设的同时，必须十分重视企业文化的建设。

要做到内部的“人和”，首先要尊重组织成员分享信息的权力，争取他们的了解与理解，形成信任与和谐的内部气氛。如果内部信息沟通不灵，有关本组织的情况，外部公众早已议论纷纷，而本组织的成员却还蒙在鼓里，就会在组织内部产生流言，彼此猜疑，从而造成离心离德的状况。其次在内部管理上，要科学化、规范化，但既要严格规章制度，强化基础管理，又要有人情味，学会用微笑进行管理，在做人的工作中注入强烈的感情色彩。湖北沙市第三棉纺织厂，提出“第一要素工作法”，这个工作法的核心是“让企业充满爱”。把爱融进生产和管理活动之中，重视群众的期望和追求，使每个人在希望中生活。用爱心去缓冲、淡化和消除人们在生产、生活中产生的矛盾、冲突，创造和谐、融洽、友爱、宽厚的人际关系。李瑞环曾高度评价“第一要素工作法”。他说，研究社会主义企业必须研究企业里的人、人的情绪、精神状态、人与人的关系，特别是领导与群众的关系。

从管理哲学的角度看，这是一个处理好集体与个体之间的矛盾问题。一般来说公共关系的目标是追求集体价值，即塑造本组织良好的整体形象，提高组织的知名度和美誉度，但是团体是由许多个人组成的，这许多个人都有自己的个人的价值。如果一味追求实现个人的价值，而不顾集体的价值，集体就会涣散成一盘散沙；如果仅仅强调集体的价值，而置个人的需求于不顾，那么这个集体必将缺乏活力，不能形成强大的凝聚力。

中国共产党“十五大”指出，股份制是现代企业的一种资本组织形式，有利于提高企业和资本的运作效率，有利于所有权和经营权的分离。今后股份制企业将会越来越多，这样，企业组织的内部关系还包括股东关系。加强企业与股东的沟通，不仅能够争取现有股东，稳定股东队伍，并且能增进潜在的投资者对企业的了解和信任，创造有利的投资气氛，吸引新的投资者。

2. 社区关系

社区关系指组织与所在地周围的机关、单位、集团及个人之间的相互关系。社区关系联系面广，涉及当地的政治、经济、文化、教育等各个方面。社区是一个组织赖以生存和发展的基本环境，是组织的根基，与组织在空间上紧密地联系在一块。共同的地域环境，使社区公众具有“准自家人”的特点。

发展良好的社区关系，是为了争取社区公众对组织的了解、理解和支持，同时体现组织的社会责任感，从而为组织的生存、发展创造良好的环境。

苏州华盛造纸厂，1980 年前每天要注入大运河 3.5 万吨污水，42 吨废渣、120 吨有机污染物，造成运河水乌黑发臭。沿河居民叫苦连天，说“华盛”是“前门造福，后门放毒”，“光要纸头，不要人头”。从而使社区关系十分紧张。1980 年国务院、江苏省、苏州市限令“华盛”一年内整治污染见成效，否则就关、停或搬迁。显然，社区关系的严重恶化，已威胁到“华盛”的生存。于是，他们决心处理好这一关系。10 年来，该厂投资 922 万元用于环境治理，使环境根本改变面貌，被国务院命名为“全国环境优美工厂”，轻工业部、江苏省、苏州市分别命名它为“环境保护先进单位”。“华盛”的生产也获得了发展，仅从环境治理获得的资源和能源的高度综合利用就价值 1792 万元，获纯利 765 万元。

3. 顾主关系

这里所说的顾主关系是广义的，指所有物质产品和精神产品的生产者和消费者、供应者与需求者之间的关系。如工业企业与其产品的用户、交通部门与乘客、酒店与客人、电影院与观众、报社与读者、学校与其毕业生的接收单位等,包括个人消费者和社团组织用户。建立良好的顾主关系对实现组织的利益和目标直接相关。

物质产品或精神产品都只有在消费中才能成为现实的产品,只有消费才可能不断创造出新的生产需要,不断创造出再生产的动力。社会主义社会一切生产的目的,就是为了满足人民不断增长的物质文化生活的需要。因此,在生产者、供应者和消费者、需求者之间的关系中,消费者、需求者也即顾客永远处于主动的地位、决定的地位。即使处于卖方市场时亦是如此。在由于商品质量、服务态度、信息沟通受阻等原因,造成顾客不购买产品时,受损失的只能是生产者、供应者。一般来说,顾客是不受损失的。只有在顾客付出了某种代价,而得不到满意的产品或服务时,顾客的利益才受到损害。因此,对组织来说,失去了顾客,就是失去了服务的对象,也就是失去了赖以生存的基础。正由于此,一个组织特别是公共关系人员必须牢固地确立"顾客至上"、"顾客是上帝"的观念。组织要自觉地站在顾客立场上,为顾客着想,来处理顾主间可能发生的纠纷与冲突。美国捷运公司负责人曾说:"我的公式是:处理好顾客的抱怨=提高顾客的满意程度=增强顾客认牌购买倾向=更高的利润。"

4. 媒介关系

媒介关系指组织与大众传播媒介(包括报纸、杂志、电台、电视台)的记者、编辑之间的关系,也称作新闻界关系。

新闻界关系具有两重性。一方面,新闻媒介是组织与公众实现广泛、有效沟通的重要中介;另一方面新闻界人士又是组织需要争取的重要公众。

与新闻界建立关系的目的,就是争取新闻界对本组织的了解、理解和支持,以便形成对本组织有利的舆论气氛。

但是,组织与新闻界之间常常有潜在的利益冲突。组织希望新闻报道有利于自己目标的实现,倾向于提供好消息,并往往夸大其词,对事件作过分的宣传，新闻媒介则力图使新闻引起读者和观众的兴趣，喜欢报道一些新奇的新闻，一些组织的阴暗面。组织希望把自己的情况尽可能多地、全面地传递给公众，于是组织提供的材料，总是把情况描绘成一幅五彩缤纷的图画。而新闻媒介则往往只对其中的某一景色感兴趣。

新闻媒介对组织的重要性和它与组织之间存在的潜在冲突，促使组织的公共关系人员必须十分注意与新闻界人士建立良好的关系。公关人员要熟悉新闻媒介的工作，如不同新闻媒介的报道特色、编辑方针、版面安排、专栏特点等，经常向新闻媒介提供本组织准确的、详尽的材料，使新闻界人士能有丰富的新闻来源。

5. 政府关系

政府关系是指组织与政府及政府各职能机构、政府官员之间的关系。任何组织都必须接受政府的管理，都必须正确处理与政府的关系。

在实行经济体制改革和政治体制改革之后，政府虽已不再包办各类组织的具体事务，但加强了宏观控制和管理，对各类组织进行指导、监督和检查，对组织的领导人事实行分级管理。组织必须贯彻执行政府颁布的有关政策、法令，严格履行政府规定的应承担的责任。

公共关系人员要通过各种消息来源，全面、准确、及时地掌握党和国家的方针、政策，使组织的活动能争取主动和不偏离方向。同时应主动地向政府提供组织的各种信息，以加深政府对组织的了解。

建立良好的政府关系，有利于争取政府在政策上的支持和有关领导的支持，帮助组织更顺利地达到自己的目的。

6. 名流关系

名流关系是指组织与社会各界的知名人士之间的关系。知名人士即那些著名的社会活动家，工商界、金融界首脑，科学界、教育界、学术界的权威，文化、艺术、影视、体育等方面的明星，新闻出版单位的名记者、名编辑。他们都是对公众舆论和社会生活具有较大影响力的人物。

通过社会名流去影响公众和舆论，往往具有事半功倍的效果。恰当地建立和发展良好的社会名流关系，能够直接、间接地扩大组织的社会影响，提高组织的社会知名度。1984年初，北京长城饭店刚落成，传来了美国总统里根将访华的消息。长城饭店经理与公关人员立即制定了周密的公关计划。经过大量的公关工作，终于争取到了里根总统在长城饭店举行答谢宴会的机会。1984年4月28日，来自世界各地的500多名记者，聚集在长城饭店，向世界各地发出了里根总统在长城饭店举行告别宴会的消息，第二天世界各地报纸、电台、电视台都报道了这一消息。于是，长城饭店的知名度在全世界大大提高。由于美国总统在这里举行正式宴会，意味着长城饭店具有一流的设施和服务，又大大提高了它的美誉度。从此，长城饭店的生意格外兴隆。

三、及时调和矛盾，防止纠纷的发生

纠纷的发生，会给组织造成危害，因此应尽可能在纠纷出现之前加以防止。

1. 要有“防火”那样强烈的意识防止纠纷的发生

缺乏这种意识，就可能会对出现的分歧、矛盾，掉以轻心，甚至置之不理，使小矛盾变成大冲突，从而造成纠纷，给组织带来麻烦，甚至造成不可挽回的严重损失。公共关系人员必须明白，组织与公众之间出现矛盾或者是由于公众对组织行为的误解引起的，或者是由于组织行为不当所造成的，都是有客观基础的，都是由某种客观事件或客观情况引起的。公共关系工作的职责，就是要及时弄清引起矛盾的客观因素。如果是组织行为不当而引起的，应促使组织纠正；如果是公众误解所引起的，应通过适当途径，向公众解释清楚，消除误解。

2. 要建立自查制度

一个组织对自身行为，应有自我检查、自我评价的能力，能够自觉地去发现违章、违纪、违背政策法令、损害公众利益的行为，并及时加以纠正。这种自查制度，能消除“隐患”，防止纠纷的发生。

3. 健全信访制

公众舆论对任何组织的行为都会有所反映，这种舆论是公众可能采取进一步行动的信号，因此组织应尊重公众的舆论，要主动收集公众的反映，认真接待公众的投诉。不能把公众舆论理解成新闻媒介上的反映，公众的来信来访就是一种经常性的公众舆论。每位来信来访者都不是孤立的个人，往往代表着某一部分公众的情绪、意见和要求，带有一定的普遍性。解决好一个人的问题，可能会影响一批人。因此，公共关系人员一定要以主动、热情、负责的态度，做好信访工作。

四、争取公众谅解，妥善解决纠纷

一个组织尽管开展了广结人缘的工作，采取了一系列的预防措施，但由于现代社会的多样性和复杂性，矛盾与纠纷的产生仍然是不可能完全避免的。

研究表明，公众向人们讲起倒霉的经历时往往比讲好的经历传播范围要大一倍，因此让公众感到不快的抱怨，会严重影响组织的信誉。当纠纷一旦发生时，公共关系人员应妥善加以解决，尽快平息公众的抱怨。

解决纠纷的目标是为了争取公众的谅解，不能一味为自己辩护，更不能企图压服公众。采取行政的手段也往往无济于事，有时反而使事情变得更糟。一些组织与公众发生纠纷时，往往强调这是我们的规定。这种做法，是企图把自己单方面的决定强加于公众，其结果只会激怒公众，造成更大的纠纷。我们必须明白，一件纠纷的处理，不仅仅是关系到某一公众或某几个公众的问题，它会给今后的工作带来影响，会给更多的公众造成某种印象，所以不能轻率从事。

公众对组织的不满，总有一定的原因。因此，在遇到不满的公众时，首先要以同情的态度耐心地听取他们的申诉，然后查清公众反映的情况是否属实，弄清事情的详细情况和来龙去脉。在此基础上，与申诉者充分交换意见，沟通思想，尽量满足他们合理的要求，即使不能满足他们的要求，也要尽量向他们进行充分的解释，使他们感到满意，从而彼此能达成谅解。

第四节 决策咨询

公共关系机构和人员在一个组织的内部不是决策者，而是决策者的咨询机构和咨询人员。在实现信息沟通、建立信誉、协调关系的职能时，他们是在收集信息的基础上，提出建立信誉、协调关系的各种可行方案，供决策者进行决策，在决策者作出决策以后，则通过自己一系列的工作予以贯彻实施。因此，公共关系人员应该成为组织决策者的重要助手和参谋。

一、决策是商战致胜的关键

任何组织在做任何事情时，都会有一个希望或必须达到的明确的目标。决策就是作出某种决定，采取某种对策，以追求这一目标的实现。

决策总是围绕目标，寻求优化，也就是找出最佳方案。即对各种可供选择的方案进行分析评价。权衡利弊得失，然后选取其中一个方案，或将可供选择的几个方案综合成一个新方案。

所谓分析评价，就是对几种备选的方案进行分析对比，全面评价。习惯上把这种评价称为可行性分析，但实际上这种分析所注意的并不是这个方案能否行得通，而是通过分析，找出一种效果较好的方案。

在实际决策中，一个方案能够完全满足理想要求，实现最优决策的情况是极少的。在实际工作中，往往不得不降格以求其次，力争找到满足某些主要要求的方案，这样的方案称为满意方案。

要找到最佳方案或满意方案，至少要有两个以上的方案可供选择。一般来说，可供选择的方案越多，决策的选择性也就越大，决策的结果就越接近优化。如果只有一个方案，没有选择的余地，也就无所谓决策。为此，决策者在决策之前，要听取多方面的意见，特别是不同的意见，在分析比较各种意见中，找出最佳方案或满意方案。决策者如果不喜欢听取不同的意见，就容易造成决策的失误。

组织能否发展和工作的好坏，在很大程度上决定于领导者的才能。俗语说，“将帅无能，累死三军”，“兵熊熊一个，将熊熊一窝”。今天，企业间的竞争，说到底是企业家之间的竞争，是决策的竞争。在确定了社会主义市场经济体制以后，昔日“不愁嫁的皇帝女儿”在市场中已沦为“平民”，企业家要在商战中致胜，必须使尽浑身解数。每一个成功的工程，每一个成功的商品以至企业，都有一个深思熟虑的决策过程。随着科技的发展，商品日益同质化，市场竞争已不仅仅是产品性能的竞争、科技含量的竞争，而且还是文化的竞争、智慧的竞争。企业对自己生产的商品，不仅要赋予科技性能，而且还要赋予文化价值、精神价值，以满足消费者的情感需求，这样才能获取较高的利润。决策已成为商战致胜的关键。精心的决策和实施，是从一个初始的创意，经过度势、审时，运用策略进行推演和运作的过程。组织领导者再也不能凭“拍脑袋”进行决策了。

二、决策为什么需要进行咨询

咨询含有征求意见，寻求解答的意思。决策咨询就是咨询机构接受决策者的委托，所属人员运用知识、经验、智能和科学的研究方法，利用信息系统提供的数据、资料、情报等，对需要决策的问题进行系统研究，提出可供选择的预选方案。

由于现代社会的复杂性，造成了决策过程中“谋”与“断”的分离。一个组织的领导人已不可能像古代的诸葛亮那样，集“谋”与“断”于一身，决策者在决策过程中必须依靠咨询，这是因为：

(1) 现代社会节奏快，信息流量大，决策过程中面临的不确定因素很多，决策者个人无法掌握所有的信息，也无力弄清所有不确定的因素。

(2) 现代社会的复杂性，使每个组织都与各方面有着千丝万缕的联系，往往是牵一发而动全身，在决策时必须考虑这些因素。而要把各种因素的相互关系弄清楚并处理好，不是几个领导所能做到的。

(3) 现代社会要求一个组织的领导者应该是博学多才的。但即使是卓越的领导者，也决不可能是无所不知，样样精通。领导者只能也应该把主要精力放在考虑全局性的、战略性的问题上。

(4) 领导者进行决策时，如果缺乏或不依靠咨询，往往就只能凭自己的经验进行决策。经验是宝贵的，是现代科学技术所不能代替的。但经验总是产生于工作进行之后，具有滞后性，往往不能及时作出反应。单凭经验也不能预见，因为事物不可能只是简单的重复，并且经验往往会对新事物、新方法、新观念持排斥态度。

因此，现代决策必须依赖咨询。咨询机构可以提供科学依据，最优化的理论、策略和方法，帮助领导者作出决策。咨询机构的这种作用，使决策者扩大了头脑，延长了神经。

公共关系机构在组织决策过程中，发挥着咨询、建议、参谋的作用，协助决策者考虑复杂的社会因素，平衡复杂的社会关系。从社会公众和宏观环境的角度，评价决策的社会影响和社会效果，使决策目标能够反映公众的利益，使决策方案具有一定的社会适应力和社会应变力。

三、原则的坚定性与策略的灵活性

决策有战略性决策与策略性决策。战略性决策是涉及比较长的时间内的宏观的问题；策略性决策是为了实现战略性决策而采取的，相对来说在比较短的时间内、在比较小的范围内的决策。由于战略性决策在作出之后，一般情况下，在相当长的时间里不再变动。因此，日常的大量的决策是属于策略性的决策。

在开展公共关系活动中，要运用行之有效的策略。但策略的运用，并没有固定的模式。总的来说，应该把坚定性与灵活性结合起来。一方面，要坚持原则，如必须遵纪守法，必须遵循组织与公众利益相一致的原则，必须有利于组织的生存与发展等。另一方面，在策略的运用上，又应该是灵活多样的。策略的运用既要符合主观愿望，又要有实现的可能，没有现实性的策略手段肯定是要失败的。因此，在制定策略前必须审时度势，要把各种选择方案同当地的具体环境、条件联系起来进行研究。方案的利弊总是同时间、空间和条件相联系的，不同时期、不同地区、不同单位的科学技术水平、生产水平、文化水平和观念等条件的不同，使衡量利弊的标准也就不同。在我们社会主义国家，还应考虑各个备选方案实施后的可能结果，在社会主义建设全局中的作用和影响，也就是要考虑社会整体效益。总之，在采取某种策略之前，要反复论证，体察各种情况，力求考虑得周到一些，尽量减少失误。在实践中，发现情况发生了变化，或遇到意料之外的困难，原来的方案难以执行，就应当根据新的情况，从实际出发，调整原来的方案，有时可以采取一些迂回的方法，以便创造条件实现原定目标。如军事上欲擒故纵的策略，推广到其他领域便发展为欲取先与的策略，在商品推销上就成为先赠后卖的策略。杭州青春宝集团曾一次赠送 5 万盒“青春宝”给美国九大城市的高级宾馆，对下榻的每个旅客赠送一盒，效果极佳，加上其他的推销措施，现在世界上已有 138 个国家和地区的人们购买并爱上“青春宝”。这种朝着既定的目标，采取迂回的办法，是一种行之有效的策略。

思考与练习

1. 信息沟通在公共关系活动中有什么地位和作用？
2. 试述建立信誉对现代企业的重要性。
3. 建立信誉的原则有哪些？
4. “人和”在市场经济中处于什么地位？
5. 精心的策划，正确的决策为什么关系到企业的生存与发展？

第三章　公　众

公共关系的对象是公众。公共关系是一种组织与公众之间的双向关系。任何一个社会组织的生存和发展，都离不开公众的支持和信任。社会组织协调各种公众关系以赢得良好的社会舆论的实践，是公共关系活动的主要内容。因此，只有了解公众，才能真正了解公共关系的对象和内容，才能制定正确的目标、策略和方法，从而使公关工作建立在科学的基础上。

第一节　什么是公众

一、公众的基本概念

公共关系工作的对象统称为"公众"，因此，"公共关系"也称作"公众关系"。公共关系是影响和获得公众的艺术，没有公众，公共关系活动就成了无的放矢，成了毫无意义的事情。"公众"这一概念在公共关系学中有其特定涵义。正确理解这种涵义，明了公众的特点，是开展公共关系活动的前提，是制定正确的公共关系策略的根据。

一讲到公众，人们往往会简单地理解成：商店营业员的公众是顾客，宾馆服务员的公众是房客，企业领导的公众是全体职工、产品的用户、原材料供应单位等。把公众仅仅看作是来自四面八方的客人，这样的理解并不完全。上述这些无疑都是公众，都是公共关系的对象，但并不是公共关系工作的全部对象，他们仅仅只是公共关系所面临的公众的一部分。

所谓公共关系的公众，它不同于"人民大众"、"群众"等概念，它是指与公共关系主体发生联系及相互作用的组织和个人的总和。或者说，公众是指与一个组织机构直接或间接相关的个人、群体和组织。这些个人、群体和组织对该组织机构的目标、生存和发展具有实际的或潜在的利益关系或影响力。

二、公众的特点

作为公共关系对象的公众，一般地讲，它具有下述明显的特点：

第一，群体性。作为社会基本元素的个人，无论科学家，还是文学艺术家；无论是领导，还是群众；无论什么人，都必须要与其他的个人和组织发生这样或那样的联系，发生相互作用。公众就是由各种不同性质的组织和不同个性的个人共同构成的。公众构成组织运行的一个群体环境，它是一个整体。公共关系工作不可以只注意其中某一类公众，而忽略了其他公众。因此，应该将组织面对的公众看作一个完整的环境，用全面的、系统的观点来分析自己的公众，注意组织与各类公众之间的整体平衡与协调。

第二，共同性。公众不是独立的互不关联的个人，他们是一个群体。同一类公众的成员，面临着共同的问题，有着共同的意识，他们为了共同的需要、共同的目标而结合在一起。这样的一些共同点，使一群人或一些团体或组织，具有相同或类似的态度和行为，从而构成特定的社会组织的特定公众。因此，了解和分析自己的公众，找出其内在的联系，内在的共同性，这样在实际的公共关系活动中，就可以在广大的公众群体中区分出这次活动的具体对象，即具体公众。

第三，多元性。公众是一种社会群体，社会群体具有层次性和多元性。自然，公众也就有层次性和多元性。因此，公众既可以是与社会组织有关的单个的个人，也可以是一些社会团体和社会组织机构。如媒介关系可以表现为前来采访的记者，也可以是报社、电台、电视台的领导和编辑，还可以是记者协会、新闻学会等。这就决定了公共关系必然是一种立体的、多维的、全方位的社会关系。

第四，多变性。一定的社会组织确定了一定的社会公众，而社会组织在与外部环境进行信息、能量等方面的交换的同时，不断地更新和发展自身，换句话讲，社会组织的运行是处于动态过程中的，因此社会公众也处于变化之中，即：一个社会组织所面临的公众不是一成不变的，而是处于不断的变化发展之中。这主要表现在，社会组织在运行过程中解决了公众原来所面临的共同问题，那么，原来的公众就自然解体。而随着新的问题的产生，又会产生新的公众。总之，任何组织的公众的性质、形式、数量、范围等均会随着主体条件、客观环境的变化而变化，这种变化就会导致公共关系工作目标、方针、策略、手段的变化。

第五，相关性。抽象地看，社会上的任何一个人都有可能成为一个社会组织的公众，但在实践上，一个组织的公众是具体的因而也是有限的。凡不与这个社会组织发生关系的，都不应该是这个组织的公众。一个社会组织的公众，总是与这个社会组织存在着某种利益关系。公众的意见、观点、态度和行为对该组织具有实际的或潜在的影响力和制约力，甚至决定组织的成败。同样，该组织的决策和行为也对这些公众具有实际的或潜在的影响力和作用力，制约着他们利益的实现，需求的满足等。这就是组织与公众的相关性。找出这种相关性，就能确定自己的目标公众，也才能制定正确的公共关系策略。

第二节　公众的构成分析、选择与影响

一、组织的分类

从公共关系角度所研究的公众，都与一定的社会组织有关。不同的社会组织有各自不同的公众对象。从这个意义上讲，一般的、抽象的公众在现实生活中是不存在的。现实生活中的公众，总是某一特定社会组织的具体公众。

通常，根据组织的利益，社会组织可以分为：

(1) 公益性组织。如政府机构、公用事业部门、公安机关、军事机关、科研单位等。这类组织以国家和社会公众的整体利益为目标,其公众对象是社会各界,或所属地区的全体公民。

(2) 互益性组织。如政党、工会、各种协会、俱乐部及其他群众团体等。这类组织较重视组织内部成员的利益和共同目标,所以首先以内部成员为对象,重视系统内部的沟通和凝聚力。

(3) 营业性组织。如工矿企业、商业贸易企业、金融机构、旅游饭店等。这类组织以其所有者、经营者的利益为目标,其公众包括所有与其经营业务相关的利益对象,如投资者、协作者、顾客、供应商等。

(4) 服务性组织。如学校、公立医院、社会福利机构等。也即通常所说的非营业性的事业单位。这类组织以特定的服务对象为目标,并与资助者、协助者保持密切关系,以维持自身的生存。在社会主义的中国,这些组织的经费很大一部分来自政府拨款,因而与政府机构有着特殊的关系。

各种类型的社会组织因各自的公众不同,其公共关系工作必然也是各具特色。因此,随着公共关系实践的发展,人们已经在实践中总结了不同组织类型的公共关系活动的规律和特点,产生了公共关系的分支"部门公共关系",如企业公共关系,政府公共关系(可称行政公共关系),传播媒介的公共关系,公用事业的公共关系以及国际公共关系等。这些部门公共关系的特点和内容因各自性质和活动方式不同都有所不同,它们的公众也是不同的。

在公共关系实践上,组织类型对具体的公共关系活动起着较大影响的因素主要有两个方面:一个方面是营利还是非营利;另一方面是竞争性还是独占性。从这两个方面来考虑,又可将社会组织分成如下四类:

(1) 竞争性非营利组织。这类组织没有明显的经济动机,但仍然有同行业的竞争,需要在公众和舆论中取得较高的信誉,如名牌学校、名牌医院等。

(2) 竞争性营利组织。这类组织的根本任务是追求经济利益,他们要在市场竞争中争取公众的支持，因此比较重视公共关系活动。但在活动中他们容易追求直接的经济利益，把公共关系活动等同于促销活动。

（3）独占性非营利组织。这类组织没有自身的经济利益，又不存在竞争，推动他们工作的主要是使命感和道义上的责任感，因此，他们往往容易忽略公众。

（4）独占性营利组织。这类组织同样追求经济利益，但由于他们的产品或服务在目前条件下具有独占性，不存在市场竞争的压力，所谓"皇帝女儿不愁嫁"。他们容易忽视公众利益，甚至出现损害公众利益的行为。因此，这类组织往往与公众形成对抗，遭到公众舆论的指责，从而损害自身的形象。

二、公众构成分析

由各种各样的因素所构成的公众，根据不同的角度，可以进行不同的分类。

从社会组织对于公众的影响程度及社会组织在运行中与公众发生关系的密切程度，可以把公众分为四大类：

（1）非公众。指这样一些团体和个人，他们完全不受组织的影响，对组织也不发生任何实际的影响。它不是公共关系的实际对象。但是，从社会组织的发展角度来讲，公众都是从非公众发展而来的，因此，社会组织的公关人员，有必要对"非公众"中的一部分有较清醒的认识，这就是所谓的"公共关系超前意识"。但这并不意味着可以把"非公众"与"公众"混为一谈，在实际的公共关系活动中，区分"非公众"与"公众"正是为了减少公共关系工作的盲目性，增加公共关系工作的实际效果。

（2）潜在公众。潜在公众是指这样两种情况：第一，指的是现在还没有同社会组织发生关系和影响，但将来会与社会组织发生关系和影响的公众。第二，事实上已与社会组织发生关系但尚未意识到的公众。潜在公众有两个基本特征：第一，还未意识到问题的存在；第二，还未有意识地付诸任何行动。在公共关系工作中，能否发现潜在公众，关系到公共关系的预见性。

(3) 知晓公众。指的是那些面临着共同问题，而且本身也意识到问题的存在，但还没有付诸实际行动的公众。由于知晓公众已经意识到问题的存在，因此他们对任何与他们有关的信息都会感兴趣，想方设法了解问题的原因，解决的方法及其今后的发展趋势。在公共关系工作中，能否以积极的态度、正确的方法，把握适当的时机对知晓公众开展公共关系工作，关系到公关工作的及时性，往往是公共关系工作成功的关键。

(4) 行动公众。指的是那些不仅意识到问题的存在，而且已经采取种种实际行动的公众。当一部分个人、群体和社会团体不仅意识到由组织行为引起的问题，而且准备采取或已经采取行动以求问题的解决时，他们就成了组织的行动公众。行动公众的形成对社会组织构成某种直接影响，公关人员须加倍努力，全力开展公关工作，使这部分公众的影响向好的方向发展。

从非公众到行动公众是一个连续发展的过程。

一个组织的公共关系部门或人员应该及时注意公众的变化情况。首先把工作的重点放在知晓公众和行动公众上，因为知晓公众特别是行动公众与组织有着密切的利益关系，不协调好这部分公众的关系会直接地危及组织的利益和地位。其次也应考虑到潜在公众，做到未雨绸缪，防患于未然。公共关系人员要掌握良好的公共关系机会，不能坐失良机。而要掌握良好的公共关系机会，公共关系人员就必须进行细致的调查研究。比如，对于一家宾馆来讲，已经居住的房客是它的行动公众，而一般外来旅客则是它的潜在公众。这种用发展眼光对公众进行分类，有助于公共关系人员根据公众的各个变化层次分别制定具有针对性的沟通策略。

在实际的公共关系活动中，根据组织的内外区别，公众又可分为内部公众和外部公众。

(1) 内部公众。指组织内部的成员。因此，企业的职工、股票拥有者等属于内部公众，这类公众与组织的关系最为密切和直接，因而是一个组织公共关系的最重要的一个环节。

(2) 外部公众。指那些除了内部公众之外的与组织有这样或那样联系的公众。这类公众与组织的关系虽不像与内部公众那样密切，但它们和组织总是有这样或那样的利益关系和影响力，并且他们的数量比内部公众要大得多。

在实际的公共关系活动中，公共关系人员必须注意任何组织的公众并不是一成不变的，任何公众自身也处于不断变化之中，所以组织的公共关系人员应及时了解公众的变化，以便及时制订计划，采取措施，有的放矢，使社会组织的公共关系体现出不同的特色。

三、选择公众

对于一个组织来讲，它所面临的公众很多，但是，在一定的时期内，总是有一些公众比较重要，另一些公众则不太重要。不同的组织，或同一组织在不同阶段、不同情况下，它所面临的公众的重要性也有所不同。因而，任何一个组织在进行一项具体的公共关系活动之前，有必要对公众作出选择，并对主要公众加以影响，使之转变态度，从而有利于组织的生存和发展。

在选择公众的过程中，主要从公众对于组织的重要性和公众对组织的态度，来考虑公共关系工作应该针对的对象。

从公众对于组织的重要性角度，我们可以把公众分为三类：重要公众、中间公众和次要公众。

在这三类公众中，重要公众是组织应花大力气的公共关系对象，当然也应考虑到中间公众和次要公众。

从公众对组织所持的态度，我们又可把这三类公众分别为：顺意公众、独立公众和逆意公众。

中间公众和重要公众中的顺意公众可称为扩散影响的公众。顺意公众对组织的生存和发展很重要，他们的意见、态度和行动对组织的目标和活动具有至关重要的意义，而且这类公众对组织比较了解，他们对组织是持积极的支持态度的。中间公众虽然对组织来说不太重要，但是他们人数多、力量大。因而，组织的公共关系工作是努力保持这部分人的支持和赞赏态度，尽可能为组织创造一种良好的社会环境，吸引更多的人关心组织，以获得社会公众的普遍支持。

重要公众中的独立公众和逆意公众，可以称为集中影响的公众。这是公共关系工作的重点对象。独立公众对组织比较重要，他们对组织的政策和行为持中间态度或态度不明朗。独立公众由于对组织不够了解，如果进一步发展的话，有可能发展为顺意公众，也有可能成为逆意公众。逆意公众对组织比较重要，但他们由于对组织不够了解或存有偏见而对组织的政策和行为持否定和反对态度。因而公共关系工作应该运用多种多样适当形式，促进这两部分公众的态度发生转变，使逆意公众发展成为独立公众，进而发展成为顺意公众，使独立公众从中间态度转变成为支持和赞赏态度，使组织的公共关系工作获得理想的效果。

所以，组织的公共关系工作既应该针对集中影响的公众，同时也应该针对扩散影响的公众，使两者相辅相成，珠联璧合。

那么，在实际工作中如何确定这些公众呢？从公共关系角度看，主要依靠两个途径：

第一，公共关系调查。比如通过舆论调查、收集信息、民意测验的方法，特别是民意测验的方法，使组织了解其公众的态度和行动，以及他们对组织的印象，并以此作为制订和修正政策和措施的重要依据。第二，组织的社会活动计划。任何一个组织的社会活动计划中一定要有对合作者、竞争者、主要活动对象等充分的分析和研究。通过这种计划，也可以使我们了解到哪些公众对组织比较重要，哪些并不太重要。在选择公众时，还应注意的一个问题是，必须正确把握公众的确定性和不确定性的辩证关系。对于在特定条件下的一定的社会组织，其公众既是确定的，又是不确定的。这是因为：①社会组织的静止是相对的，它总是处于不断变化之中，因而其公众也是处于变化之中。②即使是同一范围内的特定公众，仍然是一个复杂的集合体，他们的年龄、职业、所受教育、心理特征都可能存在不确定性和不一致性，因而直接导致他们对社会组织采取不同的态度和看法，只有对此予以充分的关注，才可能增强公共关系工作的应变性和灵活性。

四、影响公众

选择公众的目的在于影响公众。通过对各类公众的分析、调查研究，可以对各类不同的公众施加不同的影响，以达到改变公众的态度的目的，从而获得公众的普遍支持。

对公众施加影响的方式方法是多种多样的，不同的组织或同一组织在不同的地点，不同的时间，对不同的公众就应该采取不同的方法。每一个社会组织，都只有根据实际情况的变化进行有针对性的公共关系活动，才能获得事半功倍的效果。但是，任何一个组织在影响公众时都必须遵循以下原则：

第一，行动在先原则。一个组织公共关系的好坏，首要的不是言论而在于行动。公共关系工作人员要虚心听取公众的意见，及时反映给决策者，使决策者能顺应公众的要求调整政策或行动，从而在公众中树立起良好的形象。公共关系人员不能花言巧语，以假话来欺骗或敷衍公众，这样做只会搬起石头砸自己的脚。当公众的意见不正确或不完全正确，反映的情况部分失实或完全失实时，组织往往对公众产生不满，甚至采取失当的对策，这样会引起矛盾激化，使事态扩大。遇到这种情况，公共关系人员首先应本着实事求是的原则，进行仔细的分析，对于公众意见中的正确部分，反映情况中的真实部分，要勇于承担责任并采取切实的措施；对于不正确或失实的部分，则应冷静、耐心地向公众解释清楚，并以提供更高质量的产品和更好的服务，向公众表明自己的正确。因为在这种情况下，公众对组织用言论作的解释，往往抱怀疑的态度，而对组织用实际行动提供的证明容易信服。公关人员要了解造成情况失实的原因，了解不正确意见的影响范围，采取相应的对策，消除这种不良的影响，让更多的公众了解事情的真相。

第二，公开原则。在实际生活中，公众由于不了解组织，就会对组织持中间态度，如果受到某种偏见的影响，就会持否定和反对态度。事实上，一个组织与社会公众关系的紧张和摩擦，主要是由于组织对社会公众采取保守秘密的态度，妨碍了意见的沟通和信息的传播。因此，只有使公众了解组织，才能得到公众的谅解和喜爱。美国银行业的鼻祖安蓬尼尼是加利福尼亚州美国银行的领袖，他的办公室被人描写成是“像纽约中央车站那样可以随便进出”的场所。他从容地坐在那儿，任何人都可以去看他，他亲自接电话，没有架子，和蔼可亲。这些都是他成功的诀窍，因为人们了解和信任他，也就了解和信任他的银行。

第三，权威原则。组织在进行公共关系活动时，在可供选择的几种方法中，还应该考虑到它们的权威性大小。所谓权威，是指在处理和解决问题时，对他们态度和行为的影响力。权威大，影响力就大；权威小，影响力就小。比如，对社会公众宣传、推销一种新的药品，请医学界的著名教授或著名医生远比药厂厂长的“自吹自擂”式的宣传的效果要好得多。

第四，可行性原则。组织在进行公共关系活动时，应因地制宜、因时制宜、因人制宜地制订活动方案和选择公共关系策略。在考虑问题时，不仅要考虑到组织的经济效益，还要考虑到社会效益。在组织经济效益可行而社会效益不可行时，必须服从社会效益。

第五，确定公众范围原则。所谓确定公众范围的原则，包括两个方面的含义：①不随意扩大或缩小公众的范围。任意扩大公众的范围，将会消耗许多无谓的时间、人力、物力和财力。任意缩小公众的范围，公共关系活动也难以得到效益。因此，一个社会组织必须根据自己确定的公共关系目标，去精心选择与实现这个具体目标紧密相关的公众，集中自己的有限力量对确定范围内的公众开展公共关系工作。②让应该知道的公众知道，让不应该知道的公众尽量不知道。当一个组织与公众之间产生某种矛盾、危机时，这个社会组织一定要正确选择好自己的公关对象，让那些已经介入矛盾的公众充分了解组织的态度和有关解决方法，争取他们的理解和支持。而对那些并未介入矛盾的公众，则不必去作说明，把公关工作的重点放在重点公众上。

第三节　公众的心理分析

一、公众心理概述

公众不同的行为，是公众不同的心理作用的结果。任何类别的公众总是由许多具体个人组成的，而每个人又担任着某种角色：如男、女；老年、中年、青年和少年；从事某种职业；具有某种文化层次等。任何个体又均处于某种正式或非正式群体之中，也就是说，一个个体公众同时又是角色公众和群体公众。因此，公众心理也就包括个体心理、角色心理和群体心理。

公众心理所包括的三个组成部分是相对独立、互相影响的。公众的个体心理是角色心理和群体心理的基础，它显示的是个体在心理上与其他个体的差异，最具有稳定性和独立性。公众的角色心理是同类公众共同心理的抽象，它显示的是该类角色和他类角色在心理上的差异，具有变换性和伸缩性。公众的群体心理是公众在群体互动中产生的和个体心理相对应的心理，它显示的是人类普遍的社会性和群体性的特质，具有凝聚性和排他性。每一个公众都同时具备这三种心理，因而它们是统一的，又必然是互相影响和互相制约的；每一种心理在不同公众身上的表现是不一样的，因而它们是相对独立的，是不能相互取代的。

二、公众行为的心理因素

影响公众行为的因素有许多，一般地讲，包括下面六个方面：知觉、价值观、态度、需要、性格和气质、兴趣和能力。

1. 知觉和公众行为

知觉是人脑对直接作用于它的客观事物的整体反映。知觉分为视觉、听觉、嗅觉、味觉等。心理学告诉我们,通常我们感觉到的世界,不一定是现实的千真万确的客观世界,它往往带有人们的主观看法。因而,对于同一件事情,不同的人,由于知识水平不同,阅历不同,就会产生不同的知觉。例如,一个想买照相机的消费者,会十分注意照相机商店,他对各种照相机的感知就特别敏锐,而且印象深刻。人们就是按照不同的知觉去采取不同的行动。换句话讲,人的行为往往不仅受客观事物本身的影响,而且受到个体对这些事物的知觉的影响。特别是受到社会知觉的影响。

社会知觉,指的是人们对社会环境中有关个人或团体特征的知觉,它包括一个人对另一个人的知觉,群体对群体的知觉,以及个人和群体间关系的知觉。社会知觉有其不同于对物的知觉的特殊性。这主要是当人们知觉别人时并不只停留在被知觉者的面部表情、身体姿态和外部行为上,并且要根据这些外部特征了解他的内部心理状态,了解他们的动机、意图、观点、信念、个性特点等。

事实表明,人与人之间的相互关系,或者人与团体组织机构的相互关系,往往是以社会知觉作为基础。因此,想要建立良好的人际关系和公共关系,必须先具有正确的社会知觉。作为一个公共关系人员,既要正确地知觉自己组织,更要正确地知觉公众,还要了解公众对自己组织的看法,只有这样才能更好地搞好公共关系。

在社会知觉中,从公共关系角度看,最主要的是对人的认识和人际知觉两类:

(1) 对人的认识。这是对他人的动机、感情、意向、性格等的认识。认识一个人,除了从他的言行去了解外,最重要的是观察他的表情。表情不但是个体身心状态的一种指标,同时,也是向他人传达心意的一种手段和途径。一个人的喜、怒、哀、乐等情绪不但以其脸部表情表达,同时也可以用动作语言表达。

(2) 人际知觉。这是指人与人之间相互关系的认识。人际知觉的主要特点在于有明显的情感因素参与知觉过程。人们不仅相互感知，而且会形成一定的态度。例如，对某些人反感，对另一些人同情或喜爱等。在判断人际关系时，我们特别重视个人的性格、意见、态度等与他人有关的特征。一般来说，人们越是彼此接近、交往频繁、有较多的相似之处，就越会产生友谊、同情和好感。

(3) 自我知觉。这是指一个人通过对自己行为的观察而对自己心理状态的认识。当然，一个人观察别人与观察自己是有区别的，一是掌握自己的信息多于别人；二是有熟悉与陌生之区别；三是自己既是观察者又是被观察者。但这并不意味着自我知觉一定比别的知觉更正确。

在现实生活中，我们往往受各种偏见的影响而造成歪曲的社会知觉，从而作出与客观事物不完全一致的判断，在心理学上把它称为心理定势。这种心理定势有积极作用也有消极作用。在公共关系活动中，处理好这种心理定势，具有重要意义。常见的心理定势有：

(1) 首次效应。第一次进入一家商店，第一次和某个人交往，第一次购买某厂的一种产品等，都会留下较为深刻的印象，成为一种心理定势而影响他今后的行为。这种现象称为首次效应或第一印象。第一印象不仅来自于直接的接触，也可能来自于传播媒介的间接介绍。了解第一印象的作用对于公共关系活动具有实际意义。一方面公关人员在观察公众时应尽量避免受第一印象的影响，而对公众产生错误的看法，另一方面公关人员又应努力使自己在公众中留下一个好的第一印象。

(2) 晕轮效应。人们在观察事物时，由于对该事物的某种特征印象深刻，并进而推及该事物的总体特征，从而产生美化或丑化该事物的印象，这种心理定势称为晕轮效应。这种心理定势是以木为林，以偏盖全，妨碍人们去正确认识事物。但这种心理定势又是一种非常普遍的现象。公关人员必须善于处理。晕轮效应的产生往往是由于在掌握有关知觉对象信息很少的情况下作出总体判断的结果。因此，作为公关人员应尽可能全面地掌握对象信息，以免产生这种偏见。

(3)近因效应。近因效应是指最后给人留下的印象有强烈影响。在实际的公共关系活动中,首次效应与近因效应这两种效应的研究有重要意义。我们可以利用这两种效应来加强对人们的影响。比如,在一个公共关系宣传活动中,一开始就搞得有声有色,别出心裁,利用首次效应加深对人们的影响,最后结束时,再次用新颖的形式、独特的做法,利用近因效应加深对人影响。这样,利用两种效应的作用,必然能达到较好的效果。

2. 价值观与公众行为

价值观是一个人对周围事物的是非、好坏、善恶和重要性的评价。人们对各种事物,如对自由、幸福、荣辱、和平等,在头脑中都有好坏、轻重、主次之分,这样主次的排列,构成了人们的价值体系。价值观和价值体系是决定人的态度和行为的心理基础。在相同的客观条件下,不同的人,由于有不同的价值观和价值体系,就会产生不同的行为。

美国学者在对公众进行大量调查的基础上,把人的价值分为七个等级:

第一级,反应型。这类人对事物只是按照自己的生理本能作出反应,而不顾其他任何条件。

第二级,忠诚型。这类人依赖性强,服从于传统的习惯和权势。

第三级,自我中心型。这类人个人主义严重,自私自利,爱寻衅闹事,主要服从于权力。

第四级,坚持己见型。这类人难于接受别人意见和建议,难于接受不同的价值观,总希望别人接受自己的价值观。

第五级,玩弄权术型。这类人控制欲强烈,通过操纵别人达到自己的目的,实用主义严重,以各种方式争取地位和社会影响。

第六级,社会中心型。这类人重视被人喜欢和尊重,重视与人相交而不十分重视自己的发展。

第七级,存在主义型。这类人能高度容忍不成熟的意见和不同的观点,敢于批评制度的僵化、权力的强制作用和政府机关人浮于事、虚挂职务等有碍于社会经济发展效率的种种现象。

一个人的价值观是由人生观决定的，因而，归根到底，一个人的行为总和他的人生观联系在一起。人生观是对人生的看法，对人生的意义、人生价值的看法和态度。人生观的不同，对是非、好坏的判断标准不同。

但是在公共关系的实际活动中，价值观是影响人们动机和行为的一个主要因素，不同国家和民族，因社会制度、民族传统、社会风尚、风俗习惯等的不同，社会价值观也往往不同，而价值观不同，往往会使人们的行为发生很大的差别。因此，需要了解人们的价值观，才能解释他们的行为，以此作为进行公共关系工作的依据。

3. 态度和公众行为

态度，是指个人对某一对象所持有的认识、评价及其倾向性。态度是引起和指引人的行为的一个重要因素，对人的行为具有内在的影响力，甚至可以决定一个人的生活方式。

公众态度对个人的行为起调节作用。公众已形成的态度在很大的程度上决定着个人对外界的选择和他的行为方向。态度对公众的行为有以下几个方面的影响。

(1) 态度通过影响公众的知觉的选择性和判断性，而影响公众的行为。一般来说，人的行为是由一定的外部或内部刺激引起的，但人并不是消极地接受这种刺激，而是要经过心理上的加工作用才能接受。人的态度就在人的心理活动中起着加工作用。人的态度一经形成，会使人对特定事物持有一套或强或弱的固定看法。这种“定型”的看法往往会影响他对人或事的感知与判断。

(2) 态度预定着公众的行为方式。态度潜在地决定了公众会按照某一方式来行动。如一个人喜欢他的朋友，就会使他产生接近这个朋友的行为。

(3) 态度决定人的行为效果差异。人存在着态度差异，态度差异又影响着人的行为，因此，各个人行为的效果是不同的。一般来说，积极的工作态度的结果是高效率，消极的工作态度会导致低效率。

态度不是先天就有的，而是在后天的生活环境中，经过学习而形成的。态度一经形成之后，比较牢固和持久，但并非一成不变，它会随着外界条件的变化而变化，从而形成新的态度。态度的改变一般可分为下面两种情况：

（1）一致性的改变。即改变原有态度的强度。比如从原有的略为赞成变成大加赞赏。

（2）非一致性的改变。即改变原有态度的方向。比如从原来的反对变成赞赏，赞赏变成反对。

从公共关系角度出发，就要求公共关系人员一方面努力引导公众态度的形成，使公众的态度朝有利于企业、组织的方向发展。另一方面要改变公众的敌对态度，化干戈为玉帛。特别值得一提的是，态度具有的最大特性就是隐藏性。一个人的态度，有时可能会显露出来，有时则会隐藏起来，甚至还会有相反的表现。例如，一个对一家商店满意的顾客会光顾这家商店，不满意的顾客也会光顾这家商店。因而，公共关系人员不能根据自己的一般观察去推测公众的感情、愿望、希望、要求和目标，也不能根据一个公众的表白态度轻率地下结论，而要透过现象看本质，找到真实的动机，真实的想法，推断出真实的态度，从而制定正确的公共关系措施和手段。

4. 需要和公众行为

需要是人的一种寻找自我保护和自我发展的心理倾向，是人缺乏某种东西或受到某种刺激时，产生的一种主观状态。人要满足某种欲望是一种需要；人感到压抑、难受，必须寻求解脱也是一种需要；人在受到强烈的刺激时作出的反应也是一种需要。

人在满足衣、食、住、行等最基本的生存需要的前提下，不断产生各种新的、高层次的需要，这种需要推动人的行为，推动人的发展。因此，需要是产生行为的原动力，是积极性的源泉。一般来说，需要越迫切，行为越积极；行为越积极，产生的需要越多，速度越快，层次越高。这是人的一种寻求自我发展的心理倾向。人们通常说的“人心不足，得陇望蜀”，“水往低处流，人往高处走”，正是指的这种心理倾向。不同的人有不同的需要，由于各人的经历不同，所受教育不同，经济地位不同，社会地位不同。因而各人的需要也不同。但总的来讲，无非两大类：物质需要和精神需要。

需要，对于一个组织在处理与职工的关系时具有重要意义。任何一个企业或组织，在需要问题上必须注意：一方面既要满足职工的物质需要，又要满足职工的精神需要。因为推动人们进行社会活动的不仅有物质动因，而且精神动因也是一个不可低估的力量。另一方面，由于职工的需要多种多样，无限复杂，而且每个人的需要还会因时而异，在每一特定时期，都会有一些最迫切的需要，这种需要称之为优势需要。因而应该针对每个人的不同的优势需要，采取不同的满足方式。只有这样，才能最大限度地发挥职工的积极性。

5. 性格、气质和公众行为

(1) 性格和公众行为。心理学认为，性格是一个较稳定的对现实的态度和与之相应的习惯化的行为方式。它表现为一个人的全部品质和特点的总和，包括怎样影响别人，怎样对待自己以及他的可被认识的内在和外现的品质全貌。性格和公众行为的关系也极其密切，对一个人的性格的了解，不仅可以说明他现在的行为，而且可以预测他未来的行为。

性格并不是天生的，而是后天的生活和教育以及个人的工作实践长期塑造而形成的，也可以说是一个人的“生活历程”的反映。已经形成的性格具有相对的稳定性，但又具有可塑性。客观生活环境的变化是性格变化的重要因素，主观上的自我调节也是性格改变的有力因素。

每个人的性格有不同的侧重。因此，性格具有不同的类型。

按照对社会的适应性来划分，性格大致可分为摩擦型、平常型、平稳型、领导型、逃避型五种类型。摩擦型性格外露，人际关系紧张，容易造成摩擦；逃避型性格内向，不善交际，与世无争。这两种性格社会适应性最差。平常型态度、意志、情感、理智等性格特征均表现为一般。平稳型的特点在于善结人缘，领导型的特点在于影响公众。这两种性格社会适应性均较好，但平稳型较多地表现为被动适应，而领导型较多地表现为自主能动。

性格对于公众行为的影响是深刻的，因为人的性格与他的思想观点、理想、信念、世界观有着密切的关系。思想观点制约着一个人的性格，影响着一个人的行为举止、习惯和意向。

因此，一个组织的公共关系人员对待公众，特别是对待内部公众，不能仅仅满足于了解和掌握他们的性格，而应该积极创造条件，让他们的性格向着健康的方向发展，对那些性格尚未定型的青年职工尤其应该如此。

(2) 气质和公众行为。心理学认为，气质是人的典型的、稳定的心理特征。它表现为人的心理活动的动力方面的特点，主要体现一个人的情绪体验的反应速度、强度、稳定性和内外倾向性的心理特点的总和。人的气质可分为四种基本类型：胆汁型（不可压制型）、多血质型（活泼型）、粘液型（安静型）、抑郁型（弱型）。

各种不同的气质，本质没有优劣之分，都具有好的一面，也具有不好的一面。如多血质型的人情感丰富，工作能力强，但兴趣容易转移，而抑郁型的人情感细腻，做事审慎小心，观察力敏锐，但工作中耐受力较弱，优柔寡断。因为不同的工作对工作者有不同的要求，因此就有一个什么气质的人适合干什么工作的问题，同时也有一个适应工作，要求改变自己某种气质的问题。气质不容易改变，但也不是一点都不能改变。

对于一个人的气质是可以鉴定的，而且对不同气质的人在公共关系工作中运用的方式方法上都应因人而异。还可能通过气质互补作用，通过发挥主观能动性来适应工作，圆满完成任务。

在公共关系工作中对于抑郁型的人要多加关怀和照顾，对于胆汁型、多血质型的人，由于他们承受挫折的忍耐力强，可以进行比较严厉的批评。

一个人随着年龄的增长，阅历的变化，气质也会有所变化。总之，探讨和了解公众的气质类型，有助于根据公众的各种行为，发现和识别气质方面的特点，注意利用公众气质特征的积极方面，控制其消极方面，提高公共关系艺术。

6. 兴趣、能力和公众行为

(1) 兴趣和公众行为。兴趣是人脑对特定事物的特定反映。人们在工作、学习、生活等社会活动中，对某一些事物印象特别深刻，这些事物带来的是愉快的感觉和深入研究的愿望，于是形成一种定向反射。每当这类事物重新出现的时候，人们便又出现愉快的感觉，并把注意集中在这类对象上。这就是兴趣。

兴趣指导人们的行为。当人们对某种事物产生兴趣之后，他总会通过行为表现出来。兴趣是和人的情感相联系的，他和人的需要、年龄和职业有关，还受到社会条件、实践活动等因素的影响，所以一个人的兴趣并非一成不变的，随着某些因素的发展变化，其兴趣也会不断地发展变化。

兴趣按其内容或倾向性，分为三类：

第一，物质的兴趣。如衣、食、住、行等。

第二，精神的兴趣。如文学、艺术、体育等。

第三，社会的兴趣。如对社会工作、组织活动、社交活动的兴趣等。

事实表明，兴趣对一个人的动机和行为模式有着重要的影响。比如，对某项体育活动的爱好，会促使他经常去参加这项活动。当同时有几种目标可以满足个体的某种需要，他在选择何种目标时，往往会受兴趣、爱好的影响。兴趣对于一个人从事劳动，发展能力有重要的意义。任何人，只要他对所从事的事业有很大的兴趣，他就能积极地以至创造性地去完成任务。对工作发生了兴趣，便会把工作看作是一种乐趣，因而我们在从事公共关系工作时，善于观察各种不同公众的兴趣和爱好，掌握其兴趣、爱好与需要、年龄、职业的关系，以及兴趣对各种公众的影响作用，这对于提高公共关系艺术水平，大有裨益。

(2) 能力和公众行为。能力是人们顺利完成某种活动所必需的心理特征，也可以说，它是完成一定活动的本领。能力总是存在于人的具体活动之中，并直接影响着活动的效率。人们在各项活动中所表现出来的能力是多方面的，有观察力、记忆力、概括力、理解力、想像力、感受力和鉴赏力等。一个人的能力是这多方面的综合作用的表现，体现在具体的每个人身上，不尽相同，即人的能力存在着各种各样的差异，这种差异表现在公众行为过程中，就会有不同的意识、鉴赏、评价和决断能力，从而就会有不同的行为模式。对于一个组织，从公共关系角度来讲，应针对公众能力上的差异，采取灵活多样的公关手段。对待不同的公众，要根据他们的能力，区别对待。

三、心理学原理在公共关系中的应用

公共关系人员在进行公关活动时必须善于运用一些心理学原理。公共关系活动中运用的心理学原理是多方面的。

1. 整体性原理

心理学认为，越是具有整体感的东西，越能引起公众的联想和思维，从而留下深刻的印象。而分散的、局部的东西是起不到这种效果的。因此，我们在进行公共关系活动时，特别是在树立社会组织的良好形象时，如果把全部精力都放在某个具体方面，是决不能取得良好效果的。因此，我们必须把精力放在同形象有关的各个方面上，注意形象的整体性。只有这样才能够树立组织的良好形象。例如，对于一个企业来讲，它不但要考虑产品质量、服务质量，而且还应考虑到公众的安全、保健、求美等需要。

2. 联系性原理

心理学认为，人对某一刺激的反应强度的大小，不仅受这一刺激本身强弱的影响，而且还受到其他许多因素的影响，如年龄、文化、性别、家庭等，特别是受到文化的影响。因为任何一个人都是在一定的社会环境中生活，他认识事物的方式、行为准则和价值观念都区别于不同社会文化环境中的人们。比如，有些西方人认为美的东西，东方人也许认为是丑的。因此，我们在进行公共关系活动时，不仅要考虑应该运用何种方式方法，而且应该考虑这一方式方法在特定的社会环境中会产生怎样的结果和影响。把公关活动同特定的社会环境联系起来，只有这样才能取得较好的公关效果。

3. 发展性原理

心理学认为，人们的心理会受到客观条件制约。由于外界的各种因素处于不断地发展变化之中，作为发展变化着的客观事物反映的人的心理，当然也是随之发生变化的。这就要求我们坚持发展的原则，及时了解和掌握人们心理发展的趋势和倾向，在公共关系活动中及时根据公众心理的变化而采取灵活多样、恰到好处的公共关系手段，调整公关策略。

4. 新异性原理

心理学认为，新异刺激，即突如其来相对强烈的、新奇的刺激，使人的正常心理活动一时失去平衡，从而使那个刺激在心理中留下特别深刻的印象。比如，在日常生活中，对于某一种突如其来的色彩、声音或新鲜事物会引起我们的注意，同时在一定的时间内将会留下深刻的印象。因此在进行公共关系活动中应注意利用新异的刺激，以便扩大公共关系活动的影响。

四、逆反心理和公众行为

1. 逆反心理的概念和形成原因

在公众的正常心理状态中，还存在着一种心理反常的逆反心理，这种心理现象，在现实生活中俯拾皆是。什么是逆反心理呢？它是作用于个体的同类事物超过了个体感官所能接受的限度而产生的一种相反的体验，是有意识地脱离习惯的思维轨道，而向相反的思维方向的探索。

公众的逆反心理的形成，原因是多方面的，概括起来有以下三个方面：

(1) 好奇心。那些具有好奇心的公众，对任何事情都喜欢富于幻想，渴望变化，敢于藐视传统，追求新奇，不拘于成见。因而在一定的条件下，就会发生逆反行为。

(2) 好胜心。有些公众,喜欢赶浪潮,样样事情都走在别人前面,把能做到别人做不到的事情作为一种荣誉,这样的公众,往往会发生逆反行为。比如,能够买到某种紧俏商品,便成了一种炫耀自己的资本,因而千方百计去购买此类商品。

(3) 抵触心。公众对某些讲得过分的东西,往往会产生厌恶感,形成一种抵触情绪。在这种抵触情绪的支配下,公众会向相反的方面追求,从而形成逆反行为。

2. 逆反心理和公共关系

了解和掌握逆反心理,对于一个组织的公共关系有很重要的意义。公共关系就是要搞好同各类公众的关系,引导各类公众的行为朝有利于组织的生存和发展的方向进行,要防止并纠正公众的不利于组织的行为或行为趋势。因而,任何一个组织,必须分析并掌握公众的逆反心理。但是,公众的逆反心理复杂多变,因而作为组织的公共关系人员,在制订公共关系方案和措施时,必须做到:

(1) 不落俗套,时时求新。任何一个组织都有自己特定的东西,不存在完全一模一样的两个组织,因而如果一味地简单模仿别人的做法,势必会落入俗套而导致公众的逆反行为。

(2) 实事求是,切勿作假。弄虚作假会使公众产生强烈的逆反心理,会导致组织的信誉一落千丈。因而组织必须有实事求是的态度,以优质产品、优良服务作为组织信誉的实力保证。

(3) 分析和掌握公众的逆反心理,抓住时机,出奇制胜。从表面上看,公众的逆反心理变化莫测,但仔细分析,它还是有规律可循的,这种规律就存在于公众的行为之中。组织的公共关系人员,要善于分析和掌握。正确掌握公众心理,抓住其“逆反”状态与表现时机,制订相应的公共关系措施,出奇制胜,就能起到很好的效果。反之,如果分析失误,利用不当,就会在行动中适得其反,铸成大错。

值得一提的是,逆反心理所引起的行为,只在一定的条件下才能起正效作用。相反,组织在运用逆反心理时千万不能把它强调到不适当的地步,更不能利用逆反心理来损害公众的利益。只有通过正确利用逆反心理来引导公众的行为，才能使公众的行为有利于组织的生存和发展。

五、流行心理与公众行为

1. 流行心理的概念及其特点

在现实生活中，我们常常会发现一种现象：一个时期内，社会上相当多的公众对特定的观念、行为、语言、生活方式等产生崇拜追求。这种现象我们就称之为流行。所谓流行心理，则指社会上相当多的公众在较短的时期内，追求某种行为方式，并使之成为一种时尚，从而使公众相互之间互相模仿的连锁性感染。我们通常讲的“流行歌曲”、“流行服装”等，就是从这个意义上讲的。

流行作为一种社会心理现象，具有以下几个方面的特点：

(1) 迅速性。公众的流行现象具有迅速扩展和蔓延，而后又在较短时间内消失的特征。这就是所谓的“风行一时”之说。

(2) 时代性。流行这种社会心理现象总是同社会物质文化生活的发展相关。不同的时代，社会物质生活水平和社会精神生活水平的不同，就会导致流行不同的东西。一般来讲，在社会的变动时期，或大量受到外来影响的时期，就会特别多地发生流行。

(3) 下行性。流行的发生、发展往往是自上而下的。流行的倡导者，多半是在社会上有影响、有地位的公众；流行的发源地往往是政治、经济、文化较为发达的城市。一句话，是下层模仿上层、乡村模仿城市、落后模仿发达。

2. 流行心理和公共关系

流行作为一种社会心理现象，它对公众行为的影响及其产生的后果是很大的，因此它是公共关系人员必须认真加以对待的问题。实践表明，根据流行的特点及其形成的原因，因势利导，有的放矢地开展公共关系活动，必定能更好地顺应公众的心理需要，从而也实现社会组织本身发展的目的。为此，作为公共关系人员，必须做到：

第一，根据流行迅速性的特点，社会组织有意识地对社会组织的形象进行集中性的公共关系宣传，使社会组织的形象能在较短时间内“风靡”起来，尽快在社会公众中创造社会组织的良好声誉。

第二，根据流行时代性的特点，社会组织根据不同的时间，不同的政治、经济、文化发展水平，适时地通过有效的公共关系手段“制造”流行，并促使公众感到“这是大家所追求的”而加以模仿，这样获得的公共关系效果往往十分理想。

第三，根据流行下行性的特点，社会组织在一定时期内，应设计出符合人们潜在需要的“流行”东西，并首先在政治、经济、文化较为发达的地区，或者在较有地位、较有影响的社会公众中进行“试点”，往往会使一般社会公众群起而仿效之，一时间趋之若鹜，蔚为风尚。这就是通常所说的引导消费。

六、舆论、流言与公众行为

1. 舆论与公共关系

在社会中生活的每个人，对于遇到的社会现象，必然会产生不同的主观反应。起先，这些反应是零散的、不系统的、不一致的，但经过彼此间相互作用之后，逐渐加以汇集，最后形成一种相同看法，这就是舆论。所谓舆论，指的是社会公众的意见和看法，是社会上大多数人的共同观念。社会舆论形成之后，就成为一种群众性的意见，对社会产生更大的影响。

舆论的指向和民心的向背，不论对政治、经济或社会组织的公共关系都有着十分重要的意义。著名的美国政治家林肯说过：“得到民意的支持，任何事情都不会失败；得不到它的支持，任何事情都不能成功。”

舆论这根主导线，连着组织，连着社会，伸入社会生活的各个领域和各个角度，政治的、经济的、文化的变动，无不通过这根主线导入组织，公关人员正是通过这条主线，触摸公众的脉搏，把握社会的变动。公共关系的交流内容也只有融入社会舆论的潮流之中，才能真正获得公众的信誉，提高组织知名度的理解和信任，起到塑造组织形象，建立组织信誉的作用。从这个意义上讲，所谓公共关系活动的实质内容就是制造良好的社会舆论；所谓良好的社会形象，就是形成一种良好的社会舆论氛围。因此对于一个社会组织来讲，必须做到：

第一，尊重舆论。由于社会舆论的主体——公众，是社会组织的生存基础，也是社会组织的基本力量。所以，现代社会组织的生存和发展不能不奠基于舆论、民意的尊重之上。

第二，倾听舆论。以往社会组织了解自身的形象，公众对组织的意见、要求及希望的主要途径是基层组织上报的材料、新闻媒体的宣传报导、上级对组织运行的个人印象等，由这些途径了解、反映的情况往往不够真实，也不甚完整，缺乏普遍性和代表性。因此，必须认真倾听代表大多数公众意愿的舆论，便于及时获知反馈信息，了解公众对社会组织的印象和反应，并以此作为决策的依据。

第三，顺应舆论。舆论是标志基本的社会运行情况的晴雨表，也是衡量一切社会组织的政策和措施正确与否的试金石。任何社会组织及个人，如果不顾舆论的向背，一意孤行，不但难以与公众结成良好的公共关系，而且会破坏自身的生存环境，甚至走上绝路。所谓的“民心不可侮”、“民意不可欺”，说明顺应舆论在社会组织的公共关系活动中的重要性。正是从这个意义上讲，顺应舆论对公共关系活动有着举足轻重的作用。

第四，劝导舆论。公共关系还要及时引导公众的舆论，通过宣传、解释和劝导，帮助公众作出抉择，与社会组织采取一致的合作态度。引导和促成社会公众的舆论，必须尊重客观事实，反映广大公众的意愿，才能树立起社会组织真正的良好形象。

2. 流言与公共关系

流言是在某个时候在一定社会成员中传播的共同关心的问题。从传播内容看，流言大致可分成和人们的切身利益相关的，和人们有间接关系的，和一般人没有直接关系的奇闻趣事、丑闻、隐私等三类。由于流言传播的主要途径是口述耳闻，在传播过程中会受到许多主观和客观干扰，从而使传播内容发生扩张和变形，使之越来越离奇，而离奇的内容更容易吸引人，使流言的传播速度更快，范围更广。

流言具有很大的破坏力，流言可以置人于死地。所谓“流言杀人”；流言可以动摇军心；流言可以引起抢购、挤兑风潮；流言甚至可以触发暴力。对于某个组织来说，流言可能会带来一种机遇，但对整个社会来说，它是一种不安定的因素。

然而流言是一种社会现象，它的产生和传播具有必然性，它是人们一种情绪和愿望的反映。首先，流言反映的是人们的一种不安和不满的情绪，它传播的内容往往是一些坏消息，是反映人们一种担心、恐惧、怀疑、不满的心理。其次，流言反映的也是人们的一种愿望。是希望发生或不希望发生的一种愿望。人们传播涨价的流言，是希望不要涨价，害怕涨价。人们传播名人隐私、明星丑闻的流言，希望这是事实，反映了人们的在妒忌心理作用下，希望这些明星出丑的愿望。“人怕出名猪怕壮”，说明流言容易针对有一定社会地位的人。由于流言是人们一种情绪和愿望的反映，因此，在传播过程中，传播者会加入个人的情绪和愿望，从而使流言更加离奇。

流言是一种不确切的消息。有些流言一开始就是无中生有，有些流言开始确有其事，但是越传越离奇。人们在接受和传播流言时，往往以“无风不起浪”作为理由。

既然流言反映人们的一种情绪和愿望。因此用简单的禁止的办法是行不通的，它只会使流言更甚。由于流言是一种缺乏事实根据的消息传播，因此制止流言的最好手段也是惟一的手段就是澄清事实。

思考与练习

1. 什么是公众？它有哪些特点？
2. 如何对公众进行分析？
3. 知觉如何影响公众行为？
4. 如何影响和改变公众的态度？
5. 什么是逆反心理？
6. 公关人员应如何对待流言？

第四章　公共关系人员与机构

随着商品经济的发展与社会文明的进步，公共关系已成为熔科学和艺术于一炉，合生产经营与管理决策为一体的一种专门职业。因而对专业从事公共关系活动的机构及其人员具有特殊的要求。公共关系人员及其机构的素质优劣，直接影响到公共关系活动开展的成功与否，从而影响到整个组织在外界的形象。

第一节　公共关系人员

一、公共关系人员的基本素质

公共关系人员是指从事公共关系实务工作的人员，他们的工作水平和自身素质状况，将直接影响公共关系工作的水平。由于公共关系是一门应用性的学科，它融合了新闻传播学、心理学、语言逻辑、管理学以及社会学等学科的知识。因此公共关系人员必须具备较高和较全面的素质，在品质、性格、学识、智力、技能等方面均要达到一定的职业水准。

1. 品质

公共关系活动的对象是社会各界各类的公众，公共关系人员是以整个社会作为自己的工作、活动舞台。公共关系人员不仅仅代表本人，而是代表着所在组织的形象和声誉。公共关系人员从品质上来说，必须是作风正派，行为严谨，道德高尚，真诚办事。公共关系活动是一项“扬善”的行动，但也切忌“隐恶”。作为公关人员无论是在个人行为或职业活动中，均应以公众利益至上的原则来约束自己，以真实为依据来开展公共关系工作，以诚实的风范来维系和发展各类企事业组织的公共关系活动。公关人员对人无论亲疏，也不论地位高低，都要一视同仁，处事坚持原则，是非分明。只有待人处事正直，才能给人以信任感，使人感到亲切和值得信赖，从而有利于公共关系工作的顺利开展。公共关系人员的品行稍有不端，不仅会损害公众的利益，也会直接影响到自己所代表的组织的形象和声誉。

2. 性格

现代企事业组织面临着各种各样的社会关系，千头万绪，变化多端。由于企业与消费者之间、企业与政府之间、企业与媒介之间、企业与员工之间在具体利益上均存在着差别，公共关系工作会充满各种复杂的矛盾。一般来说，企业、事业、组织等单位的公共关系工作应当尽可能选择外向型性格的人去承担，他们善交际又稳重，既热情又不急躁，他们能与各界公众打交道，与社会上的各行各业联络沟通，参与策划组织各种类型的社交活动。外向型性格有助于人际间的沟通交往和公关活动的积极开展，所以是公共关系工作最适当的人选。

公共关系的任务是复杂的，实现公共关系目标总是与克服困难联系在一起的。公关人员只有具备坚强的性格意志，才能以充沛的精力和坚韧不拔的毅力去探索解决困难的办法。同时，公关人员在工作中应该保持稳定而乐观的情绪，这不但能提高工作效率，而更重要的是使公众感受到信任和亲近，为企业的发展争取到良好的社会环境。目前，国内的一些企业对于这一点也已开始重视，他们要求每一个公关人员和员工都不能把家庭与个人的烦恼带到工作岗位上去，每个员工要像演员一样进入角色，表现出乐观稳定的情绪，去面对本职工作。

3. 学识

公共关系既是艺术，也是科学，更是一种复杂的社会活动。因此，公共关系人员应当具有广泛的知识和素养，了解社会的政治、经济、文化诸方面的状况及其未来的发展趋势。公共关系人员应付的是整个社会，是不断变化的各种人和事。只有具有多方面的经验和广博学识，才能胜任这一工作。

公共关系需要收集信息，公共关系人员就必须掌握信息学、调查学、统计学、心理学、逻辑学等知识。公共关系需要策划方案，公共关系人员就必须掌握经营管理学、市场学、社会学等知识。公共关系需要大众传播，公共关系人员必须掌握新闻学、广告学、写作等知识。公共关系需要评估效果，公共关系人员就必须掌握政治学、经济学等知识。一名优秀的公共关系人员还必须掌握外语、计算机等知识。此外，公关人员理所当然地要熟悉本组织对外提供的产品和服务的有关知识。

当然公关人员不可能也没有必要成为上述众多学科和领域的专家，但他必须掌握这些学科和领域的最基本知识。因此，理想的公关人员应该是通才。

4. 智力

智力不能单单理解成是一个人的智慧。一名合格的公关人员的智力应包含观察能力、思维能力和开拓能力。只有具备敏锐的观察能力，才能觉察到别人未注意的情况和细节，不断发现新趋势新动向，并通过满足人们的多层次需要来推动公共关系的展开。公共关系人员的敏锐的观察能力，对于组织及时收集各种信息，掌握各方面的情况，正确分析公众的情绪和意向，实施相应的公共关系策略是非常必要的，一个人的思维能力是智力的核心，培养公共关系人员时应当注意使他们在思维活动中的分析能力、综合能力、比较能力、抽象能力与概括能力等方面都得到全面发展与提高，使他们在思维的深度、广度，独创性和灵活性等方面都能得到充分的锻炼，保证每一位公共关系人员都具备独立处理各种公关事务的能力。公共关系工作不能以简单重复的形式来开展，需要不时以新颖的形式来联络沟通各界公众。战略上的胆识，工作上的开拓创新，是事业不断兴旺发达的重要保障。缺乏创新精神，墨守成规，因循守旧是公共关系人员的大忌。

5. 技能

技能是指掌握和运用专门技术的能力，作为一名称职的公共关系人员，他必须具备多种多样的能力和多才多艺的本领。

信息处理能力。公共关系人员必须善于发现和挖掘与本组织有关的一切信息，并加以处理，作为组织决策的依据。公关人员应该学会运用现代科学技术给我们提供的各种传播工具，及时准确地向公众传播组织的信息。使自己和本单位做到“不聋”、“不瞎”、“不哑”。

组织领导能力。公共关系工作是一项有条理、各部分衔接紧密的系统工程。公关人员出色的组织才能是至关重要的。公共关系思想应贯穿于对人流、物流、信息流的全过程管理中，这就要求公共关系人员具备一定的领导与组织能力，卓有成效地举办新闻发布会、展览展销、开业纪念庆典和参观访问等。组织领导能力主要包括：组织一个可靠的团体或单位的能力；制订计划，策划方案，作出决策的能力；搜集、整理、评价有关信息的能力；选择方案作出决定的能力；控制工作过程、考核工作实绩的能力；指挥、领导下属完成任务的能力；协调人际冲突的能力及随机应变的能力。

社会交际能力。交际，就是人们相互之间交换信息、相互影响和作用的过程，它是公共关系中最基本的技能和主要手段。一名从事公共关系工作的人员必须具备较强的社交能力。在任何场合中都能见机行事，应付自如。社交能力的强弱，是衡量一个公关人员是否具有适应开放社会和做好本职工作能力的一个重要标准。作为公共关系人员，肩负着为本组织建立一个良好的工作环境的职责，应当善于扫清一切人为的屏障，在组织与公众之间架起沟通的“桥梁”。公关人员不但要善于建立亲密的人际关系，而且还必须懂得各种社交礼仪，比如日常生活礼节、外事交往礼节、各种宴会聚会礼仪等。在大量的公共关系实践活动中，往往有些问题在正式谈判场合不能解决，而在社交场合却能得到解决。另外，社交场合还是传递交流和获得信息的重要场合。

宣传表达能力。宣传表达能力包括文字表达和口头表达能力，能写会说是公共关系人员的基本功。一名合格的公关人员要具备一定的谈话能力、写作能力、演讲能力。公关人员是与人打交道的，他的语言表达能力，可以产生吸引人、打动人、说服人，给人以好感的神奇作用，而公共关系工作希望的就是这种效果。公关人员不必是“小说家”、“评论家”，但起码应有一定的文字功夫，如文字通顺、易懂，条理清晰、明了，分析问题有力、透彻等。除了需要精通语言与文字之外，公关人员还必须具备“动作语言”和“体态语言”知识。体语即人们运用面部表情，头部动作，四肢以至全身的姿势所发出的信息，这种无声的语言，也可以明确地表达出人们的思想观点或情绪变化。公关人员不仅要注意他人的体态语言，也要注意自身的体态语言，并加以自觉的运用。这样，会给人以一种美好的印象，从而更好地取得宣传表达的感染能力与传播效果。

控制协调能力。一个企业、组织，如果离开了有效的控制与协调，那么要塑造良好形象，增强自身的内聚力与外吸力，就会非常困难。作为一名公关人员，他的控制协调能力包括差异发现的能力，善于沟通的能力和随机应变的能力。差异发现的能力就是指在公共关系活动中，对执行结果与预定工作目标之间发生的差异，能够进行测定或作出评议的能力。善于沟通的能力，是指在日常工作中发生的公关纠纷和不协调现象，往往是由于信息闭塞，彼此缺少应有的协商沟通。为此，公关人员应该及时发现问题症结所在，疏通交往协作过程中的障碍，使上下左右各方面有“共同语言”。公关人员在工作中一定要机警、灵敏，随时可以应付一场偶发事件。组织自身在发展过程中并非一帆风顺，它有顺利发展之时，也有遇到风险使组织落入低谷之时。在日常的工作中，遇到临时性的问题，也应该及时觅出解决问题的方案。因此，应变能力是对公共关系人员的必然要求。

自我推销能力。公关人员从某种程度上讲，是各类企业、事业、组织的“耳目”与“喉舌”，他们除了对外广泛收集社会各界公众与本组织有关的信息情况外，也将本单位内部的各种信息及时地向外部传播扩散。要推销和建立优秀的企业集体形象，公关人员必须首先在广大公众心目中推销自己，使自己成为一名合格的“企业大使”。在各类公众交往场合，培养自己具有企业家的头脑，宣传家的技巧与外交家的风度。

二、公共关系人员的层次和日常工作

公共关系人员总体来说，他的工作是以传播为手段，塑造组织形象的工作。具体工作则因组织不同、岗位不同而有所差别。通常情况下，我们可以把公共关系人员划分为两大层次：策划层（或决策层）和执行层。

策划层公共关系人员是指公共关系决策的主要人员，如公关总监、公关部经理、公关顾问等。他们决定着企业公共关系工作的总体态势和发展方向，对公共关系总体工作和具体活动开展作纲领性指导。公共关系战略计划和公共关系策划是公共关系工作的统领和核心，企业公共关系水平的高低直接取决于策划层次公共关系工作的状态和水平。

执行层公共关系人员包括公共关系业务人员和礼仪事务（秘书）人员两类。他们担负着执行公共关系决策，实施公共关系措施，确保公共关系阶段目标和战略目标实现的重任，他们的工作是公共关系战略和公共关系策划意图得以实现的重要保证，是整体公共关系的坚强支撑。

公共关系人员的日常工作主要是下列内容：① 日常文书。包括撰写新闻稿件、公关策划书、广告用语、宣传手册、简报、通告、各种公关函件等。② 设计与创作。包括小型宣传品、海报、广告、摄影、制作视听宣传资料、企业标识、场地布置等。③ 调查研究。包括抽样设计、制作问卷、实施调查、统计分析等。④ 信息处理。包括报刊资料的剪辑、网络信息的检索、其他形式信息的处理等。⑤ 咨询与规划。为具体项目和任务提供咨询和计划，进行人、财、物等方面的预算与规划。⑥ 演讲与主持。包括新闻发布会、庆典仪式、大型活动上的演讲与主持。⑦ 策划与组织活动。包括各类会议、专题活动、应急事件、展览活动等。⑧ 新闻界联络。保持与各类新闻媒介的日常接触与沟通。⑨ 公众交往。对社会名流、社区公众、目标公众等的访问、接待、游说和联系等。⑩ 管理与培训。监督、管理公共关系活动的实施过程，训练有关人员的公关能力。

三、公共关系人员的职业道德

公共关系作为一门科学和艺术，必然要求从事公共关系工作人员自觉遵守一定的行为准则和道德规范。在西方发达国家，从其几十年的实践中，逐步摸索出本行业必须遵循的一些职业道德准则。国际公共关系协会于 1961 年 5 月在威尼斯通过《国际公共关系协会行为守则》。各国公共关系协会又依据本国的公共关系活动特点，制订了适合本国的公共关系职业道德准则。例如：美国公共关系协会于 1977 年通过的公共关系职业道德准则指出：公共关系人员在为本企业或委托人的利益服务的同时，必须致力于一个更远大的目标，就是促进社会上各种各样的集团、机构和个人之间的交流、谅解与合作，以真实、准确、公正、负责的态度为公众服务，通过继续不断的学习和研究来提高公共关系人员的能力，并促进公共关系专业知识和技能的发展。

2000 年开始，国家劳动和社会保障部将“公关员”列入国家职业认证工作的范围，“公关员”正式成为国家 90 个持证上岗的职业之一。公关员职业认证是为了推进中国公共关系业的职业化、专业化和规范化发展，提高从业人员的地位而设立的。公关员职业认证是劳动就业制度的一项重要内容，也是一种特殊形式的国家考试制度。它是指按照国家制定的职业技能标准或任职资格条件，通过政府认定的考核鉴定机构，对劳动者的技能水平或职业资格进行客观公正、科学规范的评价和鉴定，对合格者授予相应的国家职业资格证书。其中“公关员”职业实则为：①奉公守法，遵守公德；②敬业爱岗，忠于职责；③坚持原则，处事公正；④求真务实，高效勤奋；⑤顾全大局，严守机密；⑥维护信誉，诚实有信；⑦服务公众，贡献社会；⑧精研业务，锐意创新。2002 年 12 月，中国国际公共关系协会通过了《公关员行为准则》。

依据现代公共关系准则，公共关系人员在实际工作中应当遵守下列职业道德规范：对于自己所服务的企业及社会上广大公众必须一视同仁，公平相待；使自己的职业活动不仅符合企业的利益，而且符合公众利益，对整个社会负责；坚持真实和准确的原则，恪守普遍接受的社会道德标准，不得从事腐蚀新闻界或政府机构的活动；不得有意传播虚假的或容易使人发生误解的信息；不得有意破坏其他公共关系人员的工作和信誉，如此等等。这对于社会主义公共关系活动和公共关系人员不无参考价值。

结合我们的实际情况，作为一名合格的公共关系人员，应当努力遵循和自觉执行哪些行为准则和道德规范呢？

1. 实事求是

公共关系工作的宗旨在于通过信息的传播和交流来达到树立信誉和形象的目的，要使公共关系活动获得成功的基本前提在于所传播的信息必须真实准确，因而对公共关系人员最根本的职业道德要求实事求是，诚实可信。

公共关系人员只有遵守实事求是的准则，才能在与外部公众、内部公众进行信息交流时保持既报喜又报忧的公正态度，否则严重的信息失真不仅使企业、组织在公众中信誉扫地，而且会导致经营管理与决策的失误。公共关系决不是故弄玄虚的宣传伎俩，它不能无中生有，变小为大，它必须以组织的现实表现为客观依据，通过科学真实的信息传播，把企业形象在公众之中“曝光”亮相。如果组织、企业在日常工作中发生失误行为，想靠公共关系来掩饰推脱是不可能的，只有实事求是地承认错误，开展危机公关，求得公众谅解，并且从根本上改正错误才是出路所在。

2. 讲究信用

我国有句俗语：“言必行，行必果。”无论是企业组织或机构团体，还是个人，讲信誉守信用是至关重要的，如果一个公关人员连起码的信誉和信用都不讲，那么他所做的公关工作是注定搞不好的。在公关活动中，只有极端重视信誉和信用，才能在市场竞争中有效地保持优势。建立并维护企业良好的信誉,是公共关系工作的主要职能之一。

作为公共关系人员,每发布一个信息,签订一项合同,承诺一件事情,都应当想方设法去实现,而不是那种有口无心,随便承诺的"说话的巨人,行动的侏儒"。一个人如果连起码的信用都不讲究,那就谈不上争取广大公众的信任了,公共关系活动必然以失败告终。

3. 遵纪守法

公关人员作为社会一分子,他的一切活动都置于一定的法律规范之内。这就要求公关人员具有强烈的法律观念,自觉遵纪守法,一切依法办事,真正做到知法、懂法、守法。很难设想,一个公关人员对法律法规一窍不通却能成为一个出色的公关人员。

公关人员法制观念的强弱,主要表现在遵纪守法和依法办事上。有些人如果把公共关系仅仅看作是谈谈说说、吃吃喝喝、送往迎来,那就未免太偏颇了。那种大手大脚、一味慷慨、铺张浪费的做法,本身就是违背有关规定的。在实际公关活动中,签订合同、发布信息、广告宣传做到依法办事就显得更为重要。公关人员一旦发现违背法纪法规的行为时,还应当挺身而出,予以抵制反对和控告揭露,维护公关工作的良好信誉。

4. 廉洁奉公

随着商品经济的发展普及,公共关系活动日益活跃,公关人员每天与各类公众打交道,最有机会获取信息、技术、商品,因此公关人员必须遵守廉洁奉公、不谋私利的职业道德规范。公关人员的形象代表一个企业或组织的形象,他的一言一行直接关系到企业、组织的信誉,他的职责是神圣而重要的,他的一切活动的最终目的是为了沟通上下左右的往来联系,促使目标的实现与事业的成功。如果他利用这种工作的便利与机会,见利忘义,为自己谋私利,这种浑身沾满铜臭的人,最终会受到别人唾弃和鄙视,并给企业、团体造成不堪设想的后果。

英国公共关系协会规定:"各会员不得有悖公众利益而为其私人利益服务。"美国公共关系协会则指出:"公关人员在向客户或雇主提供服务时，在没有充分说明情况取得有关方面同意的情况下，不得因此而接受任何其他人给予的服务费、佣金或其他报酬。”显然，我们社会主义国家的公关人员确立廉洁奉公的行为准则和职业道德，应当做到不贪污侵占、不行贿受贿、不收受不义之财，应是嫉恶如仇，以兢兢业业的工作，为广大公众提供优良的服务，用踏踏实实的工作态度和业绩，塑造完美的企业和组织形象，致力于提高本组织本单位的知名度和美誉度。

第二节　内部公共关系机构

一、内部公共关系机构的建立条件

随着公共关系在现实生活中的普及深入，合理设置公共关系机构是做好公共关系工作的重要保证。公共关系机构是指组织内部从事公共关系活动的部门和社会上提供有关公共关系服务的组织的总称。组织内部从事公共关系活动的部门主要是公共关系部。它是企业为开展公共关系工作而专门设立的职能机构，全权负责企业的各项公共关系业务工作。过去我国许多企业、组织所从事的工作，并非不带任何公共关系色彩，也并非没有进行任何公共关系工作。企业、组织的许多工作都是为了创造融洽的内外关系与合作气氛，只是我们没有把这些工作提到公共关系的高度来认识，没有照公共关系所特有的要求来进行规划实施，也没有把从事这些工作的人员组成一个专门的公共关系机构来进行统一的领导。如企业中的市场营销部门、政府的新闻部门等等。

在西方国家的大部分企业组织中，都设有专门的公关部门。据统计，在美国目前已经有85%以上的企业设有公关部，每年用于公关部门的经费开支高达几十亿美元。美国联邦政府更是拥有一个由一万两千多人组成的公关部门，每年的经费支出达十多亿美元。随着改革开放，这种做法也逐渐传入我国，深圳、广州、上海等地一些企业、组织和机构在20世纪80年代率先成立了公关部。至今，从沿海开放城市到内陆省份，从外资企业、股份制企业到国有大中型企业、社会团体纷纷设立了公共关系部。

建立一个合格的公共关系机构和部门，必须具备以下几个条件：

(1) 领导重视。尤其是企业的主要领导，对公共关系的作用应当给予充分的重视，真正把它当作自己的参谋与助手。在欧美国家里，公关部的负责人，一般都由公司、企业的副总经理兼任，至少是最高决策层中的某一成员参与，同时公关部还具有直接向总经理进言的权利职责。

(2) 公关经理的突出才能。一个品德高尚、能力很强的公关部经理，是公关机构的工作是否有效的重要保证之一。没有人去教公关部该做些什么、怎么去做，而公关部所遇到的大多是瞬息万变、无规律可循的事情，所以公关部责任重大。公关部经理要知人善任，能够团结下属成员一起努力，并发挥各自特长；公关经理的政策水平要求很高，要通晓法律政令；公关经理还必须多才多艺，懂管理、懂市场、懂心理、懂人情，他必须是一个通才式的人物。

(3) 精干的公关人员。按照常规，一个组织应该因事设职，而建立公共关系部却不宜套用。公关部的职责范围很广，公关部的工作方法是灵活多样的。公关工作如何安排，进行的方式程序如何，完全取决于公关人员素质水平。一位有体育专长的公关人员，利用球队队员的团体协作意识，会着力培养出职工的团结协作精神。于是，这一组织、企业的公关部，就可以发挥这位公关人员的专长，开展一系列带有文体性质的公关活动，使本组织的公共关系工作搞得别具特色，收到良好的功效。

公共关系部门与计划部门、经营部门、财务部门、技术部门、人事部门一样，是企业组织的重要职能部门，它的地位和作用是其他部门所不可替代的。

二、公共关系部的特点

虽然组织大小不一，性质和工作对象各不相同，但公共关系部作为该组织处理与其内外公众关系的专门机构，与企业中的其他部门相比，都具有专业性、协调性和服务性三个最基本的特点：

1. 专业性。公共关系部作为处理内外公众关系，实现公共关系工作的最终目标——塑造良好的企业形象的专门机构。不论在人员构成上还是工作内容上，都必须是专业性的，即公共关系部必须是由经过专业训练、具有专业知识和专业技能的专业公关人员组成。在实际工作中，必须在现代公共关系意识的指导下，借助科学的方法和手段，从事名副其实的系统性的各项公共关系业务工作，而不是作为门面的“装饰品”。

2. 协调性。如果说企业组织中的有些部门，如生产部门、销售部门、财务部门、科研部门、人事部门的工作具有相对独立性的话，那么，组织中的公共关系部没有这种相对独立性。公共关系部的重要任务，是保证组织目标的实现，这仅靠公共关系部本身的工作和努力是远远不够的，它必须依靠组织内各部门，各层次和全体员工的互相配合，共同努力，公共关系部在其中承担着沟通和协调的作用。

3. 服务性。公共关系部就其性质而言，既非组织的领导决策部门，也不是直接的管理部门，当然更不是生产经营部门，它属于服务性管理部门。公关部承担着获取信息，监测环境，协助决策与管理，沟通协调关系，树立企业形象等重要职责。其作用的发挥表现为向企业决策部门和各职能机构提供有效的咨询服务和支持，以推进企业整体得到更好的发展。

三、公共关系部的设置类型和内部结构

我们知道，在现代社会里，每一个企业、机构都是有着多层次结构的组织，也就是一个有着多个子系统的复杂机体。因此，企业组织的公共关系部是一个子系统，从目前国内外的情况来看，设置公共关

系部主要有三种不同类型：

1．部门所属型

这种类型的公关机构附属于企业、组织的某一个部门，通常是附属于行政部门、销售部门或广告宣传部门。此种类型的公关部，其地位作用不很突出，公共关系工作只是当作一种偶然性的，仅仅有助于销售、广告、接待等活动。按这种方式设置公关部，常见于公共关系的发展还很不普及，企业缺乏公关意识，公关对象也较简单的时期，故这种方法的公关部设置只被一些小型的，机构简单的企业所采用。

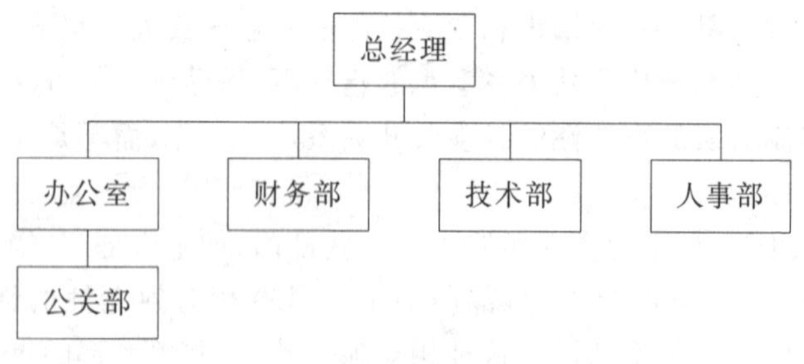

图4-1　部门所属型

2．部门并列型

这种类型的公关机构与企业组织的销售、财务、人事、经营、技术诸部门平起平坐，处于同一层次。与上述类型相反，此类公共关系部的地位十分突出，已被提到企业组织系统的二级部门的位置上。当然，任何一个成功的公共关系部门，都必须与组织机构内部的其他各个部门密切配合，取得各部门的通力合作，而绝对不能单独行动，这是公共关系部在企业、组织中有效开展公共关系活动的重要条件。公关部要建立良好的职工关系，就必须取得工会、人事部门的支持；要向广大消费者宣传产品及服务，就要取得经营、销售部门的合作；要建立良好的政府关系，则要协助行政部门处理好与政府间相互关系，实现“政通人和”。

3．领导直属型

这种类型的公共关系部从企业组织的系统和组织地位来看属于

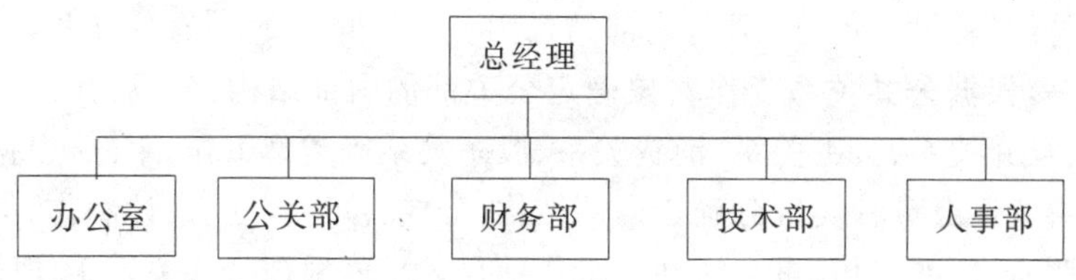

图4-2　部门并列型

一个第三级机构，但它又不归属于哪一个二级组织领导，公关部归属于总经理负责领导，它是一个有相当自主权的职能机构。这种设置类型综合了以上两种类型的优点长处，它既能使公关部随时与各个二级组织沟通信息，体现了公关部的具体职能，又使它具有较大的自主权，有利于公关工作的灵活、全面的开展。

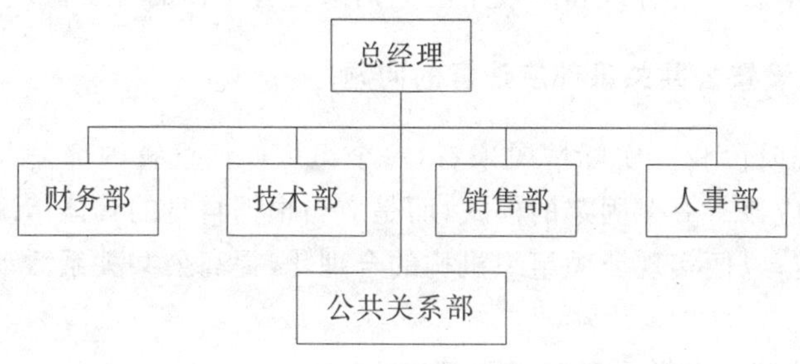

图4-3　领导直属型

目前，国内外许多企业、机构和组织都采用第三种方式设置自己的公共关系部。据美国公共关系协会的统计表明，设有公关部的企业、公司有86%属于这种类型。在日本，20世纪60年代时第一种类型居多，而从70年代开始到80年代则出现了领导直属型居多的新现象。

在现实生活中，公关工作职能的发挥与公共关系部在企业、组织、机构中的位置是密切相关的。

企业公共关系工作的具体特点和要求，决定了公关部内部的分工与结构。由于分工不同,内部结构则各不相同。通常,有这样几类:第一,根据公共关系工作对象确定公关部的内部结构,分成:社区关系、媒介关系、员工关系、消费关系、股东关系等类型工作。第二,根据公共关系业务种类区分确定内部结构,分成:接待沟通、设计制作、信息调研、新闻宣传、重大活动等工作项目。第三,根据公共关系工作区域进行内部分工,可以分成:东北地区、华北地区、华中地区、华南地区、西南地区、西北地区等。

第一、第二类分工对公关人员的单项专业水平要求较高,对自己所负责的工作要非常熟悉。第三类分工就要求公关人员对所负责的区域情况比较了解,从地理、民俗到地方政策法规,真正做到"知己知彼,百战不殆"。

企业公关部内部分工并没有统一的模式,企业应根据自身的实际情况,本着行之有效和高效率的原则来进行工作的分工。

四、设置公共关系部应注意的问题

就现阶段我国实际情况来看,一个组织如何设置内部公共关系机构,不应该有一个固定的模式,而是应当根据自身的具体情况和需要来确定,以便实现公关组织机构的合理化,提高公共关系活动的工作效率。

1. 明确公共关系部的职责范围

企业组织一旦决定设立公共关系部,首先就必须确定它的工作职责。以生产厂家为例,公共关系部既是企业经营管理过程中协调各种公众关系的职能部门,又是经营决策和管理谋划的参谋咨询部。公共关系部门既要搞好日常的接待、新闻报道、处理公关事务等琐碎工作,更要在调查研究的基础上,制定公关目标,策划专门的公共关系活动。因此,要避免把公共关系部看作企业的"杂务部"、"不管部"。

公共关系部是承担公共关系的职能、专事公共关系工作的机构。较之外聘的公关公司或公关顾问,它是植根于组织内部的"嫡系部队",有着受聘的专业公关公司无法取代的优势。具体说来,公共关系部在日常工作中，必须集中力量去做与实现预期的公关目标相关、有助于塑造完美公众形象的事情。切忌把公共关系部当成“杂货铺”，更不能有事就集中，无事就解散。目前，有的单位成立公关部只赶赶时髦，流于形式，问题就在于没有很好地明确公共关系部门的工作任务与职责范围。

2. 消除对公共关系部的误解

从目前公关活动比较普及的经济特区和沿海开放地区的实践观察，这种情况主要表现在两个方面，一是把公关部的功能简单化，如有的企业把公关挂靠在销售部，简单地将公共关系理解为宣传促销；有的单位仅仅把公关部作为接待部；有的企业把公共关系活动等同于广告招徕；有的单位认为公共关系工作无非是对外交往，把公共关系部的人员配备“美女化”，使人们产生公共关系部的成员只能是公关小姐的误解，这是当前导致对公共关系认识庸俗化的又一表现。其实，公关部是企业组织的情报信息部、外交部、宣传部和决策参谋部。作为一名合格的公关人员必须具有强烈的公关意识和进取开拓精神。一般情况下，管理无序、条件欠缺、且没有迫切要求的企业组织，不必仓促设立专门的公共关系机构。

3. 妥善协调公关部与其他部门的关系

首先，在设置公共关系机构时，要使它与企业组织内部的其他部门相互协调，并能起到协调各部门关系的作用。这是因为，一个组织的公共关系目标的实现不只是公关部的事情，它还要依靠其他各部门的相互配合，共同努力。其次，公共关系部门内部的层次结构与从业人员也应当相互协调，以便充分发挥公共关系的职能作用，使得公关部的各个部分和每个成员有一个统一的意志，还要有行之有效的责、权、利相结合的经济责任制和人人自觉执行的规章制度。这是充分发挥公关部功能的一个重要条件。

第三节 公共关系公司

外部公共关系机构是指公共关系咨询(顾问)公司,它由各具专长的、训练有素的公共关系专家和专业技术人员组成,专门为客户提供公共关系咨询,或受某一企业和组织的委托,利用独特的公关手段、科学的传播技能、先进的信息系统,为其开展公共关系工作的服务性机构。公共关系公司目前已经在全球成为咨询产业中的一个新兴的、蓬勃发展的分支,它们为社会提供高水平的、全面的公共关系服务,在现代社会生活中发挥着越来越重要的作用。如果说,内部公共关系机构(公共关系部)是企业的"耳目"和"喉舌",那么,外部的公共关系咨询(顾问)公司就是企业的外脑。在西方国家,大多数企业、组织都设有公关部,然而它们还另外聘请有关公关顾问或公关公司,帮助自己开展公共关系工作。目前美国约有两千余家公关公司,其客户占美国企业总数的80%以上。

一、中国公关业市场概况

随着改革开放和市场经济的发展,中国公关咨询业市场从无到有、从潜在到现实,已经历了10个年头。20世纪80年代中期至90年代初,开始逐步迈入市场经济的中国企业渐渐认识到单靠请客送礼来维系有限的关系已很难保证企业的持续发展,公众形象也成为企业发展不容忽视的因素。一些企业开始成立公关部,并配设了专门的公关人员。与此同时,专业公关公司与职业公关人员开始在中国出现。

1984年10月,美国伟达公关公司在北京开设办事处,成为第一家进入中国市场的国际公关公司。当时,工商管理部门尚不知将这一业务归入哪一门类。1985年,中国出现了第一家合资公关公司——中法公关公司。1986年5月,中国首家专业公关顾问公司——环球公共关系公司(简称“环球公关”)在北京成立。根据它的主管部门新华社中国新闻发展公司与美国博雅公关公司签订的协议:由“环球公关”在国内独家代理“博雅”的业务,而“环球公关”在国外的业务由“博雅”设在各国的办事处代理。1987 年中国公共关系协会成立,1991 年中国国际公关协会成立。这时候的中国公关市场还处在刚刚起步状态,公关公司只能为一些进入中国市场较早的海外企业、合资企业,沿海开放城市的一些涉外企业、组织,提供有限的公共关系服务。

20 世纪 90 年代以来,伴随着中国社会主义市场经济体制的确立与推行,企业开始真正成为一个独立的经济细胞出现在社会舞台,企业真正面临充满竞争的市场环境。作为企业战略的一部分,企业及各种组织的公关需求日益增加。大小各类公关公司纷纷出现,公关的形式与手段层出不穷,为客户的公关服务也从简单的项目执行逐渐向高层次的整体策划和真正的顾问咨询方向发展。尽管这一时期由于中国的市场经济不够完善,公关业发展的起点低,受宏观经济形势的影响,公关业曾出现过一些曲折与波动;但总起来看,这一时期的公关业是在向前发展并有极大的提高。这种变化的实质就是市场经济的竞争性和优胜劣汰的竞争法则,促使中国公关业自身产生了分化。

除了“伟达”和“博雅”外,英国宣伟公关集团,美国爱德曼国际公关集团、奥美公关公司、凯旋公关公司等国际知名公关企业也先后进入中国市场。国际知名公关公司进入中国市场主要是通过与国内业绩较佳的公关公司合作、合资和收购在华经营较好的公关公司这两种形式。如“博雅公关”与“环球公关”、“宣伟公关”和杭州国际公关公司的合作,“爱德曼公关”收购中法公关公司。近年来,国外公关公司就直接设立自己的中国分公司或办事处,经营中国市场的公关业务。而国内本土的公关公司更如“雨后春笋”般地涌现并不断发展壮大。1997 年时,我国注册的专业公关公司近 4 万家,年创效益近 19 亿元。到 2002 年底,中国大陆公关行业年营业额已超过 25 亿元人民币，比2001年的20亿元人民币增加了约5亿元人民币，增长了25%；而全国专业公关公司总数却不到2000家；具有三个以上长期客户、员工人数超过20人的专业公关公司数目估计超过200家，主要集中在北京、上海、广州、深圳等地，从业人数超过10000人。

据中国国际公共关系协会在2003年1月进行的中国公关业2002年度行业调查报告表明：2002年全球经济出现回升，但受美国安然等事件的重大打击，继续在低谷徘徊，作为全球经济推动力的IT产业在整合过程中仍没有恢复元气；受此影响，全球公关业也出现了一系列的信用危机，业务明显下降，出现了负增加。而中国经济继续保持7%以上的年增长率，政治稳定，国泰民安；中国加入世贸组织第一年，国际贸易、外国投资继续稳定增长；电信、汽车、房地产等成为市场热点；以及人们对北京举办2008年奥运会和上海申办2010年世博会的良好预期的种种因素影响，2002年中国公关业继续保持良好的增长势头。即使在2003年4月中旬以后，"非典"疫情引发的突发性危机事件对我国正常的工作、生活乃至社会秩序产生了极大的影响。政府、卫生医疗机构、企事业单位以及每个家庭都投入到这场抗击"非典"的战役中。"非典"危机对我国经济的发展尤其是第三产业造成了负面影响，众多公关公司在这次"非典"危机中也遭受了不同程度的损失。初步调查显示，这次危机对公关市场活动尤其跨地域的活动影响较大，对常规的媒体传播和咨询业务影响较小。为尽可能地减少损失，保持公关业持续发展，中国国际公共关系协会提出了行业自救建议：①节约经营成本，提高工作效率。针对预定项目的临时取消或延期，调整人员投入，降低损耗。尽快适应环境变化的需要，重视利用电话会议、网络媒体等工作手段。②调整业务模式，重视现代传媒技术。"非典"限制了许多公关活动的开展，为此应适当调整计划，拓展新的领域。重视开展媒体传播和咨询业务，尤其是充分使用电视和网络媒体的传播技术和手段，扩大这些领域的业务份额。③加强专业研究，开展业务培训。各公司应该充分利用当前业务空隙，针对当前市场环境特点进行业务研究，同时开展内部员工的专业培训，改善内部管理水平，提升员工发展潜能。④利用危机事件，创造业务机会。“非典”事件已成为当前社会关注的焦点，各公司积极主动为遭受损失的行业进行危机管理咨询，紧紧围绕该公关事件题材为客户创意、设计各类公关传播计划或户外公关活动，以获取更好的业务效果。⑤参与公益项目，提高行业地位。应该积极参与政府、社会的危机管理预案制订、话题引导以及善后形象重建工作，争取社会效益和经济效益的“双丰收”。⑥加强信息交流，促进行业发展。中国国际公共关系协会将加强与协会成员和行业的交流，提倡各公司之间交流抗击“非典”的各种经验和信息。⑦加强行业团结，共同抗击“非典”。在行业层面应该群策群力，调动行业资源，确保当前业务的正常运行；在公司层面应该加强合作，相互支持，克服人员流动限制所造成的各种影响。

中国公关公司目前的主要业务范围为企业形象传播、产品市场传播、日常公关代理及活动管理。服务领域主要在IT、日常消费品、耐用消费品和通讯产品。公关公司客户开发渠道主要为本地开发、公开竞标、全球或地区代理、老客户介绍、客户上门和关系营销等。公关公司在公开竞标中最依赖的因素为业务经验、服务品质、服务资源、公司品牌、服务团队和执行力量；而公关公司在客户关系维系中最依赖的因素为服务品质、增值服务和服务资源；公关公司最常使用的媒介排序为报纸、杂志、电视和网站；公关公司政府关系建立的渠道排序为工作经验、沟通方式、利益关系和关系渠道；公关公司效果评估最常用的方式排序为媒介评估、客户反应和市场反应；公关公司媒介评估最常用的指标排序为媒介选择有效性、栏目选择针对性、媒体落地率、报道准确度和报道形式影响度。

今后国内公关业的竞争将更加激烈，海外公关公司将继续占据一定份额的中国公关市场，后起的中国公关公司将在一定程度上通过竞争夺取一些其中的客户；面向国内市场的公关业将逐渐成为公关市场的主流，并成为竞争最为激烈的场所。以营销公关为主的公关传播将占主导地位，财经公关、环境公关以及一些专门行业的公关在今后一段时间内将有更大的发展。一批中国的公关公司将走出国门，开展跨国公关业务。

二、公共关系公司的种类和工作原则

目前，国内的公共关系咨询(顾问)公司主要有以下三种类型：

1. 业务合营性的公司

这类公司主要以公关与广告合营为主，既经营广告业务，也提供公共关系咨询服务。由于广告公司拥有较强的资金实力，较高的技术水平和职业水平，而公共关系咨询业的起步和发展都较晚，再加上公共关系与广告在业务上交叉；于是，出现了这种合营的现象。从目前来看，这种合营公司不在少数。但是，随着社会上对公共关系咨询的需求量越来越大，因而在这种合营公司内部，公共关系业务的份额也在逐渐增大。

2. 综合服务型的专业公共关系咨询(顾问)公司

这类公司独立经营，是为客户提供综合性的公共关系服务的公司。其服务项目从媒介协调到政府关系，从市场营销到危机公关处理，从企业社区公关到企业内部公关，为客户提供着从调研、顾问咨询、策划到执行及评估等方面一系列专业化的公共关系服务。这种公司是由各类享有盛誉的、有专业技术能力的公共关系专家组成，设备完善、实力雄厚、策划操作水平较高。公关公司长期受聘于相对固定的企业、组织，通过长期的有规划有步骤的公关工作，负责处理与客户有关的公关事务，从而有利于取得良好的公共关系效果，有助于建立良好的形象和信誉。

3. 专项服务型公共关系咨询公司

这类公司只提供专项公共关系咨询服务，一般是由某个部门和系统主办的。如银行系统的“金融服务公司”，新闻宣传系统的“大众传播事务所”，专门为客户提供设计各类宣传材料的公关公司，等等。这些专项服务型公关公司的特点是规模较小，但专业性较强，针对客户的要求，能够给予满意的权威性答复，提供高水准的专项服务。由这些公司为客户办理有关事宜，一定比客户自己去办要开支省、效果好。

公共关系公司的工作，既要顾及受聘企业或组织的良好形象、美好声誉和实际利益，又要对广大社会公众负责，维护公众的利益。为此，公关公司的业务活动除遵守我国的法律、法规、公认的道德规范和真实、准确、公正的原则外，还需遵守以下原则：

(1) 优先考虑公众利益。公共关系公司受聘于某个企业或组织，理所当然地要保护客户的利益。但如果客户的利益，或他们提出的要求会损害社会公众利益时，应主动予以指出，直至解除合作；优先维护社会公众的利益。这样做实际上是对客户的利益负责，同时也维护了公关公司自身的声誉。

(2) 不同时为相互竞争的客户服务。公共关系公司为客户开展公关工作，其目的就是要为客户塑造良好的社会形象，获得较高的美誉度，维护客户的利益。但如果同时为处于激烈竞争地位的两个客户服务，就很难开展卓有成效的公共关系工作，也极易引起误解、矛盾和纠纷。如：杭州国际公共关系公司先后为海内外众多客户提供过公关服务。在为美国摩托罗拉公司、柯达公司提供全年公关服务时，承诺不为其他通讯产品、感光材料企业提供任何公关服务。

(3) 不利用工作之便，干涉客户或泄露客户的秘密。公共关系公司为便于有效地为客户开展公共关系工作，有必要了解委托单位财务、人事、产品优劣、存在问题和即将采取重大决策等内部情况，公共关系公司不得借此去干涉或控制客户，甚至把自己的意志强加于人。同时应该自觉地为客户保守秘密，直至合作结束后，也应这样做。

三、公共关系公司的服务形式和收费方法

公共关系公司根据自身的条件，与客户合作时间的长短以及客户的特点等，为客户提供各种形式的公共关系服务。最基本的有这样几种形式：

1. 代理服务

这种服务是目前国内公共关系公司经常提供的形式。分两类：一类是为客户代理某项专门的公共关系活动；如企业需要召开一次新闻发布会，企业的公共关系部因缺少某些方面的专业人才或社会联系不够广泛而无力承办，可委托公共关系公司代理。另一类是常年代理服务；这主要是为无力组建自己的公关部的小企业和仅依靠自己的公关部无法独自胜任的大型企业，委托某家公共关系公司长期代理本企业的公共关系工作。

2. 充当对外关系的联系人或协调者

客户急需同某些单位或某类公众沟通意见，取得他们的理解或支持，而平时又未与他们有过联系。公共关系公司因跨行业、跨地区，甚至跨国家进行工作，早已与这些单位或这部分公众有过联系，甚至还有很好的关系。这时委托它作为本组织的对外联系人去同公众联络沟通，会取得较好的效果，便于解决存在的问题。

当某个企业与它的公众产生误会时，甚至出现严重分歧与对立，又各执己见，僵持不下，此时本企业很难出面与这部分公众直接沟通，即使沟通，也未必能收到理想的效果，而企业的生存与发展又必须得到这部分公众的支持与谅解。这时，若委托公共关系公司以第三者的身份出面，同这部分公众接触、沟通、了解情况，从中调停，就容易化解矛盾，消除分歧，恢复双方原来的那种友善关系。

3. 向客户提供各种公共关系咨询

为客户确定公共关系的内容和沟通方式，从公共关系角度为客户的管理决策提出建议。如海外企业要到中国开拓市场，对中国的情况又知之甚少，我国的公共关系公司就可向其提供我国的政治、经济、文化、礼仪、风土人情和人们的消费心理等信息、资料，向其提出有关的建议和方案。诸如特定的公共关系工作的程序问题、疑难问题等，公共关系公司都可为其指导。

4. 为客户培训公共关系工作人员

包括为客户举办各种类型的公关人员培训，公共关系公司派出各方面的专家，到企业指导或协助开展公共关系工作，请客户公关人员来公司实习，提高他们的素质等。

随着中国公关业市场的逐步成熟，公关需求也多样化，但公共关系咨询（顾问）公司正规的收费方式一般为两种：项目收费和计时收费。

1. 项目收费

项目收费即按公共关系业务项目的总费用支出，经由公共关系咨询公司与客户双方协调商定，采取一次性预支，项目结束后一次性付清或分次付款等方式。公共关系咨询公司对某项公共关系委托业务的收费项目主要包括：公关咨询服务费、项目活动成本、行政管理费、税金等，项目收费方式主要适用于一些持续时间较长、规模较大、内容复杂的公关委托项目。

2. 计时收费

计时收费即公共关系公司根据客户的要求，按提供咨询服务的时间进行收费。收费标准一般由提供服务的咨询人员的级别，以及客户委托项目的难易程度来确定。通常为完成客户所委托的公关项目需要组成一个项目组，项目组由项目经理、客户联络人员、信息调研人员、实施执行人员和秘书等组成，每个人员按照职位高低、工作难易程度确定收费标准，再根据每个人为完成本项目工作而合理使用的时间，即可计算出本公关项目所收的费用。

四、公共关系公司的职业优势和目前存在的问题

公共关系公司在企业普遍组建自己的公共关系部的今天，不但得以生存，而且还能逐步完善发展，因为它具有企业公关部没有的职业优势。

1. 信息优势

公关公司一般都拥有先进的信息收集系统和信息储存系统，使用计算机、电脑来处理各种信息。有些公关公司还广泛招收编外信息员，与高等院校、科研单位和信息中心建立业务协作关系。它们利用

各种渠道搜集政治、经济、文化、法律、政策信息情报，一旦需要之时，便可迅速而准确地提供给客户。与公关公司签订长期合同的用户单位，还可收到公关公司经常馈送的资料信息，甚至可以使公关公司变成自己的“智力库”、“思想库”。

2. 人力优势

任何一家公关公司，都必须具有一批杰出公关专家，这些专家与企业公关部的公关人员相比，受到有关方面的专业训练，有扎实的理论水平和丰富的实践经验。公关公司社交面广，接触人多，在选择工作人员时，认真评审，再三筛选，聘请一技之长的专家从事公关服务工作。可以说，公关公司是专门人才的荟萃之地。

3. 经验优势

公共关系工作没有固定的模式和程序，它必须根据实际工作需要，灵活采用新的形式和实施活动。比如筹办一次企业参观活动所遇到的问题有：组织哪些人来参观，参观过程中安排哪些具有新闻价值的活动，准备哪些资料，怎么组织接待等。一个企业如果没有以往经验，难免挂一漏万，丢三拉四，公关效果就会受到影响，专门的公关公司因为曾经组织过多次类似的参观活动，积累了相应的经验，可以提出最佳的企划方案。

4. 地理优势

一个公关公司，总是在一定的范围内从事各项公关活动，由于公司常年的工作所及，上至该地区的党政领导，下至企事业单位的管理人员和一般工作人员，公关公司较之其他组织和个人有更多更详尽的了解，一个企业的主要业务总是以当地客户为主，总要先得到当地公众的承认和信任支持，身在某一地区的企业单位要花很大精力应付上下左右的各种关系，最为担心的是“哪家菩萨没拜到，事到急时无人帮”的局面，但要做到面面俱到是勉为其难的，而公关公司则可以帮这个忙。

5. 身份优势

公共关系公司在广大公众中必须具有相当的信誉和权威，并为社会所公认拥戴。公共关系公司以公关顾问的特殊身份，无疑对广大内部公众和外部公众具有相当的吸引力。企业单位的公关人员平日与周围领导、同事朝夕相处，在处理问题提出建议时，难免看领导、员工的脸色行事，很难躲过"人情关"。公共关系顾问与组织、企业界上下左右各方面人士没有直接的利害冲突，独立于客户。为此，他在做调查研究、分析判断、提出方案时，能够做到客观、公正。常言道"当事者迷，旁观者清"，公关顾问这种局外人身份决定了公关公司的作用往往是企业公关部所起不了的。

6. 经济优势

一般企业、组织设置公共关系部不但要增加编制，增加行政费用，而且由于各种条件所限，安排的公关工作会有许多浪费与无效劳动。雇佣公关顾问，则可以使每一分钱花在刀刃上，用更少的消耗争取更高的效益。在筹划开展专项公共关系活动时，由于公关公司可以节省人力、物力、财力，因而它的经济优势会受到客户的青睐，吸引更多的企业和组织，得到更多用户的称赞和信任。

十几年来，中国的公关业发展是迅速的，中国的公关产业日趋壮大，公关市场日趋兴旺，但是也存在一些值得注意和探讨的问题，概括起来主要有：

一是社会、企业对公共关系的认识还不够充分。尽管这几年公关业有了长足的进展，但整个社会对公关的认识还不够全面，存在着一些或者贬低或者急功近利的看法和要求。对不少企业而言，尽管他们也有了自己的公关部，但这种公关部并未从根本上引入公关管理的思想和体制。许多企业还存在着重广告轻公关、重短期效益轻长期效益、重情感轻实际内容、重物质资产轻无形资产等的行为。同样，在社会部门，重行政干预轻公关手段的意识还占据着许多人的思想。这些都是公共关系公司正规化发展的障碍。

二是公共关系公司人员知识结构单一。公共关系是一个综合各学科知识、融理论与实践于一体的行业，而现在能聚集起各方面人才的公关咨询公司不多，这样很难为企业做出科学准确可行的方案。过去我国学科设置上也没有公共关系这一门类，这就造成了这样一个现状:目前在这个行业中做得比较好的很多是记者出身,记者是杂家,走南闯北,见多识广,思维敏锐,视角独特,领悟力、概括力强,"笔杆子"勤,其知识结构相对来说更能够适应这个行业。目前,高级公关专业人员的紧缺严重制约了行业的健康发展。新公司不断涌现,人才流动加剧,尤其紧缺高级管理人才和项目管理人才。

三是优秀的公关创意较为欠缺。产品的质量是企业生存发展的关键,公共关系公司的生命力就在于优秀的创意。能否为客户策划出情理之中、意料之外的好项目,策划出既符合客户的情况和利益,又十分新颖的建议,是衡量公关工作好坏与公关公司实力的一个重要标志。

四是目前大多数公共关系公司的规模比较小,实力较弱,人、财、物力量分散,很难承担起大的策划项目。国内大多数的公共关系公司人员不过十余人,还依靠一些兼职人员,根本没有能力操作全国性的或者大规模的公关活动。

五是价格混乱,一方面漫天要价,失去信誉;一方面为了打败对手争取到客户和项目,又竞相压价,最后收不抵支,只好降低策划水平。这种极不规范的运作严重败坏了整个公关行业的名声。

六是缺乏行业管理。公共关系业是个新兴的行业,目前还没有明确规定其业务该归哪一个部门管理,因此也没有行业规范,对行业中的"害群之马"缺乏约束惩治。

公关业内人士应该要做到自律,要珍视这个新兴的行业。为别人塑造良好的形象,首先要塑造自己的形象,即要尽快提高自身素质和业务水平,做到以诚待人,以信取人,靠实绩去创牌子,这才是中国的公共关系公司发展的正途。

思考与练习

1. 公共关系人员应具备哪些基本素质?
2. 公共关系人员应遵循什么样的职业道德?
3. 公关机构的设立应具备哪些条件?应注意什么问题?
4. 现有专业公关公司的种类、服务形式和职业优势是什么?

第五章　公共关系传播

传播沟通是公共关系活动的过程和方式。公共关系活动的实质就是运用现代信息社会的各种传播媒介和沟通手段，在社会组织与公众之间建立起有效的双向联系，促成相互之间的交流与合作，从而塑造社会组织自身的良好形象。因此，具体研究各种传播媒介和沟通方法的涵义、特点和功能，探讨它们在公共关系中的实际应用，构成了公共关系学的重要内容。

第一节　传播的特征

一、传播的涵义

传播与英文中的"communication"一词相对应。在《牛津大辞典》中，对 communication 一词的解释是"借助于语言、文字、形象来传达或交流观念和知识"。《朗曼现代英语辞典》则解释为"交流信息、消息、想法或意见"。我国大陆有的学者认为传播就是"信息交流"。

在公共关系中，所谓传播就是指社会组织利用各种媒介和方式，有计划地与公众进行双向信息交流与沟通的过程。其基本涵义包括以下三个方面。

(1) 传播是人们之间共同分享信息的活动。传受双方是在传递、反馈、交流、沟通等一系列过程中获取信息的。具体地说，人们运用一定的符号，通过一定的媒介，将信息传递给对方；对方接收到信息后引起一定的反应，并以某种形式将信息反馈回来。通过这种双向的交流与沟通，双方逐渐增进了解，扩大共识。因此，传播不是一般意义上的单向性传递，而是双向性的信息沟通。杉杉集团把广告登在报纸上，就是传播，但不是传播的全部意义，传播既包括传递某种信息的过程，又包括接收某种信息的过程，如读者知道了杉杉西服。因此，传播实际上是交流双方建立共知、共识、共感的过程。

(2) 传播是通过信息交流有目的有计划地向公众施加某种影响的过程。“有目的”是因为整个公共关系的传播活动都必须按照社会组织设定的总体目标进行。“有计划”是指整个公共关系传播过程必须依据传播学的“五个 W 模式”有步骤地展开，也就是说，整个公共关系传播活动必须参照 Who（谁）、Say What（说什么）、Through Which Channel（通过什么渠道）、To Whom（对谁说）和 With What Effect（产生什么效果）五个要素作统筹规划。

(3) 传播的基本环节是表达和理解。表达是从思考到陈述，传送者通过有意义的符号与通道把自己的某种意图传递给对方。理解是表达的逆过程，是接受者根据传送者提供的信息来领会或把握对方的意思，理解实际上是一种语用的推理，同时也是表达的语效。正因为如此，有的社会学家认为，传播就是表达与理解某种事实、观点、态度或情感，输出与接收某种信息的社会互动过程。

二、传播的要素

传播的构成要素，包括传送者、接受者、信息、通道、环境和反馈等。这些构成要素，对任何一个完整的公共关系传播来说，都是不可或缺的。

1. 传送者

这是传播的主体，是信息的发布者，也可称为信源，它有三种类型：

(1) 个人。在社会生活中，任何个人都有向他人表达自己的观点、态度与情感，从而让人家理解与认识的必要与可能。

(2) 群体。作为非正式组织的群体，主要包括朋友、邻里、团伙等。

(3) 组织。这是为实现特定目标并按照一定的社会规范而建立起来的群体。在公共关系中,传送者一般是指某一个具体的社会组织。

2. 接受者

这是传播的对象,是接收并利用信息的人,也可称为信宿。它包括个人、群体、组织、群众、公众和大众。在公共关系中,接受者一般是指公众。

3. 信息

这是传播的客体。苏联有位学者认为,在现代,最主要的信息定义有如下几种:

(1) 信息是一种与管理紧密相关的消息,是有统一的语形、语义和语用特征的符号;

(2) 信息是人们传递的关于事物性质、状态的消息、报道;

(3) 信息是任何过程和客体中差异性的反映;

(4) 信息是收到消息之后可以减少、可以取消的一种不确定性。

从公共关系传播这一角度看,信息是用一定的符号表达出来的具有新内容、新知识的消息,其中包括对人与事的判断、观念、态度和情感等。

4. 通道

这是信息传递的工具、途径和渠道。其中包括:

(1) 感觉器官。比如,人际间面对面的传播和间接的传播中,听觉和视觉都是十分重要的。

(2) 口与体态。口作为传播通道,它既可以发送口头语言,又可以传递语言。体态指的是人的表情、姿势与神态。

(3) 媒介。它是用以记录和保存信息并可重现信息的载体。媒介有静媒介和动媒介之分,前者是指传递信息时本身处于静态的媒介物,如报纸、杂志等;后者是指传递信息时本身处于动态的媒介物,包括录音带与录像带。在公共关系活动中,媒介与信息密不可分,离开了媒介,就难以实现有效的信息交流。

5. 环境

我们可以从不同的角度对环境作出不同的分类和解释,但从公共关系的角度看,时空环境和文化背景这两大因素对传播的影响尤为明显。

时空环境对公共关系传播的制约是不言而喻的。就时间方面而言,传播时机(即何时进行传播)的选择,对传播效果会产生间接甚至是直接的影响。同样,我们还可以设想,在公共关系谈判中,任何一方的无故失约或姗姗来迟,都会使对方产生"不满意"的情绪体验,从而影响谈判的实际效果。

空间环境对传播效果的影响一般来自于两个方面:一是交流环境的气氛;二是座位的安排。

交流环境的气氛涉及人和物两个因素。一场相当热烈的聚谈,可能因来了某位不速之客而变得冷场,这是环境干预传播的一个证明。交流环境的气氛还包括整洁程度、温度、照明、音响等物的因素,在脏乱、昏暗、嘈杂的环境中很不利于取得理想的传播交流的效果。

座位的安排,一般应根据传播的宗旨加以确定。如果是举行新年茶话会,那么采用围桌而坐的方式更好,因为那样更利于彼此间的交流;但如果是一个企业的领导作年度工作报告,则采用并排同向的教室型座位更合适,这样可以强化纵向传播的效果。

公共关系传播总是在特定的社会文化背景下进行的,联系社会文化背景来选择传播手段和传播媒介是传播不容忽略的。在传播过程中,传受双方的思维方式、价值观念、风俗习惯等方面都会对传播的效果产生影响。例如,两代人之间的交流,如果年老一代更多地倾向于纵向比较(历史比较),而年轻一代则更倾向于横向比较,他们之间在有些问题上就较难达成共识,甚至产生"代差"或"代沟",这在很大程度上是因为比较的思维方式不同所造成的。

价值是主观对客观的判断和评价。人们对事物认识的程度和范围不同,导致价值评价的倾向也不一样。一般说来,人们的活动总是指向他们认为有意义的方向和目标。价值评价和价值取向构成一个人的价值观念。认识不同组织、群体或个人不同的价值观念，对于开展有效的公共关系传播有着重要的意义。

在跨文化的传播中，尤其需要尊重对方的文化习俗，避免沟通障碍。据说，有位英国小伙子为取悦他的中国女友而特意购买了一束洁白的菊花，但当他把白菊花送到女友家中时，却引起了女友父母的不快和反感。原来在小伙子看来，白色象征纯洁无瑕，而在中国，白菊花通常是吊唁死者用的，由此导致了人际交流中的误解。因此，在传播中必须注意到传受双方各自不同的文化习俗。

6. 反馈

维纳(N. Wiener)认为，反馈"即一种用过去的操作来调节未来行为的性能"(N. 维纳:《人有人的用处》，商务印书馆 1978 年版)。在公共关系传播中，反馈是接受者对传送者发出信息的反应，这是一种信息的回流。肯定性反馈，会使传送者继续传播；否定性反馈，会使传送者改变或纠正传播内容或传播方式。

反馈与传播效果直接相关。传播效果表现为如下几个方面：① 信息传递的速度与范围；② 信息在传播过程中是否损缺或失真；③ 接受者能否正确合理地解释、理解传送者传播的信息。在公共关系传播中，传送者可以而且应当根据信息的反馈来检验传播的效果，并据此对传播的内容和方式作出必要的调整、充实和完善。

第二节 人际传播

一、人际传播的涵义和特点

人际传播指的是个体与个体之间的沟通交流，或者说是确定的个人之间的信息相互作用。它是最常见、最广泛的一种传播方式，也是人类社会赖以生存和发展的最基本的形式。在现代社会中，人们越来越意识到，如果没有良好的人际关系，就难以创造出更多的社会财富，也无法在激烈的竞争中立于不败之地。良好的人际关系通常表现为交际双方的相互认同、情感相容和行为近似。而建立良好人际关系有赖于有效的人际传播与沟通。

人际传播有两种类型：第一种是面对面进行的直接的人际传播，它一般通过语言、动作和表情等媒介进行交流；第二种是通过中介进行的间接的人际传播，它通常通过电话、电报和书信等媒介进行交流。社会现代化对人际传播的影响，突出地表现为不断更新与扩大第二种人际传播方式。可以说，现代社会里，人们正日益面临人际传播方式革新而带来的机遇和挑战。

人际传播的特点，主要表现为如下几个方面：

(1) 传播双方都有明确的自我意识和对象意识，他们都比较清楚自己的身份特点(主体性)和对方的身份特点(对象性)。人际传播一旦发生或正式发生之前，传受双方已经清楚地意识到，自己是以什么身份(或角色)在同对方进行信息交流。

(2) 人际传播具有双向性。面对面进行的直接的人际传播表现出特别明显的双向性，参与传播过程的双方既是"传送者"，又是"接受者"，既在不断表达，又在不断理解，在传播过程中双方不断更换角色，只要传播不中断，就能保持双向的沟通，从而产生相互影响和相互作用。即使是通过中介进行的非面对面的人际传播，也明显地表现出信息交流的双向性，需要双方适时地作出调整、反应，从而使传受双方相互适应，取得预期的传播效果。

(3) 人际传播具有较为及时的反馈性。面对面传播是一种信息反馈性最强的交流形式，参与传播的双方相互之间信息传递和反馈的间隔时间短，甚至能同时进行，双方能够根据对方的反应及时地调整或改变自己的传播内容和方式。即使是电话、书信等非面对面的人际传播，从信息反馈的角度看，也比其他传播形式更为及时。

二、人际传播的作用

1. 人际传播对社会组织的作用

对于社会组织来说，搞好人际传播的意义主要表现在以下几个方面：

首先，有效的人际传播是培养社会组织内部“家庭式氛围”的必备条件。在社会生活中，每个人都有经济的、社会的、心理的、精神的不同层次的内在需求，只有使人们的种种需求在组织内部得到基本满足，才能使该组织保持稳定和发展，因而人际传播和人际沟通是一项极其重要的工作。如果人际传播和沟通的工作做得好，就能够形成和谐、融洽、一致的人事环境，就会使人们感到置身于组织集体之中犹如置身于自己的家庭之中，把组织看成是一个扩大了的家庭，从而形成良好的“家庭式氛围”。

在这方面，日本的一些企业、组织具有独到之处。在日本的企业里，儒家“和为贵”的精神在今天已经扩展成为和睦相处、团结合作的企业观念。日本人在工作中十分注重人际传播、沟通和交流。日本企业的老板常常和员工泡在一起，有什么事，亲自到车间找员工谈话。通过人际传播和沟通的途径，日本企业的老板试图尽量使每个雇员感到自己很重要，老板有机会愿意与员工一起吃饭，以沟通信息，联络感情。

其次，有效的人际沟通是增强群体凝聚力和向心力的重要因素。凝聚力和向心力是将组织内部各个成员吸引在群体里面的合力。一个组织的凝聚力和向心力通常是评价组织形象的重要指标。在一个群体里，通过有效的人际传播和沟通，可以营造和谐、融洽的人际关系，从而使每个正常人健康、合理的心理需求得到不同程度的满足，个人心情舒畅，群体宽松和谐，组织的凝聚力和向心力日增。

再次，有效的人际传播也是提高工作效率、完成群体目标、实现人生价值的内在要求。人的本质在其现实性上是一切社会关系的总和。人的工作是一种社会劳动，它的效率、效果既与许多人的分工协作有关，也和这些人的工作情绪和劲头有关，而这两点都和人际沟通和交流的成败相关。从另一个角度讲，人的价值的实现也与人际传播紧密相关。人的价值就整个人类讲，是人类对世界的改造及其成果所能满足人类自身需要的程度和状况，就个人讲，一是社会对个人的尊重和满足，二是个人对集体、对社会的责任和贡献，而主要是从个人对社会进步的贡献来评价人的价值。如果人际传播和沟通搞得好，大家互相配合，群策群力，心往一处想，劲往一处使，必然有利于提高效率，促进工作目标的完成，从而也就为人的价值实现创造了条件；反之，假如不善于人际传播和沟通，人与人之间猜疑、妒嫉、冲突，把大量的精力浪费在错综复杂的人际内耗中，势必影响工作效率的提高和群体目标的实现。而一旦离开效率、效益和效果，一个人对社会的责任和贡献也就无从谈起了。

2. 人际传播对个人的作用

人际传播和沟通对个人的意义主要表现在如下几个方面：

首先，对于个人来说，人际传播与沟通是一种基本需要。人不仅有“衣食住行”方面的生理需要，“生老病死”方面的安全需要，还有社会交往的需要，被人尊重和理解的需要以及自我实现的需要。不难看出，人的生存和发展离不开人际传播和沟通。

人们经常在进行手段性交流和满足性交流。手段性交流的根本着眼点是寻求某种功利目的。为某种目的走到一起的“会谈性交流”和以说服对方为宗旨的“控制性交流”，是手段性交流的两种基本形式。满足性交流的着眼点不在于交流之外的功利性目的，而在于交流行为本身以及经由这种交流而达到的一种自我满足。无论是何种交流，人们总是希望处在一种和谐、融洽、协调的人际氛围中，彼此信任、尊重、理解、支持、合作，这就需要有效的人际传播和沟通。

其次，有效的人际传播和沟通是获取机会、增加实力的重要因素。对于现代社会的创业者来说，创设条件，把握机会是走向成功的必经之路。马太效应显示，机会导致成功，成功则带来更多的机会；反之亦然，没有机会难以成功，不成功更没有机会。如果一个人善于做人际传播和沟通的工作，别人就乐意为其提供各种各样的机会，同时也会赢得各方面的支持，因而不管你从事的是何种工作，都会使你的社会阻力减少到最小的程度。

再次，有效的人际传播和沟通，有助于提高人在认知、规范和评价方面的能力，从而也就有助于人的个性成长和发展。一个人的认知能力、规范能力和评价能力是在各种人际传播和沟通中逐步形成和提高的。通常，人际活动的有效性可以从信息层次、感情层次、态度层次和行为层次去进行考察。这里，无论是从认知和规范的角度看，还是从评价的角度看，只有通过人际传播和人际沟通，才能对问题作出清楚、全面的认识。在一个人与他人沟通交流的过程中来认识自我和认识他人，并对人际传播的有效性进行总体的分析考察，是提高人的认知、规范和评价能力的前提。

三、人际传播的要求

1. 有效的人际传播要求人们相互尊重和相互理解

在现代社会中，人们之间的联系和交往无不需要遵守一定的规则，有人曾用轻松、幽默的语词表示为“游戏规则”，其实“游戏规则”包含着严肃而丰富的内涵。在人际传播中，人们应当尊重对方的价值观念、文化习俗、生活方式，等等，人们之间还应当彼此理解；别人的事情跟你无关，你就不要问、不要说、不要瞎掺合，这可称之为“不介入原则”。其实，这也是对人的一种尊重和理解。

在人际传播中，尊重和理解是一个最基本的准则。周恩来总理对美国青年科恩的答问，就是一个成功的范例。1970 年 4 月 14 日，周总理在人民大会堂亲自接见美国乒乓球队的全体成员与随团记者。当时美国乒乓球代表团是被当作前来打开中美友好关系之门的外交使节而受到特别接待和隆重欢迎的，这就是有名的乒乓外交。

周恩来问大家：“你们住得怎么样？习惯中国菜的口味吗？还有没有什么问题要提？”科恩倏地站了起来，他穿了件西装，没打领带，长发披肩。科恩略为欠欠身子，大声地说：“总理先生，我想知道您对美国嬉皮士的看法。”

美国乒乓球代表团团长斯霍文事前曾叮嘱过这个格外活跃的科恩，叫科恩不要随便拿问题打扰总理。这时，斯霍文又焦急地朝科恩打手势，但仍劝阻不住。

周恩来客气地微笑着打量了科恩一眼，瞄了瞄他那蓬松飘垂的长发，说："看样子，你也是个嬉皮士。"周恩来继而把眼光转向大家："世界的青年们对现状不满，正在寻求真理。在思想发生变化的过程中，在这种变化成型之前，会出现各种各样的事物。这些变化也会以不同的形式表现出来。这是可以容许的。我们年轻的时候，也曾经为寻求真理尝试过各种各样的途径。"

科恩正是大学二年级的学生，学的是历史和政治学，他原以为在这个最革命的国家，听它的总理评价嬉皮士，一定会听到那种"资产阶级的"、"颓废的"、"没落的生活方式"之类的训词。结果，出人意料，周恩来并没有用革命的大道理训人，还表示出十分理解当代青年的思想。科恩不由自主地为周恩来所折服，钦佩而信服地听着。

周恩来又将眼光转向科恩："要是经过自己做了以后，发现这样做不正确，那就应该改变，你说是么？"科恩耸耸肩，友好而诚恳地笑着点了点头。

周恩来略略停顿，又补充了一句："这是我的意见，只是一个建议而已。"

周恩来的这番话，在第二天，几乎被所有的世界大报与通讯社报道。4 月 16 日，科恩的母亲从美国加州威斯沃德托人通过香港，将一束红色的玫瑰花送给周恩来总理，感谢周恩来对她的儿子讲了一番语重心长的话。

2. 有效的人际传播要求人们互为角色，双向沟通

沟通由传递和反馈两个阶段组成，它是表达——理解，编码——译码循环往复的活动，这就必然要求传受双方互为角色，双向沟通，从而最大限度地迅速消除沟通障碍，切实提高信息互动的质和量。

在沟通过程中，常常会出现这样那样的障碍，概括起来，大体上有如下几种：

(1) 语言障碍。语言是人类最重要的沟通工具，人们只有借助于语言才能交流感情，传递信息，但语言又是极为复杂的，由于语形、语

义和语用方面的因素,人际之间发生沟通障碍也是常有的。某年4月,北京有位工人决定陪同73岁高龄的父亲一起到杭州游览。事先他给在杭的弟弟发了一封电报,电文如下:"父(30)日(119)车来"。弟弟接到哥哥的电报,30日赶到车站迎接。但是却接了一个空,他父亲和哥哥30日没有来,而是5月1日才到。原来"来"是有歧义的,既可理解"出发来了",又可理解为"来到了",从而影响了正常的交际。

(2) 观念障碍。观念是由一定的知识、经验积淀而成的,是一定社会条件下人们接受、信奉并用以指导自己行动的理论和观点。观念既是沟通的重要内容,又是沟通的有力工具。观念因素对沟通的负面影响主要表现在消极观念妨碍沟通,极端观念破坏沟通,封闭观念排斥沟通。

(3) 习俗障碍。习惯风俗是人们在特定文化背景和历史条件下形成的具有某种相对固定性的社会制约因素。习俗世代相传,有时往往迫使人们入乡随俗,否则很容易导致沟通的失败。不同的礼节习俗常常造成沟通中的误解,以致使沟通受挫。许多国家和民族,点头表示同意,摇头表示否定;但有的国家和民族点头表示的是否定,摇头则表示赞同,如果不知道这一习俗而又不善于双向沟通,就难以达成有效的交际。对公众忌讳风俗缺乏了解,也会使交际陷入困境。北京某饭店服务员因不了解不同职业特点形成的禁忌而造成了工作的失误。一次,几位外国海员到这家饭店进餐,桌上一条松鼠黄鱼只吃了上面一半,下面的一半却无人再动。服务员见状便热情地帮他们把尚未动的那一半翻了过来,想不到那几位海员十分恼怒,筷子一摔,离席而去。原来海员长年在海上工作,最担心的莫过于翻船,服务员把鱼翻了个身,恰恰"翻"这个动作是他们最忌讳的。

注重传受双方的互为角色、信息互动、双向沟通,对于消除语言、观念和习俗等方面的障碍,保证人际传播和沟通的顺畅是十分必要的。

重视双向沟通,还能切实提高信息互动的质和量。贯彻双向沟通的原则,势必要求双方尽量扩大共识域,也就是努力增加交流双方共需的知识背景，同时也要求交流双方在理解了所接收的信息之后，根据质、量、关系、方式四个准则，作出适当的信息反馈，并根据反馈来作自我调节。

正因为如此，从信息互动的质上看，双向沟通的信息比单向沟通更为完善、准确，从量上看，双向沟通比单向沟通不仅增加了信息容量，而且加速了信息的流量。

3. 有效的人际传播要求人们注重协调，力求平衡

美国的纽科姆(T. M. Newcomb)提出了可称之为“A—B—X”模式的平衡理论。如图5-1所示：

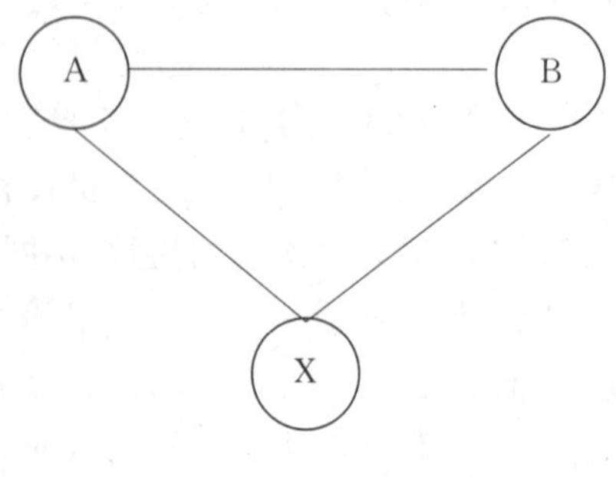

图5-1

这里，A是传播与沟通的一方，B是传播与沟通的另一方，X是一个事件、对象或信息。A与B是否协调，不仅取决于他们原先的认识和吸引程度，而且还与他们对X的态度密切相关。如果A，B对X的态度不一致就会引起不协调，导致关系的紧张，而有效的人际传播和沟通能改变彼此的态度，并求得平衡、和谐、融洽的关系。

人际之间的不平衡状态是客观存在的，沟通的过程就是由不平衡走向平衡的过程，有效的沟通需要选择一条不必花费很大力量去实现关系平衡的途径和渠道，这是平衡理论的核心思想，可称之为“最小努力原理”。

为了贯彻平衡理论，求得人际关系的协调，首先要求双方均以成人状态参与沟通，这也就是通常所说的“A—A式平行沟通”。

A—A 式平行沟通，来源于人格结构的 PAC 沟通理论。PAC 是人的三种自我状态的简称。其中 P(Parent State)表示父母状态，它以优越感和权威为标志，其语言和行为往往带有批评性、支配性和评价性；A(Adult State)表示成人状态，它以稳重和理性为标志，其语言和行为充满自信、分析和理解，富有教养和平等精神。C(Child State)表示儿童状态，它以变化无常和感情冲动为标志，其语言和行为往往是任性、随意、草率的。

可见，A 状态是一种成熟、理性、符合逻辑的思考和表达方式，从而也是一种理想的沟通和交流形式，对实现平衡、谋求和谐具有重要意义；而 P、C 两种状态，往往影响沟通，不利于人际关系的融洽和协调。因此，A—A 式平行沟通也是人际传播和沟通的重要原则。

谋求协调和平衡还需要重视情感沟通的因素。

影响公众的态度包括影响公众的认知倾向、情感倾向和意图倾向。"情感因素"是主体对于对象的情绪反应，即对某类事物或人喜爱或厌恶的体验和生理、心理反应，它以认知为基础，又左右着人的意向，在态度中具有调节作用。由于情感因素对态度的作用比认知因素更加深层和稳定，因此与公众之间的情感沟通能更加有效地影响公众的态度。平衡理论的主要思想之一就是在沟通中诉诸情感，增进情感的互动，彼此认同，从而产生亲密感，达到关系的平衡。公共关系强调人和环境，它期望的是以普遍人性、共同情感为基础的人与人关系的新境界，为组织的生存、发展或个人的活动创造最佳的软环境，上海市第一百货商店在 40 周年店庆之际推出"不愁货比货，更愿心贴心"的广告，宁波杉杉集团"奉献挚爱、潇洒人间"的广告，杭州之江度假村"与您共度假日"的广告，都力求在情感沟通上做文章，站在传受双方均为一个利益共同体的角度，传递情感信息，让双方感到温暖、亲切，从而增加对这些企业与品牌的信任感。

第三节 组织传播

一、组织传播的涵义和形式

组织是人们依照一定的规范和目的所进行的社会组合。它是公共关系的承担者、实施者、行为者,组织作为公共关系的主体,需要把自身的公关行为和公关机制通过一定的、可控制的职能系统体现出来,使公共关系按照组织的总体目标和需要发挥作用。公共关系主要将组织作为传播主体来进行研究。任何组织都是一个传播主体,具有传播的功能。

组织传播,指的是组织和成员、组织和其所处环境之间的沟通交流。组织最基本的一种职能是信息的沟通和交流。实际上信息的沟通和交流都是传播的同义语,因此,也可以说传播是组织的最基本的职能。

组织和其成员之间的沟通交流,亦即组织与其内部公众之间的传播。这是组织传播的一种形式。例如,经理与员工之间,厂长与车间主任之间的角色沟通。按照管理学的原理,一个社会组织内部的信息传播有上行、下行和平行三种。上行传播指的是一个社会组织中下级向上级表达意见和态度的过程,即"下情上达"。例如汇报思想、反映情况等。下行传播则是通过组织的层级,上级将信息往下传达的过程,即"上情下达"。例如管理层发布指令、布置任务等。平行传播则是指社会组织内部各层级的横向沟通和交流。如部门与部门、科室与科室之间的联系。

组织和其所处环境之间的沟通交流,亦即组织和其外部各类公众的沟通交流,这是组织传播的另一种形式。社会组织运用各种传播和沟通手段,为组织疏通渠道、发展网络、广交朋友、减少摩擦、调解冲突,密切组织与各类外部公众的关系,为组织的生存和发展创造

"人和"的外部环境。任何组织的发展都离不开社会各方面的配合与支持。社会组织首先要通过传播协调好各类直接的业务来往关系，诸如顾客与用户关系、产品的销售网络关系，银行信贷及投资人关系；其次，要通过传播手段妥善处理好社会组织与各种权力制约部门的关系，如政府各职能管理部门；再次，还要通过必要的组织传播，主动建立和各种非业务性的社会关系，如社区关系、媒介关系、名流关系等等。

总之，通过组织传播，一方面促进组织内部的信息交流，上情下达、下情上达、多向联络，信息共享，提高组织的凝聚力和向心力；另一方面，尽可能扩大组织外部的公共关系网络，广结人缘，广结善缘，为组织的生存和发展减少各种社会障碍，增加各种有利条件，从而创建和谐的社会环境和氛围。

二、组织传播的功能

组织传播的功能，概括起来有如下几个方面：

(1) 激励。也就是通过组织传播，调动员工的工作积极性、学习积极性和参与积极性，激励员工把组织的目标看成是自身目标的一部分，并努力工作来达到目标。

激励一般被解释为导向满足需要或动机的行为，而需要是人们特有的一种寻求自我保护和自我发展的心理倾向，它不仅仅是"不足之感"和"求足之愿"，而且还是一种"临危之感"和"解危之愿"。需要不仅有基本的生存需要，而且还有提高发展的需要。环境对于人的高层次的需要影响更大。同事的晋升会激起人们对更高地位的向往，一个有挑战性的问题会增强人们解决它以取得成就的愿望；他人的业绩，组织的创举，会激发其他员工的工作热情。组织传播的功能是扩大信息源，造成"振波"，进而产生员工之间的"共振"现象。

(2) 导向。社会组织通过准确、及时、充分地传递命令与指示，保证社会组织职能分工体系中的每个成员都知道应该做什么和应该怎么做，使员工对自己的职责有明确的方向感和责任感。例如，一个集团公司组建营销公司，集团公司会下达一系列的指示给营销公司有关人员，使营销公司人员明确把握工作的职责、目标、方向。同时，社会组织通过有意识地传递有关信息，影响某些成员，说服某些成员，从而尽量避免那些不利于实现组织目标的因素出现，尽量使员工所作的努力与组织的特定目标相吻合。这就要求社会组织想方设法寻找合理而又有说服力的理由与方法去影响公众。因此，导向成了组织传播的一个重要任务。

（3）应变。社会组织及时传递信息，使自身能更好地适应内、外部环境的变化。一个组织总是处于不断变化发展的宏观环境之中。良好的组织传播，能对社会环境的变化及时、适度地作出反应，并相应地采取适当的措施。例如，1994 年 8 月以来，《破产法》在企业中的实施开始升温。这对任何一个企业来说，是一个重要的外部信息。企业应当通过组织传播的渠道，不断提高科技含量，优化人力资源，提高劳动生产率、资金利润率和市场占有率，进而提高企业的市场竞争能力。另一方面，一个组织在市场经济条件下，既面临机遇，也面临挑战和某种威胁。如何通过组织传播来增强组织的凝聚力，也是值得研究的一个课题。有人认为，威胁在下列情况存在时，也是产生凝聚力的有效方法：①威胁来自团体之外；②合作有助于抵抗或克服威胁；③逃避的机会没有或很小。这是有道理的。在市场经济的条件下，任何企业都面临着强大的竞争。组织如实地传递这种信息，并使员工知晓和理解，有时也是增强企业的向心力和凝聚力的重要途径。

菲利浦斯（G. M. Phillips）提出了领导者 17 个组织传播的具体目标，它们是：

（1）一个领导者能够通过提供建议来引导行为，而不需要下达指令。

（2）一个领导者能够纠正他人的错误行为，而又不使他人感到不安。

（3）一个领导者能够应用工作评价来激励他人工作。

（4）一个领导者能够奖励他人，又不使他们感到不适。

(5) 一个领导者能够提供明确的指示,并预计潜在错误。

(6) 一个领导者要妥善处理冲突,而不使任何一方感到不满。

(7) 一个领导者能激励人们应付紧急情况。

(8) 一个领导者能说服下属去做比他们想像的更多的事。

(9) 一个领导者能进行友善的说服,而不致于屈卑。

(10) 一个领导者应能容纳差异,并尊重他人意见。

(11) 一个领导者能够在赏罚中保持平等、公平。

(12) 一个领导者不应在背后说人坏话或散布谣言。

(13) 一个领导者应提供精确和完整的信息。

(14) 一个领导者能说明自己决策的理由。

(15) 一个领导者应能发现下属的潜力所在。

(16) 一个领导者应知道该如何发问、向谁发问。

(17) 一个领导者能鼓励别人去当领导。

上面的论述,我们主要是围绕组织传播的内部功能展开的。其实,组织传播对社会环境、外部公众的影响也是显而易见的。它不仅具有创造舆论、告知公众,强化舆论、扩大影响和引导舆论、控制形象的宣传推广功能,而且还具有开展社会沟通、建立和谐环境的协调功能。本书其他章节对此有专门论述,因此,这里就不具体展开了。

三、组织传播的要求

1. 排除组织障碍,疏通信息渠道

组织作为人们按照一定规范和目的所进行的社会组合,它是由若干系统所组成的开放的社会系统。合理的组织结构能有效地进行内外沟通。反之,不合理的组织结构妨碍人们的有效沟通。因此,组织传播首先要排除障碍,疏通渠道。组织传播的障碍主要有:

(1) 传递层次过多。信息传递所经过的组织层次越多,则速度越慢,并且失真越明显。因此,在组织机构上应减少层次和环节,使信息联系的路线尽可能直接或短捷,从而保证信息沟通的及时性和准确性。

(2) 信息传递单向。组织传播的信息传递单向主要是指信息传递基本上是“上情下达”单一方向的，不太考虑下情上达和横向沟通的因素，因而送到决策层的信息量明显不足。对此，社会组织应着力考虑健全多种信息传播渠道，善于听取下属的意见和建议。

(3) 信息通道多变。传递信息的途径、渠道不固定，致使信息传递出现“探索性迟缓”现象。因为每启用一种新的信息通道，总是需要有一个逐步探索和熟悉的过程。因此，有效的组织传播必须固定与明确传播通道。

(4) 管理者不称职。表现为：①不到位，缺乏积极性、主动性，下级不主动向上级反映情况、提供意见和建议，或上级不主动向下级发指令、作解释；②越位，滥用权力，随心所欲地发布信息、截留信息或解释文件；③官僚作风，听不进下级传送的信息，关闭“下情上达”的通道。对此，社会组织应致力于做好明确管理者定位，提高管理者能力和转变管理者作风的工作。

2. 建立信息网络，发展快速信息系统

从传播效率的角度看，只有把正式渠道和非正式渠道两者结合起来，才能形成大容量的信息网络。具体来说，既要建立和健全依托组织机构的信息传输线路，又要利用组织成员之间不以角色为基础，不为职位所拘束的信息联系线路。

管理者的首要任务，是建立组织内部的信息网络。阿瑟·施莱辛格曾以称颂的口吻对美国总统罗斯福作了如下评论：“富兰克林·罗斯福是一位完美的网络组织者。按罗斯福所见，总经理的首要任务应该保证他自己有一条有效的信息和意见的传递渠道……因为罗斯福努力坚持用通过各种私人关系、非正式和非正统渠道以及谍报网那儿得来的情报，对通过官方渠道得来的情报进行检查和权衡。”(转引自宋林飞著《社会传播学》，上海人民出版社 1994 年版第 82 页)

为了实现组织传播的目标，不仅要求建立信息网络，而且还要求发展快速信息系统，建立一种适用于组织活动的相对完整的数据库。对于管理者作出决策所需的数据，它都能“有求必应”，这种理想化的思路,尽管需要随着时间的推移和科技的进步逐渐实现,但它是组织传播现代化的必由之路。

3. 提高传播技巧,营造良好氛围

在组织传播中,管理者经常要运用对话、开会、访谈等传播方法,其中不乏有效沟通的技巧。以对话为例,组织传播中,有效的对话必须具有一定的条件并辅以相应的技巧:①双方都有解决矛盾冲突的诚意;②双方都把问题摊到桌面上来,并找出真正的分歧之所在;③双方都能冷静理智地陈述问题的性质,起因和解决办法;④双方能充分认识继续对抗的结果;⑤邀请合适的人作为第三方参与对话,充当调停人角色。

除了传播的技巧,还有一个重要因素就是组织传播的氛围。美国学者J. 吉布经过8年的研究,总结出了两种传播氛围,一种是开放性的,另一种是封闭性的,这两种氛围有着完全相反的六个特点。

第一,客观描述与主观估价。管理者多作客观描述,少作主观评价,就容易造成开放性氛围;反之,则容易造成封闭性氛围。

第二,解决问题与控制别人。如果管理者以解决问题为宗旨,则容易营造开放性氛围,若以控制别人为目的,是无法创造开放性氛围的。

第三,坦率、耿直与暗有图谋。坦率、耿直的人大多不会对人构成威胁,但暗有图谋的人总会使人敬而远之。

第四,平等待人与麻木不仁。管理者不以领导自居,与群众同甘苦、共患难,则会带来开放性氛围;反之,有意无意地显示自己的地位和权力,不关心群众的疾苦痛痒,会带来封闭性氛围。

第五,尊重他人与自以为是。如果领导以圣贤自居,不尊重群众,自以为是,则组织内部的封闭性氛围会迅速出现。

第六,灵活多变与僵硬不化。领导审时度势,善于应变,会造成开放式氛围;死背教条、思想僵化的领导会造成封闭性氛围。

综上所述,在组织传播中,领导者必须对人对事多作客观描述,少作主观评价;时时以解决问题为宗旨,努力克服控制别人的意向;

待人坦率耿直，切忌暗中谋划；不忘平等待人，克服麻木不仁；尊重他人价值，不自以为是；思想解放，防止僵化。这样，才有利于营造开放性的传播氛围。

第四节 大众传播

一、大众传播的涵义和特征

大众传播是一个或几个社会组织通过报纸、杂志、广播、电视等媒介，将大量复制的信息传递给未组织起来的个人与群体的一种传播活动。

大众传播一词的英文原文是mass communication。这里的mass包含有三层意思：一是指规模庞大的传播机构，二是指大批复制的传播内容，三是指人数众多的传播对象。如果说人际传播属于点对点的传播，那么大众传播大体上属于点对面的传播。从媒介的角度看，大众传播有两大类型：一类是电子类的大众传播媒介；另一类是印刷类的大众传播媒介。大众传播的迅猛发展，传播主体的高度组织化、专业化，传播手段的现代化、技术化，传播对象的日益广泛化，是当今社会科学技术不断发展的产物。大众传播的方式，是公共关系从业人员所必须掌握的。

与其他几种传播形式相比，大众传播具有以下特征：

(1) 公众的广泛性和异质性。大众传播拥有人际传播无法比拟的广大的社会公众，接受传播内容的人数可以从几百到成千上万乃至数以亿计。例如，1969 年美国阿波罗号登月时，观看电视现场转播的达 5 亿人；1992 年巴塞罗那奥运会开幕式的公众则达到几十亿人。同时，因为大众传播的接受者量多面广，他们处于不同的社会群体内，因此具有某种异质性。

(2) 信息通道上布满“把关人”。大众传播同其他几种传播形式的一个很大区别，就是传播者是一个拥有现代化传播媒介的组织机构。公共关系人员必须通过这种专业的传播组织来实现向广大公众沟通的目的。专业传播机构里的具体事项，是由编辑、记者等组织化的个人来完成的。大众传播的信息由职业传播者及其组织发布。信息发布是一个对大量信息进行加工、选择与制作的过程，因而信息通道上布满"把关人"。

(3) 信息传递的即时性和超越性。大众传播是凭借大众媒介实现的，它能够在短时间内将信息传递给极为广大的受众。即时性还意味着同时性，广播、电视传播的内容，同时性最强，其次是报纸。不仅如此，大众传播运用日益先进的科学技术设备，超越时间和空间的能力在不断加强，在短短几个小时内就印刷成一本杂志，在同一时间把一个信息发送到世界各地，这也成了当今大众传播的显著特征。

二、各类大众传播媒介的特点

1. 报纸的特点

报纸是公众面最广的一种印刷类的大众传播媒介。报纸的优点表现在：

(1) 可选择性。报纸随时随地可读，读者可以按照自己的兴趣、需要和阅读习惯，在许多并列的消息中，及时迅速地作出取舍和选择。特别是报纸可以利用标题使人快速、自由地选择所需要的部分来阅读。感兴趣的可以反复阅读，不感兴趣的可以舍弃不读。

(2) 周详性。同样一则消息，通常报纸的报道和分析要比电视更为详尽、周密、细致，报纸的内容深浅皆宜，既适宜于处理需要反复思考的问题，也适宜于处理有深度分析或连续性的报道，读者对报纸的内容也可以反复阅读，仔细琢磨。

(3) 成本较低。便于剪存。读者接受信息也不需要特别的设备。

但是，报纸也有传播信息不如广播、电视迅速及时和受读者文化水平限制的缺点。

2. 广播的特点

广播是覆盖面积最广的一种电子类大众传播媒介，其优点主要表现在：

（1）传播迅速，及时，它能把刚刚发生和正在发生的新闻告诉听众。实地转播和广播大会是新闻报道中最快的形式，被称为“同步新闻”。

（2）传播面广，受环境因素和公众因素的限制较少。广播靠电波，所以不论天灾人祸都不能阻隔；同时，听众文化程度低的、视力不佳的、行动不便的都不影响其收听，甚至人们还可以边干活边收听。

（3）节目制作相对简易、方便而迅速，制作成本是电子类大众传媒中最经济的。

但是广播也有储存性差、线性传播和缺乏形象性的不足。

3. 电视的特点

电视是现时代最强有力的一种新兴的大众传播媒介，它的优点表现在：

（1）真实感强。电视集图像和音响于一身，同时诉诸人的视觉和听觉，形象生动，给观众以真实性和现场感，比较容易激发观众的兴趣，给人以较强的吸引力。

（2）综合效果。由于电视综合运用多种艺术手段，将口语表达、音响制作、色彩布置、人物形象有机地结合起来，利用具体场景来影响、感染公众，所以，公众也比较乐于接受这种大众传媒。

（3）电视与广播一样，传播迅速，时效性强。

但是电视也有传播信息稍纵即逝，不易储存和成本较高的弱点。

4. 杂志和图书的特点

杂志是受到普遍欢迎的一种印刷类大众传播媒介。如果以内容不同作为分类标准，可分为两个大类：一是专业类杂志，它以特定的专业人员为主要对象；另一是通俗类杂志，它寓知识性和趣味性为一体，以一般的社会大众为主要对象。杂志的读者群相对比较稳定，内容安排上伸缩性大，并且便于读者携带和保存。但杂志也有类似于报纸的那些弱点。

图书是历史上最为悠久的一种印刷类大众传播媒介，它在人类积累和传播文化知识的过程中起着十分重要的作用。容量大、规范化、权威性和易保存是图书的四大优点。

认识不同大众传播媒介各自的特点，是追求良好传播效果的重要前提。因此，公关从业人员应当根据社会组织的不同特点和不同需要来选择相应的大众传播媒介。

三、大众传播效果

利用大众传播媒介，达到预期的沟通效果，从而在公众中建立起自身的良好形象，这是公共关系传播的基本目标。那么如何理解传播效果呢？这里，我们简要介绍“魔弹论”、“有限效果论”、“适度效果论”、“强大效果论”和“选择性因素论”这五种有代表性的理论。

魔弹论是20世纪二三十年代在西方新闻界甚为流行的大众传播效果论。它的基本思想是：当大众传播媒介将信息传送到受众头脑时，受众就会产生同传播者一致的观点、意向和态度。用一个通俗形象的说法，信息接受者如同被动的靶子，传送者的枪一响，他就会应声倒地。

这种观点确实过于玄乎，但是公共关系人员也应当清楚，在当今社会环境中，大众传播媒介对公众的影响力决不可以小视。人们常常看到，一篇出现在权威性报纸上的报道或评论，有时会使一家企业或一个厂长、经理的声誉在群众中产生极大的影响。

有限效果论又称“最低效果法则”。它的基本思想是：传播并不是单方面的行为，而是传受双方的互动行为；劝服性大众传播对传播对象的意见与态度，只具有强化的作用，但几乎没有明显的改变作用。因为大众传播媒介是通过一些诸如接受者的倾向性、选择性的过程、集团规范等中介因素而起作用的，这些中介因素对信息的接受与消化起着阻碍、过滤和制造的功能。

有限效果论看到了大众传播媒介影响力的局限性，注意到了大众传播过程中中介因素等方面的问题，这是它的合理之处，但是奉行"最低效果法则"，往往会对某些大众传播活动的效果作出过低的评估。

适度效果论的基本思想是：大众传播在媒介与接受者的相互作用中，不仅具有短期的显性效果，而且还具有较为长期的潜移默化的作用；大众传播具有介于魔弹论与有限效果论之间的适度效果。

适度效果论注重考虑公众的传播要求、传受双方的信息互动和传播长期效果的研究，因而，它为大众传播效果的研究提供了若干新的思路。

强大效果论的基本思想是：大众传播媒介运用精心策划和编排的技能、统一的观点以及多次重复的渗透力，可以取得强大的传播效果。这种理论，看到了策划、编排、统一观点与重复传播等大众传媒自身因素的作用，这是有道理的。但强大的传播效果还取决于其他错综复杂的因素，如社会环境、公众心理等。

选择性因素论可以看作是对"有限效果论"的具体发挥，它的大体思想是：由于公众来自不同的阶层，具有不同的职业、价值倾向和心理状况，每个人受大众传播影响的程度也大小不一。公众在接触大量信息时，心理上有三种选择性因素：

(1) 选择性接触。人们总是愿意接受那些与自身固定观念一致的，或自己需要、关心的信息。

(2) 选择性理解。对于同样一个信息，不同的人可能有不同的认识，这种理解受人们固有的态度和信仰所制约。

(3) 选择性记忆。人们容易记住自己愿意记住的事情，而容易忽视、忘记自己不喜欢的或不感兴趣的事情。

因此，在某些情况下，大众传播只是提供大量事实去迎合公众的需要，只是强化了公众固有的立场和观念。

由此可见，大众传播的效果是错综复杂的，它受到传媒自身因素、受众心理、社会文化背景等诸方面的制约。

充分认识大众传播的效果，对于公共关系人员来说，至少有如下四个方面的意义：

第一，充分利用大众传播媒介特有的功能和效力，实施对大量公众的有效沟通。

第二，充分认识三种选择性因素，避免传播信息时掺入不利于公众接受的内容，以尽可能多地说服和争取公众。

第三，充分认识大众传播的某些公众效应需要经过长期、持续、艰苦的工作才能产生，公共关系工作应致力于传播的近期效果与长远效果的有机统一。

第四，根据不同文化层次、不同心理特点的公众的具体情况，灵活机动地将人际传播、组织传播与大众传播结合使用，以便使社会组织的有关信息能够深入人心。

20 世纪 80 年代以来，传播媒介的融合现象十分明显。这不仅表现为非电子与电子媒介的融合，如电子邮件，而且还表现为个人传播媒介与大众传播媒介的融合，如“双向文字图形系统”。

目前，网络传播和网上公关成了国际公关界一个新的热门话题。建立一个区域、全国以至全球的传播网络，使各地的每一个人都可以互通信息，这种传播网络被称为“信息高速公路”。“信息高速公路”是一个以现代计算机网络技术为基础，以光导纤维为骨干的双向大容量和高速度的电子数据传递系统，是一个以现代各种最新技术结合在一起的信息网络。作为现代社会最新的传播媒介，它可以进行文字、数据、图像、声音等多媒体的沟通，具有许多诱人的传播沟通功能，因而为现代公共关系活动提供了新的思路和方法。

第五节 网络传播

一、网络传播的涵义和形式

网络传播是指社会组织通过互联网(Initernet)这一特定的传播媒介,将大量的信息传递给受众的一种传播活动,它也是属于大众传播中的一种。网络已经发展成为继报纸、广播、电视之后新兴的第四大传播媒体,是新闻传媒的重要组成部分。就这短短的几年时间,网络已经深入全球经济和人类社会的日常生活的核心。对很多人而言,已经难以想像离开了互联网将如何生活。

就目前实际应用而言,网络传播一般有以下几种形式:

1. 在互联网上注册独立域名,建立公司主页向公众发布信息。在一些访问率高的热门站点(诸如知名搜索引擎、免费电子邮箱、个人主页、综合资讯娱乐服务网站等)上宣传产品信息与公司形象。如果社会组织本身有主页的还可以在热门站点上做横幅广告及作链接,当然,登录在各大搜索引擎上方便顾客搜求信息是必不可少的。在访客多的BBS(电子公告板)上发布广告信息,或开设专门的信区研讨解决有关问题,传播新信息等。

2. 以电子邮件等形式,定期通过电子邮件(E-mail)以极低廉的成本发送信息到目标消费者那里。曾经是定向网络广告投放中最具色彩的,但由于用户对大量垃圾邮件的反感,使得电子邮件营销推进不利。

3. 在网上报纸或杂志上登广告。一些世界著名的报纸和杂志,如美国的《华尔街日报》、《商业周刊》,国内的如《人民日报》、《文汇报》、《中国日报》等,纷纷将触角伸向了互联网,在互联网上建立自己的Web主页。而更有一些新兴的报纸与杂志,干脆脱离了传统的“纸”媒体,完完全全地成为了一种“网上报纸或杂志”,反响非常好，每天访问的人数不断上升。可以预计，随着计算机的普及与网络的发展，网上报纸与杂志将如同今天的报纸与杂志一般，成为人们必不可少的生活伴侣。对于注重公关宣传的公司，在这些网上杂志或报纸上做广告也是一个较好的传播渠道。

4. 通过新闻组传播广告。新闻组也是一种常见的互联网服务，它与公告牌相似。人人都可以订阅它，成为新闻组的一员。成员可以在其上阅读大量的公告，也可以发表自己的公告，或者回复他人的公告。新闻组是一种很好的讨论与分享信息的方式。对于一个公司来说，选择在与本公司产品相关的新闻组上发表自己的公告将是一种非常有效的、传播自己的广告信息的渠道。

二、网络传播的特点

网络传播作为一种全新的传播形式，相比较其他的大众传播来说，具有以下的特点：

1. 公众将更为广泛性和随意性。公众想浏览网络信息，只要通过电脑用“拨号上网”或者宽带两种途经就可以进入网络。互联网的传播则不受地域限制，受众遍及全世界。因此，任何一地的网站，世界各地的人都能看到。随着便携式电脑通过无线网卡和手机上网技术的日益完善，移动上网成为时尚，今后上网将更加方便、快捷。

2. 传播的速度更迅捷。网络传播的速度是同步的、即时的。网上直播、滚动新闻、电子邮件等的出现，使传播的手段更加迅速。网络传播信息的时效性强，可做到实时传播。如在2001年的“9.11”美国遭受恐怖袭击的事件中，当国内的传统新闻媒体尤其是电视媒体受到制约无所作为时，网络媒体几乎在第一时间就开足马力运作。以新浪报道为例，第一架飞机于北京时间9月11日20:45撞击纽约世贸大楼，10分钟后，新浪网就发布了第一条消息。

3. 信息的超大容量和完整性。你可以通过互联网检索到网络保留的任何时候、任何一方的历史纪录，并可进行下载和编辑。网络的容量几乎是无限的，而且存储成本越来越低，目前几十G的硬盘国内仅售 1000 元左右，但它的容量却相当于一个小型图书馆，由此可以推算，由数字化存储介质如硬盘、光盘等联结成的网络其容量是多么巨大。

4. 功能的多样化。公众通过网络不仅仅可以了解新闻，还可以进行电子商务，如，网上采购、网上金融交易、网上教育、网络短信等，网络正在改变我们工作、生活、娱乐、学习和管理的方式。

5. 更趋个性化。每个人的需要是不同的，公众可以根据自己的喜好，去点击不同的网站、不同的页面和不同的内容。但传统媒体信息传输的单向性使得受众很难享受个性化服务。而打开网络，你会有一种亲切的感觉，因为它的每一篇文章都是你所感兴趣的。对媒体而言，信息的利用做到了最大化，对于用户而言，充分享受了个性化服务的乐趣。

6. 传播新形式层出不穷。带声音和动画的 Flash、网上视频和流动媒体广告的出现，给读者以前所未有的感觉。以往 Flash 仅仅用于电子贺卡、一般动态网页制作以及“闪客”们以此表现自我创意和显示技术能力的范围，而现在还将它与新闻，尤其是与重大、突发性时政新闻结合起来。

7. 互动性更强。网络对话、信息群发等技术的应用，使公众之间的相互沟通更为方便，没有了任何隔阂。与传统媒体的单向传输不同，网络的信息传输是双向的，具有互动性。用户不仅可以接收信息，而且可以发出信息，甚至可以要求信息源提供用户需要的信息。

网络传播与生俱来的优势在于网络本身，但正是网络传播的载体局限了网络传播自身的发展。电脑不菲的价格对大多数老百姓来说还是一种奢侈品，这使得我国人均电脑的拥有量与发达国家相比，差距非常惊人。我国信息产业的发展还不能满足网络发展的需求，无论是设备制造与软件产业国产化产品市场占有率较低，重大应用工程与大型应用系统所用的软硬件产品主要依靠国外公司的产品，信息服务业弱小，缺少联机信息服务产业，系统集成、信息服务水平有待提高。由于上网必须通过 ADSL、CABLE MODEM 等方式，拥有电脑但未上网的用户又占去了相当一部分。中国东南沿海与中西部地区的网络发展不平衡，城市和农村的发展不平衡，导致我国互联网现有用户虽然其绝对数目不小，但仅相当于我国人口总数的4.6%强，这意味着实际能够看到网络传播的人数还很少。与电视、广播、报纸、杂志等传统媒体铺天盖地的影响相比，实在是势不均力不敌。人才和教育问题也是网络传播发展的一个瓶颈，无论是在技术服务支持层，还是教育管理人员层，人才都还比较缺乏，尤其是高层次的网络管理员、UNIX系统管理员和数据库管理员更是紧缺。多次对用户上网目的的调查表明，网民上网主要是获取信息、通信、聊天和交友，自然使许多企业不愿意通过网络去做传播。网络传播存在的另一方面问题表现为，网络又是混乱动荡的代名词，病毒、黑客、垃圾邮件等越来越让人头疼。网络安全、个人隐私和知识产权保护等问题一直困扰着网络传播的发展。

不同的媒体有不同的特色及功能，网络传播不能完全取代传统媒体传播。真正的公关传播活动，是善用网络媒体与传统媒体结合所产生的惊人效力。网络传播与传统媒体传播完全可以互补与合作，将进一步促进网络传播的发展，使更多的潜在消费者了解产品的信息。

三、中国网络传播业的现状

互联网的诞生也就30多年的历史。但是进入21世纪，互联网技术及其应用已经把全球带入了全新的网络经济时代。中国自1994年正式接入互联网以来，短短的几年时间，互联网在我国得到了飞速发展。这不仅表现在互联网的基础设施方面，也表现在互联网的用户人数、互联网在各行各业的广泛应用等各个方面。互联网所催生的新业务象雨后春笋不断出现；金融、财税、能源、交通、教育等行业信息化应用程度也不断提高，互联网在国民经济各领域和人民群众生活的各个方面发挥着越来越大的作用。

以1997年1月1日人民网诞生为标志，互联网开始在中国加快传播、发展，网络媒体露出峥嵘。以1998年下半年搜狐、新浪出现为标志,中国的互联网发展进入阶段性高潮,网络媒体大展身手。以2000年4月美国纳斯达克股市大跌为标志,互联网"泡沫"破灭,中国网络媒体狂飙式的增长告一段落,进入调整阶段。经过两年多的严冬期,我国的互联网自2002年开始全面复苏,进入"走出低谷、开始赢利"的希望时期。

截至2002年底,中国上网用户人数近6000万,这还不包括除计算机外同时使用其他设备(移动终端、信息家电)上网的用户人数为153万。上网计算机超过2500万台,网站数量达到了37.2万个,国际出口带宽总量为9380M,连接的国家有美国、加拿大、澳大利亚、英国、德国、法国、日本、韩国等。我国网民(平均每周使用互联网至少1小时的中国公民)平均每周上网时间增加到9.8小时,家庭仍然是网民上网的主要地点。在E-mail应用方面,网民人均拥有1.5个E-mail账号,其中免费的E-mail账号为1.2个。网民人均拥有E-mail账号数目继续递减,表明网民对电子邮件的使用更趋理性。中国互联网的访问量排美国之后,居全球第二。从对2002年世界杯足球赛事的网上转播,各大网站纷纷争夺转播权,可见其中的商机无限。2002年3月11日,由搜狐网站承建的"中国足球出征2002年世界杯中国足协指定网站"正式上线。3月12日,中国足协宣布新浪网成为中国足协认可、福特宝公司正式授权的中国队全球惟一互联网合作伙伴。3月28日,雅虎公司与国际足联共同宣布为世界杯官方网站增加中文版。

我国多家顶级域名CN注册数量2002年12月增长2.5万,截至2003年1月2日,注册总数已达到17.3790万个。业内专家认为,这一数据显示出广大用户对CN域名价值的认可,域名已经成为中国用户进行对外宣传的另一张名片。CN域名是由我国负责管理的国际顶级域名,是全球互联网上的中国标识,接受我国法律保护,可以避免注册国外域名面临的国际诉讼风险,从而保护域名持有者的合法权益。

国内传统媒体也纷纷上网,基本上有三种形式:电子版、网络版、综合性网站。电子版,即将报纸的内容原封不动搬到网上。网络版除报纸内容外,扩充了服务范围,在新闻的层面上内容有所扩充。第三种形式则是在传统媒体的基础上形成的相对独立的网站,新闻来源更广阔,甚至发布原创信息。服务范围也更大,体现网络的交互性,并且开展商务活动,程度不同地涉及经营行为。如浙江日报社和浙江广电集团合作成立的浙江在线新闻网站。从最初的电子版,到网络版,到综合性门户信息发布平台,网络媒体经历了一个逐步成熟,逐步专业化,逐步媒体化和逐步互联网化的过程。大致的阶段是:发布母体媒体的新闻信息,转发其他媒体的新闻信息,采编发布独家新闻信息,发售属于自己的独家新闻信息。同时的线索是关于互联网的技术应用日趋完善,网站逐步成为一个功能多样的政治性强,技术特性强,各种资本力量大碰撞,经济赢利意味浓厚,具备意识形态色彩,无论年轻人还是年长者都离不开的综合信息发布平台。

网络媒体目前正处在大分化、大改组、大动荡时期。对中国网络媒体的基本判断,是三分天下。一类是新浪、搜狐这样的商业公司网站。他们代表我国经济改革开放过程中出现的新型市场力量和资本力量,聚集了中国许多优秀的 IT 人才,同现代企业制度吻合,同国际接轨,有很强的竞争优势。二是我国加入 WTO 后,一些海外相关的大型跨国公司办的网络媒体。他们资金雄厚,经验丰富,肯定想在中国互联网市场这个大蛋糕上切一块,在中国网络媒体领域拥有一块地盘。三是国内传统媒体办的网站。以人民网、新华网、央视国际为代表,这是一种巨大的力量。如人民网,属于人民日报社,新华网、央视国际所依据的新华社、中央电视台,这类网站起步不晚,资源丰富,实力雄厚。不足的是机制有待更灵活。三种力量,各有强弱,一定会围绕争夺网民,争夺网上新闻信息资源,争夺广告市场而展开一场激烈的竞争。同时,各种力量内部的竞争,也将非常激烈,特别是各商业公司网站之间和各跨国公司在华互联网业务之间。新闻单位办的网站,也会按照优胜劣汰规律,有合作有竞争,并多元化发展。如浙江在线网站在立足于新闻网站的同时,将触角伸入网吧连锁和软件开发等领域，成立了浙江在线网吧连锁发展有限公司，成为浙江省第一家从事网吧连锁经营业务的专业机构。将媒体的强大新闻资源和网络的娱乐资源，通过专业人士的整合操作，创造网上、网下平面互动的最佳结合。

电子商务是利用计算机网络和多媒体等信息技术，有效地把商品的资源管理和人们的交易行为结合起来，从而实现政府与企业之间，企业与企业之间，企业与顾客之间，以至企业内部的信息交换、业务处理、商品和服务交易的计算机化、网络化的活动。同世界电子商务发展的历史一样，中国的电子商务发展也是从 EDI 应用开始的。1990 年联合国推出了至今惟一的一套 EDI 标准(UN/EDIFACT)，并且在全球范围内推广。由此，在世界范围内拉开了一场电子商务的序幕。中国从 1990 年底开始接触 UN/EDIFACT 标准。1995 年底随着互联网络开始演变成为一种大众媒体，网络开始深入到社会生活的各个层面。各种基于商务网站的电子商务业务和网络公司开始不断涌现，电子商务在中国迅速发展。1997 年，各种电子商务广告和宣传大量出现，电子商务的名词和概念开始在中国传播。电子商务在中国开始了高速发展的过程。电子商务是网络经济的驱动和主体，是国民经济信息化的重要组成部分，代表着未来经济运作方式的发展方向。电子商务的应用，可以改变传统的生产、销售和服务模式，大幅度降低交易成本，减少流通环节，增加贸易机会，并推动企业和国民经济结构的升级，最终提高经济运行的效率和效益，促进国民经济全面发展。传统企业开展电子商务首先是能够降低销售成本，提高产品竞争力，通过大幅度利用直销手段，减少中间环节，减少销售成本和代理商的费用；其次是能够更有效地为客户提供及时的技术支持和技术服务，提高客户满意度，扩大市场影响，提高市场占有率；最后是能够增加商机，通过在网络上宣传企业形象、介绍产品性能，从而吸引一批新客户、扩大销售营业额。

国家为了更好开展政务公开和政府职能由管理型向服务型转变，大力推行各级政府的“电子政务”。政府上网、企业上网、家庭上网三大工程，被称为推动中国国民经济和社会信息化进程的三部曲。特别是“电子政务”，它与传统政务在操作上有很大的区别。传统政务实际上是一种高成本、低效率的粗放管理方式。电子政务则通过先进生产力来解放管理能力，它在降低管理成本的同时，提高管理效率。目前全国已有接近70%的政府机构建立了自己的网站，用于信息发布、收集的窗口。一些城市还开通了企业上网工商注册、年检、税务申报等服务，这些不但方便了百姓，也拉近了政府与民众之间的关系。今后5年，我国信息化基础建设投资规模将达到1万亿元。

由于人口总数的优势，中文是网际网络上经济价值最高的语言之一，鉴于中文地区网际网络的快速成长，随着商业化应用的增加，中文广告的经济规模也急速扩充。其实，网络广告就是以互联网为媒体发布、传播的商业广告。或者说，网络广告是指利用数字技术制作和表示的基于互联网的广告。网络广告发轫于1994年的美国。当年10月14日，美国著名的Wired杂志推出了网络版的Hotwired(www.hotwired.com)，其主页上开始有AT&T等14个客户的广告Banner。这是广告史上里程碑式的一个标志。我国的网络广告起步较晚，中国的第一个商业性的网络广告出现在1997年3月，传播网站是Chinabyte，广告主是Intel，广告表现形式为468×60像素的动画旗帜广告。Intel和IBM是国内最早在互联网上投放广告的广告主。在2002年，中国互联网络信息中心(CNNIC)的调查显示，与电视广告相比，43.2%的网民在未来一年中更倾向于接受网络广告。与之相伴的是2002年网络广告的一片红火，仅上半年收入就已达到2.26亿元，比前一年同期增加3200万元。2000年中国网络广告的总收入为3.5亿元，2001年的收入为4.2亿元，同期国内电视、报纸和杂志的广告收入分别是660亿元、240亿元和16亿元，与同期的美国网络广告几十亿美元的收入更是相距甚远。但对于尚处在成长期的中国互联网来说，这是令人鼓舞的。专家认为，到2004年，中国网络广告的市场规模在整个广告市场上的比例，有望从目前的不到1%跃升到5%。虽然IT类广告仍然是网络广告的龙头老大，但家电、电子、通讯、汽车等产品在整体行业回暖的形势下，不少厂商纷纷加大了网络广告投入量。此外，娱乐、休闲类广告有明显增加，增幅达31%，财经类的报刊、杂志也成了网络广告的最新追捧者，而网络业本身也是广告主之一。CNNIC的最新调查还显示，网民对网络广告的看法"很积极"。选择有时点击和经常点击的人有63.4%，比半年前增加了一成多。有36%的用户表示愿意把网络广告作为选择商品或服务的参考，与半年前相比提高了近5个百分点。

中国历经长达15年的艰苦谈判，2001年终于迈入了WTO的大门，正式成为WTO的第143个成员。从此，中国将遵守承诺，在一系列领域开放市场，其中包括增值电信领域。根据有关协议，外资从现在起，已可在北京、上海、广州三地投资互联网产业，一年后可扩大到经济发达地区的14个中心城市，两年后将不再有地域限制，同时外资比例也由开始阶段的不超过30%上升至不超过50%。可以说，从中国加入WTO的第一天起，中国网络媒体格局的变化已经开始。

我国互联网基础设施的落后是网络传播制作水平不高的重要制约因素。我国网络传播业应多多吸收国外的先进技术与运作经验，从制作和营销两方面提高水平，注重技术和营销方式的创新，加快与国际的接轨。在网络繁荣的背后，是大量的非法、违规的网络信息，色情、反动、迷信、弄虚作假的网络信息及广告充斥着网络。因为网络无地界、国界，确定管辖难、适用法律难、调查取证难、追究责任难等原因，在监管缺少很好的技术手段的情况下，非法网络信息发布者更是有恃无恐。为了规范网络管理，国家相关部门相继出台了不少法规和规章，如《全国人大常委会关于维护互联网安全的决定》、国务院颁布的《互联网信息服务管理办法》等；国务院新闻办公室作为新闻网站的主管部门、信息产业部作为网络运营商的主管部门、国家工商行政管理总局广告司作为网络广告的主管部门、文化部文化市场管理司作为网络终端（网吧）的主管部门等，以加强国家对网络的监督和管理。

互联网络时代已经向我们走来，它对中国传播业的影响，是以前的传播手段所难以比拟的。挑战与机遇并存。只要充分地掌握最新的网络技术，为我所用，中国的传播业必将在新的形势下得到更大的发展。充分利用网络整合的优势跨媒体传播的复合媒体是今后传播发展的方向。传统媒体将通过网络加速自身的整合过程，可能会引发媒体资源的重新配置。互联网作为大众媒体的社会属性和其他媒体一样，在对社会产生影响的同时，也必须承担社会责任，作为传播先进文化的重要阵地，互联网传播事业要坚持正确的舆论导向，立足于改革开放和现代化建设的实践，着眼于世界文化发展的前沿，发挥网络媒体自身优势和特点，在内容和形式方面积极创新，大力传播我国的优秀传统文化、现代科学技术知识和世界优秀文化成果。根据国家"以信息化带动工业化，以工业化促进信息化"的发展战略必将加快国民经济和社会信息化进程，给中国互联网和网络传播的发展带来难得的机遇。

思考与练习

1. 什么是传播？它有什么特征？
2. 什么是人际传播？
3. 各类大众传播媒介有哪些优缺点？

第六章　公共关系工作程序

纵观形形色色的公关实践，任何一项公共关系活动都存着从开始到结束的工作程序。公共关系调查、公共关系策划、公共关系活动的实施及其公共关系效果的评估，这就是日常公共关系工作程序的四个重要步骤，通称“四步工作法”。对于任何一家企业或社会组织而言，上述各个步骤相互衔接，相互影响，呈现动态的环状链节，形成一个持续循环的科学完整的公共关系工作过程。

第一节　公共关系调查

公共关系调查是整个公关活动的先导，又是公共关系实务的基础，它运用定量分析和定性分析的方法，全面、准确地了解社会组织的公共关系现状，预测公共关系发展的趋势，检测公共关系活动的效果，为管理决策提供科学依据。

一、公共关系调查的流程

在长期的社会调查实践中，人们摸索、总结出了许多行之有效的科学调查方法与经验。公共关系调查可以借鉴已有的科学调查理论与方法，结合实际公共关系工作的需要，加以具体应用。

公共关系调查的全过程，由前后相关的四个步骤组成，即确定调查任务，制定调查方案，收集调查资料，处理调查结果。

1. 确定调查任务

这是实施公关调查的第一步工作。公关人员进行调查的任务是由该次调查的内容所决定的。根据不同的调查内容，进而确定不同的调查任务。一般来说，公关调查的任务不同，下一步调查中所使用的方法、技术手段和测量指标也有所不同。

2. 制定调查方案和调查计划

公共关系调查是一项有目的、有计划的系统工程，因此，全部活动都要做到事先有所计划和安排，在调查目的、要求明确以后就要着手调查方案的设计与计划的制定。所谓调查方案是指对调查工作本身设计，它是指导调查进行的依据。它包括调查的目的与意义、调查内容及要求、调查对象和调查范围，搜集资料的方式方法等具体内容。调查计划是为了完成设计要求而规定的工作安排，它一般包括调查的组织与领导、人员配备和考核、完成时间和工作进度、经费及物资保证等几个方面，目的是使调查工作能够有计划、有秩序地进行，以保证调查方案的顺利实施。

3. 搜集相关资料

通过调查，搜集所需的资料，资料的来源可分为原始资料和现存资料两大类。原始资料，是从实地调查中所得到的第一手资料，获得这部分资料一般所花时间长、费用大，而大部分调查不允许花费过多的时间和经费。现存资料，是指能够从本单位或其他单位和个人取得的现有的第二手资料，搜集这部分资料所花的时间短，费用省，可充分利用。一般来说，当调查公众和组织数量不多而且有可靠的信息来源时，搜集现存资料就能满足这种需要。在实地调查中，公关人员应当根据所需资料的内容和范围，尽可能搜集单位的内部和外部的有用资料。搜集现存资料时，必须保证获得的资料是准确和可靠的。

在公共关系调查中，当需要更广泛、更深入地了解社会公众对组织形象的认识以及社会环境变化的信息时，仅仅依靠搜集现有资料是不够的，还必须通过实地调查搜集原始资料。在实地调查中，应根据调查方案所确定的调查方式，选择合理的调查对象，然后运用各种不同的调查方法，按照调查计划中的时间安排工作进度和经费预算，有条不紊地进行。

4. 整理分析资料

公共关系调查得到的大量资料，在未整理前，往往是杂乱无章的，某些资料也可能是片面的、不真实的。为了有效地使用调查结果，就要根据调查的目的，对搜集的资料系统地加以整理分析。这一步的工作主要包括：

(1) 资料审核。这项工作内容包括检查、核实和校订。检查主要从资料的完整性、准确性与可比性、及时性几个方面进行，假如一旦发现资料存在以下差错：资料重复或遗漏；数量错误；各种资料互相矛盾，数据的口径不一致；问卷回答不充分，答非所问等问题，应及时复查核实，予以订正和补充。

(2) 资料的分类汇总。凡经审核的资料，应根据公关调查的要求和内容进行分类，一般可分四种类型：①按数量标志分类。如按消费者的年龄、收入等有关资料进行分类。②按质量分类。如按企业职工的文化水平进行分类。③按时序分类。即按员工参加工作的时间顺序分类。④按地区分类。如按省、市、县进行分类。并以文字或数字符号编号归类，从而使调查资料分门别类，编组排队，以便归档查找和使用。资料汇总可分手工汇总、机械汇总和电子计算机汇总三种。根据调查目标的不同，将经过审核的资料进行分类汇总，使资料条理化、有序化和系统化，为下一步的深入分析提供了条件。

(3) 资料的分析与综合。经过调查获得的各种资料与信息，反映着一个组织的社会形象和社会环境的状况，为了弄清广大公众的意见、态度和动机以及本组织公共关系存在的问题，需要运用科学的方法，对大量资料进行分析与综合，从中得出合乎实际的结论。对于调查所得到的数据，可以运用各种统计方法加以分析，并制成清晰明了的统计表或统计图。

5. 提出调查报告

调查报告是公关调查的最终成果。它是对公共关系调查研究的问题，作出系统的分析说明，提出结论后编写的书面报告，这是公共关系调查最后阶段的主要工作。调查报告的内容一般包括三个部分。

第一部分是前言，包括调查的意义和目的，调查的对象和范围，调查方式和方法，调查的进程等说明。第二部分报告的主体，包括调查获得的材料和详细的分析说明。最后一部分是结论、建议和意见，作为调查报告的总结。

二、公共关系调查的内容

1. 组织的自我形象调查

在公共关系活动中，一方面，需要通过组织的自我期望形象调查，提出公共关系活动期望的目标；另一方面，需要通过组织的实际社会形象调查，分析组织的实际公共关系状态；最后，通过比较找出期望目标和现状之间的差距，确定公共关系工作的方向和重点。

自我期望形象是组织自己所期望建立的公众形象，它是一个组织公共关系工作的内在动力和基本方向。自我期望形象的调查主要包括三个方面：

(1) 领导层的目标和要求。公共关系活动的目标必须围绕着组织运营的总目标，配合与支持组织总目标的实现。一般地说，组织的公共关系计划实际上源于领导层。因此，公关人员首先必须研究领导层所拟定的各项发展目标和制定的各项管理政策，了解他们的意图和经营方法，了解领导层对组织形象的内在期望和要求。

(2) 员工的要求和评价。组织的发展目标和公关决策须得到组织内部员工的认同和支持才可能有效地转化为该组织的实际发展动力。因此，公关人员需要调查广大基层员工对组织的要求、看法及各种建议，了解他们对领导层提出的目标的支持程度，发动员工调查组织的薄弱环节。

(3) 组织的实际状态和基本条件。公关人员必须完整地掌握组织各方面的基本信息，包括组织机构框架，经营方针和管理政策，生产状况，财务状况，技术开发状况，市场营销状况，人事资源状况等，以此作为设计组织形象的客观依据。

2. 组织的实际形象调查

在公共关系调查过程中,反映组织实际形象的“镜子”是社会舆论和公众评价,因此,要运用各种科学、准确的方法,调查了解本组织在公众心目中的具体形象。

(1) 公众网络分析。首先,必须对本组织的公众范围、公众分类、主要目标公众进行调查分析。通过辨认公众,甄别对象,确定调查的对象和范围。如果不能正确地选定调查对象,就不可能获得正确的调查结果,并可能增加调查的成本。

(2) 形象地位测量。在公众网络分析的基础上,实施具体调查方法(如访问法、问卷法等),然后,根据知名度和美誉度两项指标,综合分析公众的评价意见,运用组织形象地位图(图 6-1),测定组织在公众中的形象地位。组织形象地位图分为四个区,分别表示四种不同的公共关系状态。

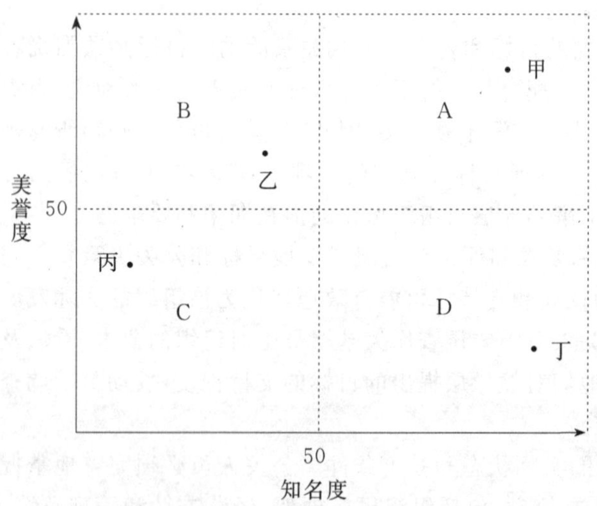

图6-1 组织形象地位图

组织形象地位图分为 A,B,C,D 四个区,分别表示四类不同的公共关系状态。

——甲组织处于 A 区,表示有高知名度,高美誉度,说明甲组织的形象很好。

——乙组织处于 B 区,表示美誉度较高,但知名度不够。公共关系工作的重点应该是在维持美誉度的基础上提高知名度。

——丙组织处于 C 区,表示知名度、美誉度都很低。一个新建立的规模较小的组织,往往处于这种状况。公共关系重点应该从不断完善自身和扩大对外宣传着手,提高知名度和美誉度。

——丁组织处于 D 区,表示该组织知名度很高,但美誉度很差,处于臭名远扬的状态。公共关系工作重点应暂停提高知名度的工作,要努力整顿内部,提高产品质量和服务质量,提高工作效率。并进行适当的宣传推广工作,消除公众中存在的一些误会,扭转业已形成的坏名声。

(3) 组织形象要素的分析。组织形象的内容不是单一的。以企业为例,要正确评价它的实际形象,还需要进一步分析其经营方针、产品质量、服务态度、办事效率、业务水平等,分别用正反相对的形容词表示好与坏两个极端,在这两个极端中间设置若干程度有所差别的中间档次,以便公众对每一个调查项目均可以分档次进行评价。比如经营方针,可以用正直和不正直表示两种截然相反的评价,而在中间,则可以设置相当正直、稍微正直、一般、稍微不正直、相当不正直等不同程度的评价档次。公共关系人员对所有调查表格进行统计,计算每一个调查项目中被访对象各种不同程度的评价所占的百分比。

例如:在图 6-1 中,丙组织处于 C 区。为什么它处于 C 区,具体原因是什么?这就需要通过组织形象要素调查,摸清情况。通过调查,得出丙组织的形象要素如下:经营方针比较正直,办事效率平平,服务态度较差,业务缺乏创新,管理顾问知名度甚低,公司规模较小。这些要素可列成表 6-1。

表 6-1　组织形象要素调查表

调查项目＼评价	非常	相当	稍微	中	稍微	相当	非常	评价／调查项目
经营方针正直		65	25	10				经营方针不正直
办事效率高			25	65	10			办事效率低
服务态度诚恳				15	20	65		服务态度恶劣
业务水平有创新					20	70	10	业务水平缺乏创新
管理顾问有名气						10	90	管理顾问没有名气
公司的规模大					25	55	20	公司的规模小

这就是丙组织处于C区的具体原因。公共关系的计划和措施，有必要针对这些表格所显示的原因去制定，以便对症下药。

3. 形象差距的比较分析

将组织的实际公众形象与组织的自我期望相比较，找出二者之间的差距，弥补或缩小这种差距便是下一步设计形象的目标。

在具体工作中，可以运用形象要素差距图（图 6-2）将这种差距

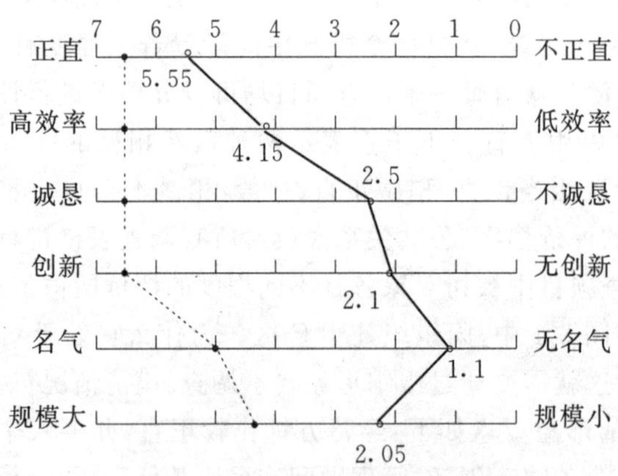

图6-2　形象要素差距图

显示出来。方法是把组织形象要素调查表上表示不同评价程度的七个档次相应数字化，成为数值标尺。以丙组织为例，图中实线部分是丙组织的实际公众形象，虚线部分则是丙组织的自我期望形象，两条曲线之间的差距就是组织的形象差距。

从图6-2可以看出，丙组织除了经营方针正直一项的形象要素实际评价与自我期望形象接近以外，其他各项形象均有相当差距。缩小和弥补这个差距，就是丙组织近期公共关系工作目标。

三、常见的公共关系调查方法

1. 访谈法

在公关调查中，访谈法可分为个别访问和集体座谈两种，分别用于接待来访者，平时服务时交谈和上门专访三种情境。访谈法不仅适用于听取用户意见，还适用于对社会名流、政界代表、权威人士、新闻工作者、协作单位的个别访问和集体座谈。访谈法的优点是所获信息详细、具体，能尽量把问题讨论透彻，一次面谈不够的，还可以约请多次访谈，也可以约请对方填写书面材料。但它也有不足之处，座谈者易受在场人员的影响，费时费力，开支较大，如果选取的调查样本不够典型，也容易使调查结果带有片面性。因此，访谈法更适合于做典型调查。

2. 文献法

文献法是一种间接的公关调查方法，它是调查人员从日常搜集到的文件、档案、报纸、书刊、统计报表、图书出版物等各种社会信息源中提取必需的信息材料。例如，杭州娃哈哈集团公司公关部就有专人负责搜集国内外有关儿童营养品厂家的新闻报道、图片、市场行情，并将其分类编目，按月装订剪贴。公关调查需要积累的文献资料包括：基本的工具书，如《中国经济年鉴》、《浙江地方志》、《三中全会以来重要文件汇编》；必要的报刊资料，如《人民日报》、《经济日报》、《瞭望》杂志等；经营资料，如企业资产、历年产值、盈亏统计报表等；公众宣传资料，如产品广告、海报、客户档案、社区民众意见和其他参考材料。

3. 观察法

这种调查方法区分为参与观察和非参与观察两种。参与观察是调查人员与被观察者一起活动，从活动过程中了解对方的有关信息，比如到车间跟职工一起劳动，了解员工的理想和责任感，观察他们的行为和情绪；到商场去站柜台，了解服务员的工作态度，体验上门顾客的喜爱和消费要求。非参与观察是调查人员作为旁观者，以了解被调查者的思想和言行，这种办法往往比较冷静，结论也较为客观、公允，上述两种观察法的优点是能体验到观察对象的具体感受，了解到的信息自然、真实，但不足的地方是观察到的信息较为表层、肤浅，而且掌握到的情况带有较大的偶然性。同时，由于调查人员的经验和阅历各不相同，对同一问题往往会有不同的结论。

4. 问卷法

问卷调查有开放式问卷和封闭式问卷两种：开放式问卷是对所提问题不作答案限制，由填答者自由表述自己的感受；封闭式问卷是对所提问题给出几个可能的答案，由填答者在限制的答案内自主选择。

开放式问卷的优点是回答自由，填答者能够深入、详尽地表述自己的意见，其缺点是调查结果不易分类，难以统一标准，也不便于统计处理；封闭式问卷的好处是分类明确，能够很快地进入统计处理，缺点是一些问题难以得到深入具体的建议。现在，常把两种问卷调查结合起来，对封闭式部分进行统计计分，开放式部分则用来辅助对封闭式问题的详尽分析和了解更为深入的问题。

在公关实践中，问卷访问是民意测验搜集资料最常见的方式。它是由调查员携带事先设计印制的调查表进行的访问。由于问卷访问采用的是标准化调查表，访问的内容在调查表中已有安排，调查员只要按照调查内容的顺序提问，然后根据调查对象的回答填写，因此这种访问又被称为有结构的访问。根据不同形式，问卷访问可以分为通讯访问、电话访问和人员访问。

（1）通讯访问就是将调查表寄给调查对象，并要求填完答案后寄回的一种方法。这种方法所需人员、经费比较少，能使调查对象有充分时间考虑回答。由于调查范围比较广，能够迅速及时反映社会公众的意愿，因此，这种方法适合大规模的民意测验和市场调查。但此方法问卷发行量大，一般来说回收率低，难以选择一个代表性的典型样本。由于问卷问题比较简短，从而限制了调查的深度。

（2）电话访问是指调查人员利用电话，根据调查表上的提问同调查对象谈话，然后记录答案、搜集有关资料的方法。运用这种方法搜集资料具有成本低、范围广、速度快的优点，但由于调查时间要受到限制，对提问只能得到简单的回答，无法进行深入的了解，因此获得资料的准确性不高。这种访问应注意问题要集中，提问不能太多，时间不能太长，语句不能太复杂，力求节省通话时间。随着家庭电话逐渐普及，这种调查形式将会日益增多。

（3）人员访问是由调查员根据调查表上的问题直接向调查对象提问，让调查对象作答，从而取得所需信息的一种方法。它可以由调查员同一个或几个调查对象进行面对面的交谈，也可以在调查员的指导下，由一些人自己填写调查表。这种方法便于调查员说明调查的目的要求，对调查表上的问题进行解释，也便于调查员与调查对象沟通思想，消除调查对象的疑问，使调查对象积极回答问题和发表意见。这种方法虽然时间比较长，费用比较高，但能提高问卷的回收率，获得较多的资料与信息，准确性比较高。

第二节　公共关系策划

只有在对社会环境及其发展趋势充分调查研究的基础上，才能确定公共关系活动的预期目标。

一、确定公共关系目标

一般来说，公共关系策划是从确定公共关系目标开始的。公共关系目标在于促进或阻止某种事件的发生，开发利用环境的有利条件或弥补环境带来的不利条件，促进和创造有利组织的舆论，控制不利于组织的舆论，进而塑造良好的社会形象。

公共关系目标有战略目标与策略目标之分。战略目标是长期目标、总体目标。如企业的长远发展规划，企业如何利用优势、克服劣势以便在激烈的竞争中取胜等；策略目标是短期目标，它是为实现战略目标服务的。如参加某项社会公益活动，在新的市场宣传组织的形象，争取有关部门的了解与支持，引导公众消费本组织的产品，发生危机时的补救性计划等。

在制定公共关系目标时，应注意使目标明确具体。不能含糊不清和空泛抽象，无法进行测验和监督、控制。同时，要使目标具有可行性，不能脱离现实而好高务远。最后，制定公关目标时一定要留有余地，以便应付经常可能发生的临时性危机或在条件变化时能灵活适应。

二、公众研究

任何一个组织都有其特定的公众，公关策划必须针对目标公众，在不同的时间场合，公共关系工作针对不同的公众而展开，目的是为了建立受公众欢迎的有效形象。为此，必须对公众进行深入的分析研究，以确定目标公众。

确定公众首先要鉴别目标公众的权利要求。公众是由于共同利益而互相联系在一起的许多个人或组织机构形成的群体。他们的共同利益受到组织政策或行动的影响，他们的行为与观点也影响着组织的形象和声誉。

在现实生活中，每个人都有多种利益存在，在许多情况下，他可能同时属于许多个公众集团，扮演着不同的甚至相互冲突的角色。一个棉布店的营业员，在他工作时，可能会嫌顾客过分挑剔，但当他到家电商店想买一件家电用品时，他又可能会抱怨家电商店营业员缺乏耐心，而当他踏进夜校的教室时，他又成了一名学生，而给他上课的教师，前不久作为一个消费者曾到他所在的棉布店采购过衣料。因此，死板地把一些人划分为这类公众或那类公众是不行的。必须要了解目标公众的权利要求，并以此为依据来制定公关计划。

确定公众还要了解公众的特殊要求，因为不同的目标公众总是从各自的特殊视角，来观察组织的形象。因此，在进行公共关系策划时，必须确定本组织的主要关系对象，并针对主要关系对象的特殊要求来制定公共关系的特定目标。比如，一家以销售大众消费品为主的商店与一家销售进口名牌消费品的商店，他们的目标公众是不一样的。因此，在形象设计上，前者要强调“大众消费，薄利多销”，后者则宣传“雍容华贵，绅士气派”。他们分别适应两种层次截然不同的特殊公众。这种形象设计不可互换，不可模仿。否则，就会把一次成功的公共关系策划变成了一场闹剧。

三、选择媒介

在确定了公共关系目标和对目标公众进行分析研究后，就要考虑选择与目标公众沟通的最恰当的媒介。在第五章“公共关系的传播”中，我们已经对各种传播媒介的特点进行了分析，它们各有所长，只有选择恰当的媒介，才能与公众进行顺利的沟通。选择传播沟通媒介的原则是：

1. 联系目标原则

根据公共关系工作的目标与要求去选择传播沟通媒介。各种沟通媒介都有其特定的功能，适合为公共关系的某一具体目标服务。如组织的目标是要提高知名度，通常是选择大众传播媒介，因它传播速度快，覆盖面大，能产生较大的影响。如组织的目标是提高产品美誉度，则选择展销会形式的群体传播可能更有效，因为耳听是虚，眼见为实，产品质量究竟如何，公众倾向于自己亲眼目睹。如组织目标是要协调内部关系，则选择组织传播与人际传播，就容易与目标公众实现双向沟通。

2. 适应对象原则

根据公共关系工作对象的特征选择传播沟通媒介。公众是多种多样的，针对不同的对象适用于不同的传播媒介，要使公共关系信息有效地传达到目标公众，就首先要考虑到目标公众的性质，是政府部门，横向联合的协作单位，还是消费者。对政府部门、协作单位主要靠人际传播、电子技术传播以及其他文字传播。在许多场合对广大的消费者通常要选择大众传播。但由于消费者的经济状况、教育程度、职业性质、生活方式和接受信息的习惯互不相同，应根据这种不同来选择适当的大众传播媒介。如对地处偏僻、经济不发达的山区居民，用广播比较好；如对大中城市的居民，则用电视效果好；如对有阅读习惯的知识分子，则采用报纸、杂志等印刷品媒介，可能收到较好的效果。

3. 区别内容原则

根据信息的内容特点来选择传播沟通媒介。内容简单的可以选择广播、电视；内容复杂、技术性强的应选择印刷品传播，或采用印刷品传播与人际传播相结合，进行现场讲解。如南京晨光机器厂是生产改装车、煤矿掘进机等面向能源、交通的大型企业，产品专业技术性强，使用单位面不广，通过大众传播媒介登广告进行宣传，解决不了问题，宣传效果也不理想。根据他们的经验，产品介绍主要得靠人去实地讲解和指导，也就是要依靠人际传播。于是，他们派出30多名中层干部和40名生产技术骨干，在全国各地设立22个常设销售点。通过几年的努力，与国内一些大钢厂、大油田、化工厂、矿务局建立了稳定的供销关系，使晨光机器厂的主要产品在国内市场的覆盖率达到40%。又如，上海英雄金笔厂生产一种高级工业绘图笔，因绘图工艺技术要求很高，一些设计院都使用进口的国外产品。英雄金笔厂开始作了一般的宣传广告，没有效果，这是由于消费者信不过。于是他们派出精干的公关销售技术人员，拿着样品，访问了一家又一家的设计院，进行宣传试用，终于取得了消费者的信任。在半年时间里打开了销路，并为国家节约了大量外汇。

4. 合乎经济原则

根据一个组织的具体经济条件来选择传播沟通媒介。大众传播媒介虽然影响较大，但费用很高。在选择传播媒介时，应该设法以较少的开支争取最好的传播效果。

四、经费预算的编制

一个组织在编制公共关系预算时，通常与四种因素相联系。一是组织的总收入；二是竞争的需要；三是任务与目标的难易性或复杂性；四是利润水平。

1. 组织的总收入，是指一家企业的总产值或总销售额，在其组织的资金往来过程中，按照一定的比例来提取预计能筹措的公共关系资金款项。广州白云山制药厂就采取这种办法，每年从总产值中提取1%的经费作为“公关投资”。

2. 以竞争需要作为预算标准时，组织的公共关系预算经费就应超过或至少等于竞争对手所花费的经费。由于竞争中双方对投入的经费将会进行保密，这种方法就具有一定的盲目性，因而风险性较大。

3. 用组织任务与目标难易性或复杂程度作标准，通常的做法是将各项活动，如广告宣传，社交活动以及其他与树立组织形象有关的所需经费汇总再略增加一些，以保证预算的弹性。

4. 用利润水平作为预算标准，这是一种量入为出的方法，但用这种方法经费将随着经济效益的高低而波动。这种方法在实践中将会出现一个明显的矛盾，因为正是经济效益下降时，需要投入更多的公共关系经费，以改善组织所处的环境，从而提高经济效益。显然，在这时降低公共关系经费将对扭转经济效益下降的局面，会产生不利的影响。

五、各类公共关系活动模式

公共关系活动是多种多样的，没有一成不变的，重复使用的模式。下列各种模式只是一种可借鉴的，在国内外公关实践中给人以某种启迪的模式，决不能照抄照搬。

1. 交际型公共关系活动

这种公关活动一般不借助其他传播媒介，不通过中间环节而直接进行人际交往。不管是面对面的，还是非面对面的，它是组织建立广泛的社会关系网络的一种重要手段。交际活动还能附带发挥收集信息的功能。它具有直接性、灵活性和人情味，具体形式有招待会、恳谈会、茶话会、慰问活动、专访，以及发送贺卡、贺电、问候性信函等。交际活动是公关活动经常使用的一种活动方式。重视交际型公关活动，能使公众感到亲善和诚意，有利于彼此之间建立起互相信任的合作关系。

2. 宣传型公共关系活动

这是一种利用各种传播媒介向外宣传，以求迅速将信息传递出去，以加强社会公众对组织的信任和了解，形成有利的社会舆论的公关活动模式。这种公关活动的特点是主导性强，能比较有效地利用传播媒介，沟通与各界公众的联系，而且信息扩散的范围很广，其不足之处是传播效果往往停留在表面层次，不易测量其实际效果。宣传型公共关系活动可综合运用各种传播方式，如发新闻稿，刊登广告、组织演讲，召开记者招待会，举办展览会、编印小册子、制作视听材料等。宣传型公共关系活动应尽可能利用大众传播媒介，这样能产生较大的影响。

3. 服务型公共关系活动

这种公共关系工作模式是以实际行动提供各种实实在在的服务，从而获得公众的了解与好评。服务型公关的特点是以行动作为最有力的语言，它运用了“百闻不如一见”，“说得好不如做得好”的公众心理，特别有利于提高组织的美誉度。它所采取的具体方式多种多样,如消费培训、时尚指导、上门服务、用户咨询等。任何一种类型的组织都能够以独特的方式为公众提供必要的服务。服务有利于产品促销,但不应仅仅为了促销,更重要的是树立形象和信誉,因此应把它作为一项公共关系活动。

4. 公益型公共关系活动

这种公关模式是以组织的名义发起或参与社会性的公益活动,在慈善、文化、体育、教育等活动中充当"热心者"角色,在支持社会事业的同时,扩大组织的整体影响。平时,这种活动表现形式有两类:一种是利用本组织的庆典和传统节日为公众组织有益的大型活动;另一种是积极参与国家、社区重大活动并提供赞助。社会活动型公关活动的特点是社会参与面广,与公众接触面大,社会影响力强;但它是一种支出性、战略性的公关活动,没有直接的经济效益,它着眼于整体形象和长远利益。

5. 征询型公共关系活动

运用社会调查、民意测验、舆论分析等手段,了解公众舆论,把握时势动态,监测组织环境,以便保持组织与社会环境之间的动态平衡。这种公关活动的特点是以输入信息为主,具有较强的研究性、参谋性,其具体形式有:开办各种咨询业务,建立来信来访制度和合理化建议制度,制作调查问卷,设立热线电话,广泛开展社会调查,进行有奖舆论测验,举办信息交流会等。

在进行上述各种公共关系活动模式时,针对不同的组织环境和公共关系的具体状态,可以采取不同的公关活动方式。

1. 建设性公共关系活动

这类活动多应用于组织的开创阶段,以及某种产品,某项服务初创、问世阶段。为了提高知名度,给公众以良好的第一印象,采取宣传和交际的高姿态,努力尽快打开局面,扩大影响。如隆重的开张典礼、落成剪彩等,目的在于向社会公众亮出自己的牌子,为日后的发展创造良好的基础。

2. 维系性公共关系活动

这种活动是在组织处于稳定、顺利的发展时期，所采取的巩固已有声誉，稳定已有良好关系的一种公共关系工作策略。它的特点是采取较低姿态，持续不断地向外传输信息，在潜移默化中维持与公众的良好关系，使组织的良好形象长期保存在公众的记忆中。如保持一定的见报率；在城市标志性建筑物上长期树立企业品牌和商标图案；逢年过节的专访、慰问，给老客户适当的优惠或奖励等。

3. 防御性公共关系活动

当组织发现与外部环境发生矛盾，出现了潜在的公关危机时，为了防患于未然，控制可能的摩擦，公共关系工作就需采取"以防为主"的策略，及时调整组织的目标、结构、产品、方针、政策，主动适应环境变化和公众要求。

4. 进攻性公共关系活动

一旦环境发生激变，冲突已经产生时，公共关系人员为了摆脱被动局面，应当采取"以攻为守"的策略，迅速调整与变换公关决策，改变对原环境的过分依赖。摆脱困境争取主动，力争创造一种新的公众环境，使组织声誉不致受到损害。

5. 矫正性公共关系活动

当某一组织的公共关系状态严重失调，组织形象发生严重损害的时候，为了尽快挽回信誉，公共关系工作应立即采取一系列有效措施，妥善应对，以求逐步稳定舆论，挽回不利影响。

第三节 公共关系活动实施

公共关系实施就是在公共关系计划被采纳、确立之后，将其设计的内容付诸实现的活动过程。从一项公共关系方案的制定到预期目标的完成之间，还存在着一段相当长的距离，中间尚须付出大量艰苦的劳动。公共关系实施是四步工作法中的第一个环节，而且也是最为复杂、最为重要的一个关键环节。如果公关人员在实施过程中操作失当，即使再巧妙的公关方案也只是“纸上谈兵”罢了。

一、公共关系实施的特点

公共关系计划的实施过程应该是一个完整的过程。一般情况下它包括以下一些内容：首先是实施的准备阶段，它包括设计实施方案，制定对各类公众的行动与沟通计划，确定实施的措施和程序，建立或组成实施机关，训练实施人员并向他们介绍计划的内容；其次是实施的执行阶段，实施机关按照已经设计好的实施计划的程序，落实各项措施；最后是实施的结束阶段，实施机关为下一步的效果评估做好相应的准备。如果说公共关系计划的制定是一种分析和策划的过程，那么，计划的实施则是一种行动的过程。具体地说，公共关系计划的实施具有以下一些特点：

第一，实施效应的联动性。一项公共关系计划涉及众多的因素和变量，它会对各类公众产生广泛的影响。然而，只有在计划实施后，这种影响才能真正地体现出来。公共关系计划实施所产生的联动影响主要表现在以下两个方面：首先，计划的实施，会对众多的目标公众产生深刻的影响。一项公共关系计划成功实施后，常常会使该社会组织的异己力量变为自己的合作者和支持者。即使有时不能令目标公众从立场上进行彻底的转变，那么在观点、态度等方面也会使其产生不同程度的变化。至少也可以令目标公众从对社会组织的负态度（敌视、偏见、漠然、无知）向正态度（了解、理解、感兴趣、支持）方向有所转化；其次，公共关系计划的实施有时还会对整个社会的文化、习俗产生深刻影响。20世纪70年代，美国的汉堡包远涉重洋“登陆”日本。这一成功的公共关系计划实施，不仅使日本民族两千多年以来吃米、吃鱼的习惯发生了变化，而且使日本民众进餐的方式有了改变，以往日本人习惯于端坐桌旁用筷子吃饭，吃汉堡包却可以用手抓着吃，可以边谈边吃，也可以边走边吃，忙碌时甚至可以边工作边吃。这一进餐方式的变革，使日本人因适应了快节奏的现代生活而为其所接受。由此可见,一项公共关系计划的实施所产生的影响和作用,往往不局限于计划本身所制定的目标,也会对整个社会进步与社会舆论产生推动作用。

第二,实施过程的动态性。公共关系计划的实施是由一系列连续活动构成的过程,是一个思想和行为需要不断变化、不断调整的过程。这是由于:一方面一项公共关系计划无论制定得多么周密、具体和细致,它总免不了与实际情况存在着一定的差异;另一方面,随着时间的推移、实施环境的变化,公关实施过程中仍会遇到一些新情况和新问题。因此,不断地改变、修正或调整原定的实施方案、程度、方法、策略,则是实施活动中不可避免的现象。这种现象的出现说明计划实施正处于顺利状态,并非在实施计划中带有随意性。如果不考虑社会环境的发展而引起的条件变迁,却按一个固定的模式去机械地执行计划,那就不能实现公关计划目标。强调实施过程的动态性,并不意味着实施人员可以随意不按原计划去进行实施。公共关系计划实施的动态性与实施人员的主观随意性不可混为一谈。

第三,实施活动的创造性。由于公关计划的实施是一个不断变化和需要调整的动态过程,实施者需要依据整个实施方案中的原则和自己所处的环境、面临的条件来确定自己的实施策略,比如准确地选择传播渠道、媒介与方法,合理地选择时机,正确地分配任务,灵活地调整步骤。公共关系计划实施的过程决不是一个简单的照章办事的过程,而是一个由一系列不同层次的实施者发挥主观能动性的过程。公关人员应该充分地发挥自己的积极性、主动性和创造性。从这个意义上说,公共关系计划实施的过程也是一个对原计划进行艺术的再创造的过程。

二、公关计划实施的意义

第一,公共关系计划的实施决定计划能否实现,以及实现的程度。成功的实施过程,可以圆满地完成计划中所确定的公关任务,实现预期目标,甚至还可以由实施人员创造性的努力来弥补计划的不足。这种实施活动的成功之处就在于实施人员能够选择最有效的途径和手段，采用多种方法和技巧，在公众中树立本组织的良好形象。实施的失败，不仅不能实现计划目标，有时还可能使计划中想要解决的问题更加恶化，甚至完全与计划目标背道而驰。

第二，公共关系计划实施结果是后续方案制定的重要依据。一项公共关系计划的实施过程不论成功与否，它都会在社会上造成一定的影响和后果。制定公共关系计划必须以社会组织所面临的现状为依据，特别是要注意将前一项公共关系计划实施后反馈回来的信息作为依据。以前一项公共关系计划实施的结果为基础，针对新出现的问题制定新的计划，可以说是公共关系计划制定过程中必须遵循的一个原则。因此，前一项公共关系计划实施的情况，对后续方案的制定具有重要的意义。

三、实施中的沟通障碍

传播沟通是一个包括纵向沟通与横向沟通在内的综合的过程。在现代社会，每个人受到各种各样的大量的信息冲击，受到这些信息的影响。但同时，他自己以书面的、口头的、动作的形式，向外传递自己的知识、经验、观点，向外界施加影响。这种交织在一起的信息流，一方面促进了沟通，另一方面对沟通效果又形成干扰，使沟通出现障碍。

沟通障碍主要有政治障碍、经济障碍、语言障碍、文字障碍、文化习俗障碍、年龄障碍等。当今世界，还存着不同的政治制度、社会制度，存在着不同程度的“冷战”，各国政府从政治需要出发，会对某些信息的输入或输出进行限制，阻碍了沟通的进行。

大众传播媒介对社会发挥着较大的影响，电报、电话、电传、网络等现代通讯工具大大加快了信息的传递速度。但是由于经济条件不同，不是每个公众都拥有电视机、收音机，也不是都订阅报纸、杂志。通过大众传播媒介向这些公众传递的信息，就会受到障碍。比如说，在我国西部地区，特别是偏远山区还不能直通电话，发往那里的电报，到达县城后仍要改成邮递，使沟通的速度大大放慢。经济水平的不同，人们的需求也不同，从而使他们对信息的取舍也不同。没有自来水的乡村，当然是不会对洗衣机的信息感兴趣的。

语言是人们表达感情、交流思想的工具。沟通离不开语言。但是不同国家、不同民族有不同的语言，造成了语言障碍。在同一国家、同一民族中，由于地区的不同，有着各种不同的方言，也会造成语言障碍。广东人、闽南人、温州人、山东人凑在一起，各自讲着自己的方言，就无法进行沟通。不同国家、不同民族有不同的文字，也会造成文字障碍，对于文盲、半文盲的公众，文字也会造成障碍。

在一定历史背景下形成的文化习俗，也会造成障碍。国家、民族、宗教信仰不同，会形成各种不同的风俗习惯。在沟通中如果忽视习俗因素，肯定会导致失败。同时，年龄也会形成沟通障碍，老年人、青年人、儿童的思维方法不同，经历不同，存在着“代沟”。公共关系活动必须适合不同年龄人的特点开展信息传播，才能取得理想的效果。

除此之外，专家研究表明，社会上很大一部分人对社会问题和公共事务不感兴趣；公众乐于接受与他原有认识或态度相一致的信息，而回避或不接受与其认识相矛盾的信息；对于同一信息，人们记忆、理解的内容各不相同；公共关系活动企图通过传递信息，改变公众的思想或行为，但同时会受到公众原有的认识和态度的影响。因此，在公共关系计划实施中，一定要认真研究目标公众的生活方式、价值标准、利用大众传播媒介的习惯等诸多因素。

四、计划实施的原则

公共关系人员在计划实施过程中要遵循下列原则：

(1)目标导向原则。在计划实施过程中，要保证不偏离既定的公共关系目标。在计划实施过程中，由于环境的变化需要对计划作一些调整，但这些调整不能改变原来的目标，否则就要重新制定计划。

(2)控制进度原则。根据整个公共关系计划和目标的需要，按照一定的程序，掌握工作的进展速序。由于公共关系人员的分工不同，能力差异,环境影响,在公共关系计划实施时,会出现进度快慢不一致的情况,有时会造成工作的脱节。控制进度就是要使工作同步协调,防止超前或滞后情况的发生。

(3)整体协调原则。在计划实施中,要努力使公关工作的各个方面达到和谐互补、配合默契的状态,一旦出现矛盾,就要及时协调,这样才能提高效率,减少或杜绝人力、物力和财力的浪费,保证公共关系目标的圆满完成。

(4)反馈调整原则。由于公关计划实施的环境和目标公众是复杂多变的,在实施过程中,必须不断地把公共关系计划实施的结果与计划目标对照,发现偏差,及时对计划、行动和目标作出相应的调整。在计划实施阶段,这种反馈调整是始终不断地进行着,直至预期目标的实现。

第四节　公共关系评估

公共关系评估往往被当作工作的总结,这是对评估研究工作的一种表面的理解。一件工作在基本结束时,应该进行总结。回顾工作的进程,取得了哪些成效,有什么不足之处,以检验自己工作的绩效,并向决策层报告。组织的决策层也需要了解公共关系部门的工作情况。因此总结是必要的,但总结只是评估工作的一个方面。

一、公共关系评估的意义

评估研究应是发现开展公共关系活动后,环境发生了哪些变化,为什么会变化;哪些事情已经发生,为什么会发生。在整个公共关系活动过程中,有效的评估应该贯穿于整个过程的始终,并成为“四步工作法”重要内容之一,而不仅仅是事后的总结。譬如在公共关系活动的准备过程中,评估研究就要分析:目标确定的广度与深度;公共关系计划与预计目标是否一致,成功的机会有多大;预订的费用与实际的支出是否相符，活动能取得什么样的利益和效果。在公共关系活动实施过程中，评估研究要分析：沟通交往中发出的信息，是否到达目标公众和目标区域；社会关系的协调是否在按设计的程序进行。在效果评估阶段要分析：公共关系活动是否已达到预期效果；成本收益状况如何，是否充分利用了信息和可供利用的媒介；有否产生预料之外的影响；有效的评估是下一个公共关系活动的重要的背景材料与决策参考。

二、评估研究的基本程序

评估研究的基本程序是：

（1）设立统一的评估目标。进行有效的公关评估，同样需要在评估开始之前进行周密的筹划与安排。首先要确定评估目标，目标不统一就会在调查中收集许多无用的资料，从而影响评估的效率与效果。将有关问题如评估重点、提问要点、评估后形成的资料的使用形成书面计划，以保证评估工作的顺利进行。

（2）将评估研究列入公共关系计划。评估不是事后的总结，而是整个公共关系计划的重要组成部分。对评估的方法、程序应予以充分的考虑和周密的筹划。

（3）在公共关系人员中统一对评估研究的看法。由于公关活动是整个组织的形象塑造，往往没有实物性的结果，这使得公共关系人员对公关活动能否检测有时也表示怀疑。因此，必须统一对评估的认识。

（4）将评估目标具体化。在评估过程中，应从可测量的角度将目标具体化为许多分目标。如谁是目标公众，哪些预计效果将会发生以及何时发生等。将目标分解为许多具体目标，能使公共关系实施过程更加明确化与准确化，以利于评估研究工作的进行。

（5）选择相应的评估标准。公共关系计划的目标表示着组织的期望效果。如果一个企业的公共关系活动的目标是通过对一项体育运动的赞助，以推广自己的形象。那么评估的标准不只是传播媒介对这一赞助作了多少报道，在报上登了多大篇幅，在电视台播出了多少时间。因为这并不表明信息已经达到目标公众，更没有反映目标公众态度的变化。为此，必须调查目标公众对组织的认识、观点、态度和行为的变化情况。

(6) 确定搜集证据的最佳途径。了解公共关系活动影响的途径并不光是调查一种。搜集证据方法的选择取决于评估的目的、提问的方式，以及已确定的评估标准。

(7) 保持完整的计划实施记录。这些记录充分反映了公共关系人员的工作方式和工作效果。尤其重要的是反映了计划的可行性程度，哪些策略是有效的，哪些策略是无效的；哪些环节衔接比较紧密，哪些环节还有疏漏或欠缺。

(8) 评估结果的使用。公共关系活动的每一循环，都要比前一个循环表现出更大的影响力。在对前一个策略有效性充分了解的基础上，新策略的制定将会更加完善与成熟。这是由于在制定新的策略时，充分动用了对前一策略的评估结果，并作出相应调整。由于评估结果的运用，问题确定及形势分析将会更加准确，公关目标将会更加符合组织发展的要求。

(9) 将评估结果向组织管理者报告。这一方面可以保证组织管理者及时掌握情况，有利于进行全面的协调；另一方面也可以说明公共关系活动始终与组织目标保持一致，并在实现组织目标过程中起着重要作用。

(10) 丰富专业知识内容。评估研究的成果，将进一步丰富了公共关系专业知识的内容。通过对具体项目效果评估所得的资料，经过分析、研究、提炼，可以得到对指导这一活动有普遍意义的思想、方法与原则。

三、评估的标准与方法

1. 准备过程的评估标准与方法

(1) 背景材料是否充分与准确。在公共关系活动一开始，就应该检验资料占有是否充分,分析判断是否准确。要及时发现在环境分析中被遗漏的,对项目有影响的因素。如在确定公共关系活动目标公众时是否遗漏了关键公众?哪些关于公众方面的假设证明是错误的?新闻界所需要的材料哪些还未准备好?组织环境中的所有关键因素是否都已确定等。

(2)公关活动是否适应形势的要求。这一层次的分析主要是:公共关系活动中准备的信息资料是否符合问题本身、目标及新闻媒介的要求,沟通活动是否在时间、地点、方式上符合目标公众的要求,有没有产生对沟通信息和活动的对抗性行为,有没有另行组织其他活动来配合这次公共关系活动,人员够不够,资金是否充足,对这些信息资料的分析可以利用剪报、宣传品、录音和讲话稿。这种评估分析的结果,可以作为进一步审定或调整计划与策略,改进方案实施过程的重要参考资料。

(3)检验信息的传递形式是否有效。主要是检验信息资料、宣传品的设计是否合理、新颖,是否引人注目,能给人以深刻印象。具体来说就是文字语言的运用,图表的设计,图片及展览方式的选择等。这是对公共关系活动组织者专业技能的检验。

2. 实施过程的评估标准与方法

公关实施过程中的评估是评估研究工作的主要部分。它的作用在于发现哪些决策是正确的,哪些是错误的,哪些决策不利于公众产生对组织的信任,以及发现决策执行过程中出现的偏差等。

(1)检验信息资料发送的数量。要统计该组织在实施公共关系活动中所进行的电视、广播报道次数,信件及其他宣传资料发送的数量,展览等其他宣传性工作有否进行。这一评估过程是要了解所有信息资料的制作情况和其他宣传活动的进行情况。通过评估,就能发现计划实施过程中的弱点和不合理地方。

(2)检查信息被新闻媒介采用的数量。向外发送的信息,只有通过传播媒介,才能较广泛地到达公众并使他们受到影响。因此要检查报刊索引和广播、电视记录,以统计信息被新闻媒介采用的数量。虽然信息通过新闻媒介传播是最有效的渠道，但是，其他宣传活动如展览、演讲，也是将信息传递给目标公众的有效渠道，统计这些活动的次数，也能反映组织开展活动的努力程度。

(3) 检查接收到信息的目标公众的数量。信息被新闻媒介所采用的次数，与接收到信息的目标公众数量并不一致，总会有相当数量的目标公众没有看到或听到新闻媒介的有关报道。这里要注意的是，检查接收到信息的不是一般公众的数量，而是目标公众的数量，为此要对接收到信息的各类公众进行统计分类，从中找出目标公众的数量。报刊和杂志的发行数量可以作为评估组织信息传播效果的参考数据，但它只是反映了信息的理论接收人数，而不是实际接收人数。因为订阅报纸、杂志的公众并不一定都注意到了某组织发出的信息。有时订了一份报纸或杂志的一个办公室内，阅读者往往不止一人。

对于评估效果来说，收到信息的公众的绝对数量并不重要，重要的是这些公众的结构。组织关心的不是多少人在看报道或广告，而是谁在看报或广告。关心的不是读者、听众、观众的数量，而是他们的"质量"，即目标公众的数量。如生产高档消费品家具的企业，它们在新闻媒介发布信息时，关心的是高于中等家庭收入的18岁到49岁中的多少人收到了这一信息。因为太年轻或太年老，或不够富裕的，是不会去买或买不起高档家具的。江浙地区多个药品公司公关部，便常常通过市场调查，把报刊的读者、广播的听众和电视观众的年龄、职业、文化程度和家庭收入、消费习惯进行统计分类。

(4) 注意到该信息的公众数量。通过对阅读、收看、收听的范围调查，可以了解到公众对不同媒介与信息集中注意力的不同程度。即了解他们知道了什么，知道了多少内容。公共关系专家把人的阅读理解程度分为三个层次：第一层次是注意。被测验者只注意到有这样一则广告，或者说他们已经见到这样一则广告；第二层次是认知。被测验者对广告的内容略有了解；第三层次是熟知。被测验者能够回忆起广告内容的50%以上。对广播与电视节目接收者的调查，主要了解公众对广播、电视的利用程度。

3. 活动影响效果评估的标准与方法

公共关系活动影响效果测定，表现了公共关系活动对每一个目标公众的作用程度以及整体目标的实现程度。活动影响效果的评估就在于控制和协调公共关系活动某一环节成功或失败的说明。影响效果的评估是总结性评估。总结性评估不仅在本次公共关系活动实施过程中发挥着重要作用，而且还可以作为下一个计划实施过程的基本评估而发挥作用。

(1) 检测了解信息内容的公众数量。公共关系活动是为了增加目标公众对组织的认识与了解。公众所掌握的有关组织的情况，经常影响他们对组织所采取的行为和态度，从而影响他们与组织的关系。评估公众从公共关系活动中了解到了什么，或者他们所掌握的有关组织的情报是否得到了补充，就要对开展公共关系活动前后公众对组织的认识、了解进行比较。也就是说，在公共关系活动开展前后，对同一组公众进行重复测验。或者在一组公众中开展公共关系活动，而在另一组公众当中不开展这项活动，然后将两组测验结果加以比较。

(2) 了解改变观点的公众数量。了解到信息内容的公众，并不一定赞同信息的内容，更不一定改变自己的观点。因此，必须了解改变观点的公众数量。

(3) 了解改变态度的公众数量。态度所涉及的范围很广，内容丰富复杂，而且不容易在很短时间内发生变化。评价一个人的态度，要根据一段时间内他在所有有关问题上的立场和观点，而不能仅凭一时一事，判定一个人的态度发生变化与否。在通常情况下，观点的变化会引起态度的变化，但这并不是绝对的。观点变化，态度不一定变化；观点不变，态度也可能发生变化。

(4) 发生行为改变的公众数量。公众行为的改变受到多种因素的影响。观点和态度的改变能引起行为的改变，但也并不一定导致行为的改变。因此，必须统计发生行为改变的公众数量。评估公共关系活动对公众行为产生期望的影响，主要采用三种方法。

第一，自我报告法。由被调查者自己说明行为的变化。这种方法有时可能产生不真实的测量结果,尤其是向被调查者提出一些较为敏感的问题时,更是如此。

第二,直接观察法。主要是公共关系人员在各种会议和较大事件发生期间,对人们的行为进行观察。有时,可以就某些特定的主题,观察人们的日常行为的变化。直接观察法需要较长的调查时间,并要求公关人员具有较高的调研和分析能力。

第三,间接观察法。公关人员利用各有关部门的记录。如哪些展品最能引起人们的注意,有多少人借阅了与组织有关的书籍,等等。总之,公众行为的测定,需要综合运用多种调研技术,要灵活巧妙地取得各种评估有价值的材料,并要使测定人员受到评估工作的影响。

(5) 增加或保持期望行为的公众数量。评估一项公共关系活动在改变人们长期行为方面取得的效果,需要较长时间的观察。只有证明期望行为的不断出现或长期维持,才能表明公众的长期行为确实得到改变。

(6) 达到的目标与解决的问题。达到了公共关系计划预期的目标并解决了所要解决的问题,是公共关系活动效果的最高标准。虽然有时公共关系活动产生的结果,与计划预期的目标不完全一致,但同样是积极的结果。另外,由于公共关系效果是积累性的,某一次较小的公关活动不一定能检测到显著效果,这时,可按是否完成了原定公共关系计划方案来衡量。

(7) 对社会和文化发展产生的影响。公共关系人员应该通过自己的职业行为履行社会责任,对社会及文化的发展,作出自己的贡献。但这种影响要经过较长时间才能反映出来,并且它是复杂的多种因素综合作用的反映,不能完全归于某一类公共关系活动。

此外,对于公关活动的实施效果,我们还可以进行定性分析与定量分析。从定性分析的角度来考评公共关系效果的诸项标准有以下几个方面:

(1) 强度标准。比较公共关系活动起始状态和现实状态,观察公共关系活动达到目标的程度。如一家以提高知名度为目标的公司,在开展公关活动前,知名度很低,开展公关活动以后,通过调查证实,知名度提高了,达到原定目标。这样的公关活动是有效果的。

(2) 确定性标准。比较起始状态和现实状态,看哪一种活动能更可靠地达到目标。如某家公司以唤起成员的责任感为目标,以前主要靠经济手段来调动积极性,现在采取强化公司领导对员工的感情维系。经分析,感情维系逼公关目标的速度慢,但却是稳步向前的;经济刺激逼近目标的速度较快,但缺乏可靠性。因为员工经常会对自己获取的报酬作比较,既会对各时期的收入作纵向比较,也会将在本公司的收入与别的公司员工的收入作横向比较。经济刺激方法在逼近目标时,有时就会出现游离,甚至背离目标的情况,这样忽进忽退,可靠性系数就受到了影响。

(3) 持久性标准。比较起始状态和现实状态,看哪一种方法对目标实现所维持的影响更长远、更持久。仍以上述例子来分析,在正常情况下,经济刺激的时效性远小于感情维系的时效性,后者作为一种精神激励,有持续调动积极性的特点,因而具有持久性。

(4) 远近性标准。比较起始状态和现实状态在上述例子中,感情维系的效果往往在速度上落后于经济刺激,因此经济刺激可以作为近期目标,而感情维系则可作为远景目标。公司可以根据情况决定取舍,或将两者结合使用。

从定量分析的角度评估公关效果,也是开展公关活动经常使用的一种方法。在具体操作时,可以把公共关系活动的“投入”,即成本划分为直接成本、机会成本和正常利润三个部分。直接成本指直接以货币支付的成本,机会成本指以放弃某种选择所丧失的利益,正常利润指投入一定资金或物资后所承担的一定风险应得到的收入。列成公式为:

总成本＝直接成本＋机会成本＋正常利润

例如,一家商场用 80 000 元组织一次专题公关活动,这笔开支就不能用于购进新的货物,因而损失了可能获得的 40 000 元利润,搞这次专题公关活动,有可能没有效益,商场因而承担着风险,商场也就有理由为承担这种风险而取得一定的补偿，假定这笔补偿最低限度为 16 000 元。于是，该商场为开展专题公共关系活动而支付的总成本应为：

80 000 元＋40 000 元＋16 000 元＝136 000 元

公共关系活动的产出是公共关系活动实施后，所得到的补偿和报酬。我们可以将这种产出更具体地规定为公共关系状态改善程度，或公共关系状态达到预期目标的程度。如果经过实施公共关系活动，某商场知名度和美誉度大增，顾客量猛增，日销售额更有较大增长，我们就可以从量化角度分析出公关活动给商场带来的直接经济效益，从而对该活动作出肯定的评价。

思考与练习

1. 简述公共关系调查流程。

2. 企业形象可以细分为哪些类型？联系实际，做一次企业形象调查及做一个形象分析图。

3. 常见的公关调查可以采取什么方法？

4. 公关实施的特点是什么？公关实施中可能遇到哪些沟通障碍？

5. 如何进行公关活动实施效果的定性分析与定量分析？

第七章　公共关系广告

公共关系广告是运用大众传播媒介沟通信息，宣传和塑造组织形象的一个重要形式。广告既可以传递商品类信息，又可以传递非商品类信息。凡做广告，除了推销商品的目的之外，同时还带有为自己树立形象、提高声誉这样一个公共关系目的。

第一节　公共关系广告的特点与分类

“广告”一词来源于拉丁文，原意是“大喊大叫”。自从有了商品生产和市场交换以来就有了广告，广告作为一种信息传播手段，已经渗透影响到社会生活的每一角落，人们犹如置身于形形色色广告海洋的包围之中。一般来说，广告可以划分为商品推销广告和公共关系广告两大类。那种旨在使公众对政府、企业、公司、机构这类组织有整体了解和认识，从而建立它们的美誉度和知名度的广告，我们通常称之为“公共关系广告”。

一、公共关系广告的特点

现代广告宣传与公共关系有着鱼水一般无法分隔的紧密联系，这种联系体现在公共关系广告和利用广告开展公关工作之中。同时，两者之间的紧密联系也不能说明两者之间是可以替代的。公共关系广告较之商品推销广告，具有鲜明的特点：

第一，公共关系广告在宣传内容上具有广泛性。商品推销广告是宣传产品，使消费者了解企业的产品和服务，从而产生购买欲望。公共关系广告是宣传企业，树立企业形象，使各界公众了解和支持企业。大家都知道,产品和服务只是企业生产经营活动的一部分,并不直接显示企业的全部生产经营活动,诸如经营目的、管理方针、经营成果等。企业的生产经营除了提供产品和劳务之外,还包括企业对社会职责履行的情况,企业生产过程给社会和职工带来的其他影响,包括是否造成环境污染、破坏生态平衡、影响职工身体健康等。正是因为企业日常运行过程比其生产的产品与提供的服务要丰富得多、广泛得多,这就决定了公共关系广告的丰富性与广泛性。比如,对于一个汽车制造厂来说,商品广告的重点是宣传汽车的质量、性能、售价,而公共关系广告则是要宣传企业生产汽车的目的与宗旨、历史与声誉、企业的技术水平和实力等内容。可以说,企业与社会相关联的一切活动都纳入了公共关系广告的宣传之列。

第二,公共关系广告在公众选择上注重系统性。一般来说,商品广告注意的目标是当前某种产品或服务项目的市场销路。正是因为企业本身与它所生产的产品相比较,企业本身无疑会存在得更稳定、更长久。特别是商品经济日益发达的今天,产品更新换代的频率加快了,产品从投入市场到退出市场的寿命周期在不断缩短,每一个企业的商品推销广告也随着产品寿命周期的缩短而显示出其功能与效用的短暂性。但是,公共关系广告却是着眼于宣传企业,注重于"推销"企业,树立企业的形象和声誉,它的职能作用是伴随企业而不是产品而发挥出来的。因此,公共关系广告较之商品推销广告必然具有长期性。

第三,公共关系广告在效用上具有间接性和潜在性。一般商品广告的作用会使公众直接购买产品,然后通过产品来认识和了解企业,实现"公众→产品→企业"的效用模式;而公共关系广告则是通过间接的途径发挥效用的,它并不直接地劝导人们去购买商品,而是通过让广大公众认识企业,了解企业,进而购买该企业的产品或服务,实现"公众→企业→产品"的效用模式。如果一个企业或组织机构在各界公众的心目中留下了美好印象,人们就会比较乐于购买该企业的产品与服务,从而有益于企业的兴旺发展。

总之，与一般商品推销广告相比，公共关系广告在宣传内容、公众选择和效用上的独特性，使其越来越受到人们的关注和重视。许多公关专家曾经说过："如果一个广告只是单纯促进产品销售而不改善企业形象，那是极大浪费。"进入21世纪以来，越来越多地出现了将商品推销广告和公共关系广告结合起来的趋势，一方面介绍产品，建立商品信誉；另一方面宣传企业，树立企业形象。与之相适应，促使企业建立信誉的公关工作从创名牌产品推进到创名牌企业的必由之路。

二、公共关系广告类别

1. 对外公共关系广告

（1）顾客公共关系广告，那种旨在建立和维持与自己产品和服务的消费公众之间良好的公共关系的广告宣传，称之为顾客公共关系广告。这种公共关系广告是各类组织公关广告中最普遍最常见的一种形式。需要强调的是，企业组织与顾客之间良好公共关系的建立，必须以良好的产品声誉与服务声誉为基础，否则再好的广告宣传也是一纸空文，对塑造企业形象无济于事。

（2）商场公共关系广告。它是针对经销本企业产品和劳务的一切经销机构所做的广告宣传，因而又叫做商场公共关系广告。从目前情况来看，企业绝大部分产品都是通过这些经销商店、百货商场、超市分售给广大消费公众的。企业与这些经销商之间的协作关系直接影响到他们购货多少，同时这些经销商与消费公众的关系优劣也影响到产品销售与自身声誉的张扬。在做好商场公关广告宣传的同时，不仅要做好自己单位与经销机构之间的公共关系工作，而且要采取措施协助商场搞好与用户之间的公共关系。

（3）供应部门公共关系广告。作为一个企业，不仅要做好产品的销售工作，同时也要做好原材料等资源的采购工作，才能有效地保障自身生产活动与业务工作的正常运转。因此，搞好与供应厂商之间的公关广告宣传，有助于保证本单位能够不断得到规格齐备、数量充足的生产资料，向社会各界提供源源不断的产品与服务。

(4) 政府部门公共关系广告。每一个企业组织与财政、金融、工商管理、司法、税收等政府部门有着广泛的联系，要想在事业上有所发展，就必须获得这些部门的支持与帮助。因此，利用广告手段加强与政府部门之间的联络与沟通，也是公共关系广告的一种重要表现。

(5) 新闻界公共关系广告。新闻舆论机构是企业与社会公众进行广泛联系的有效途径，也是公共关系广告经常采用的传播媒介。新闻界对企业、组织机构经常性的报导，是"局外人"的一种客观评价，它有助于形成良好的社会环境，对于提高企业与产品的声誉具有无法替代的作用。因此，搞好与新闻界的公关广告宣传，会促使潜在公众转变为知晓公众和行动公众，使逆意公众转为顺意公众。

(6) 科教部门公共关系广告。人才培养与科技开发是现代企业发展腾飞的基础，教育部门是人才培育的摇篮，科技部门是产品开发、设备更新、工艺改良的后盾。同时，科教部门也是日常公关工作的公众对象，他们的文化素养较高，对各界影响渗透力强，对产品的宣传与声誉的创建具有强劲的推进作用。因此，做好与科教部门的公关广告宣传，也是不能忽视的。

2. 对内公共关系广告

(1) 行业公共关系广告。一般说来，同一行业、部门的公关广告，也是日常公共关系广告宣传的一个形式。但是，由于同行业、同部门的上下级之间、同级之间有着与外部公众更为紧密的协作联系，因而我们把它列入对内公共关系广告类型之中。同一行业、同一部门存在着诸如工会、协会、俱乐部，这些都是开展公关广告宣传的公众对象。在日常公关活动中，良好的行业关系可以促进同行业间、同部门间的正常竞争，减少不必要的误会和无谓的"内耗"，避免彼此之间的不良竞争带来的形象损害。

(2) 部门公共关系广告。部门公共关系广告是针对组织内各部门、科室所做的内部广告宣传。一个企业内部，存在着比行业之间更为紧密的关联，它们之间能否协调一致直接影响生产效率与经营成果,关系到企业形象的塑造。

(3) 职工公共关系广告。职工公共关系广告是针对组织内部所有员工而做的。本单位的发展规划、经营方针、人事政策、福利措施、公益服务等只有得到全体员工的理解,才能得到他们的支持与配合。内部公共关系的创建必须重视运用广告宣传方式,利用广告手段来辅助经营管理活动的有效开展。在实际工作中,职工公关广告经常采用的方式有企业刊物、录像、幻灯、宣传窗以及广播台、黑板报等多种方式。

三、公共关系广告的主题与目标

公共关系广告不同于一般的商品推销广告,其根本宗旨是为了宣传企业,建立企业信誉,塑造企业形象。公共关系广告宣传的主题内容有:

(1) 声誉主题。其目的在于树立本企业为社会为公众服务的形象,使各界公众清楚地了解企业的沿革、生产的产品、品牌商标、销售业绩、经营目的、管理方式、技术装备等信息。

(2) 公众服务主题。目的在于协助解决地方性或全国性的问题,从而提高企业的知名度。如参加"爱我中华,修我长城"的倡议活动,为抢救"国宝"大熊猫的公益募捐,参与帮助残疾人的社会福利与市政建设事业。

(3)贡献主题。旨在加深社会公众对组织自身情况的了解,突出企业对国家与社会发展的贡献,详尽说明企业生产增长有助于社会进步发展的种种事实、数据和案例。

(4) 职工关系主题。目的在于反映职工的物质福利、就业稳定性、经济收入、身心发展等问题,还讨论企业领导与普通员工的关系,职工与社会、家庭的关系,激发企业内部的凝聚力、向心力。

(5) 特殊事项主题。企业等组织机构可以利用公共关系广告来报道新厂落成、周年庆典、陈列展览、颁奖庆功、新产品问世等各种特殊事项,以引起广大公众和新闻机构的兴趣,利用各种交往和宣传渠道来创建自身的完美形象。

综观形式不同、主题各异的公共关系广告，它的具体功能无外乎“爱我＋买我”。然而，就某一次公共关系广告宣传来说，最重要的一环是对广告目标的准确定位。没有明确的广告目标，再巧妙的公关广告也是无的放矢。在此，我们来分析企业公关广告的目标定位：

第一，职工目标。建立和巩固企业内部良好的职工关系，是企业求生存争发展的基础。向职工提供良好的生产经营和生活条件以及良好的人际关系环境，是企业公共关系广告宣传的一项重要内容。为此，企业应根据各自情况选择一定时期的具体的广告目标。如有的企业可着重宣传企业的经营成就和社会声誉；有的可着重宣传企业的福利待遇和文化娱乐活动。此类公共关系广告可不必以大众传播媒介为主，经常采用企业刊物、宣传栏、录像、信函等方式。这些广告传播能从不同角度增进职工对企业的了解，增强职工的认同感、归属感、自豪感，从而成为企业活力的源泉。

第二，顾客目标。顾客是企业外部的首要公众。企业的顾客包括现实顾客，也包括潜在顾客。企业的顾客目标应当是在巩固现实顾客的基础上，不断将潜在顾客变为现实顾客。其实，这也是企业公共关系广告传播的目标。为此，企业必须根据不同目标市场的顾客需求，经常传递企业的经营宗旨、企业精神、企业实力、企业信誉等信息。顾客公共关系广告除主要采用“四大媒介”外，还可运用宣传小册子等印刷媒介和电影、录像等电讯媒介，以及室内装潢，户外广告、商品包装等传播方式。

第三，流通目标。向流通企业提供最优质的产品和最良好销售服务是企业公共关系广告宣传的主要目标，企业应针对不同经销对象的具体情况，如针对零售企业可以向其宣传产品的最新消息以及有关的市场动向，向其传授企业产品的销售知识和维修保养方法以及企业的服务措施。为了达成以上目标，除采用大众广告以外，经常采用的方式还有定期向经销部门赠送公司编印的印刷品，还可通过邮寄广告加强双方的联系，还可组织记者招待会、研讨会等广泛宣传企业的生产情况和服务措施。

第四，公益目标。生产出满足社会需要的产品，并能用最快最好的方法送到消费者手中是企业的任务。企业应该将其生产发展、技术革新、人事政策、福利制度、产品销售、服务措施等情况经常向社会公众进行宣传，以求得他们的支持与了解，进而赢得他们的好感和信任，这就是公共关系广告的公益目标。为了达成这一目标，企业经常采用大众广告方式，通过报纸、电视、广播、杂志等媒介向社会进行广泛宣传，并参与对社会有贡献的各种公益活动，通过公益广告方式广泛传播自身形象。

四、公共关系广告的宣传形式

近年来，五花八门的公共关系广告归纳起来有以下15种形式：

(1) 企业广告。它又称为实力广告，它利用广告的形式向公众展示自身的实力与规模。就一家企业而言，主要展示生产技术、人才、规模等情况。这种广告要求用实实在在的数字、图片等说服公众。

(2) 观念广告。向社会公众传播企业的经营目的、管理哲学、方针政策、企业精神等，争取公众理解，缩短与公众之间的距离。

(3) 信誉广告。广泛传播社会公众对本组织的好评、赞誉及在国内外获奖的情况。它以公众之口舌来作广告，以增加广告的客观性与可信度。

(4) 声势广告。借助开业、落成、周年纪念等庆典性大型活动制造声势，以唤起公众的注意和兴趣。这种广告侧重于组织知名度的提高。

(5) 情感广告。强调公众与组织之间双向情感交流，用真实的人物、事件来反映公众对组织的态度，公开表达公众对组织的信任与理解。

(6)祝贺广告。在节日之际用广告向公众祝贺节庆，或在兄弟单位开业、庆典之际表示祝贺。祝贺广告既可以广结善缘，改善自己的社会环境，又可以在无意中提高本身的知名度和社会声望。

(7)创意广告。也可以叫倡议广告,这是以组织的名义率先发起某种有重大社会意义和影响的社会活动或新观念、新思潮,动员大众关心与参与,从而树立本组织“领导新潮流”的形象。

(8)公益广告。也叫服务广告,旨在为公众提供免费的服务,从而显示组织对社会公益事业的热心与诚心。这种广告的内容不一定与组织机构直接相关,但与社会公共事务有直接的关系。

(9)响应广告。用广告形式响应社会生活中的某一重大主题,响应政府或社会团体发起的有意义的社会活动,从而向各界公众展示本组织的良好意愿和所做的努力。

(10)赞助广告。通过对某项公益性、慈善性事业的赞助,来宣传组织的社会责任感和道义感。这是一种新兴的公关广告形式。

(11)征询广告。通过征询公众意见和建议,提高组织在公众中的认知度和熟悉度。征询广告的内容一般有组织的名称、徽标、商标、专题稿件、广告语等。这种公关广告可以吸引公众的注意力,引起公众对组织的兴趣。

(12)谢意广告。用广告形式向顾客、合作者等公众致谢。这既是一种商业礼仪,又是显示组织注重与公众之间感情的表达手段。目前,这种形式的公关广告在我国已十分普遍。

(13)歉意广告。用来承认错误、消除误解,求得公众的谅解,也可以“以退为进”,用谦逊的方式表达组织已获得的进展。比如,对企业自己的产品在市场上供不应求而造成的脱销表示歉意,用歉意广告之名,行宣传产品之实。

(14)说明广告。也称解释广告,在组织受到舆论误解时,向公众澄清事实真相,解释组织的观点、政策和做法,争取公众的理解和同情,以扭转公众的态度,恢复组织的良好形象。这种广告也可以在组织的产品、服务、地址、人员发生变化时,向公众所做的告知性说明。

(15)新闻广告。也称为纪事广告,将组织的历史、发展状况、对社会的贡献或具体参与某一社会活动的来龙去脉与过程等方面的内容,结合公众的兴趣,编辑成新闻报道、消息综述、故事、通讯等形式,以较大的篇幅出现在大众传播媒介上。

常见的公关广告,可以选择下列时机与场合策划推出:

——可以在节假日之际向广大公众表示祝贺和善意。这种形式在国外很盛行,近年来我国各地也普遍采取这种做法。如趁新春佳节在电视荧屏上、报刊杂志上向广大群众拜年贺喜,恭贺“春节愉快,全家安康”,从而使公众感到亲切。

——可以对各界公众表示自己的诚挚谢意,并同时达到宣传企业的目的。如香港中银集团在新千年到来之际做的一个广告十分巧妙,这家公司的公共关系部利用1999年岁末的最后一天,在报刊上登载一则公共关系广告,宣传本年度公司的盈利甚丰,并向所有惠顾和支持该公司的客户致以深切谢意和祝贺,随后开列了所有曾与本公司有业务往来联系的客户名单。这则成功的公共关系广告,在广大公众中为这家公司树立了人才济济、实力雄厚的印象,因为这则公共关系广告开列的客户名单包括海内外多家大公司、大企业,这样一来必然会增加公众对该公司的信任感。

——采取比较特殊的致歉形式,以收到出奇制胜的效果。如广州中药厂曾经在1985年7月的《南方日报》上刊登了一则“道歉启事”,说明该厂生产的白蚀丸由于购者众多,一席出现市场脱销,工厂深表歉意,目前企业正在赶紧加班生产,不日即可满足广大顾客的需要。这种公共关系广告从反面树立了企业深受用户欢迎的形象,在表示歉意的同时巧妙地宣传了企业及其产品。

——及时向广大公众披露一段时间以来企业的生产经营状况,增强公众对企业的信心。过去,在我国传统的经济管理体制下,主要运用行政办法调节控制企业,因而生产企业比较重视把经营状况向上级主管部门汇报,而不太重视让广大公众了解企业的情况。随着市场经济的繁荣和发展,企业直接面对广大公众消费者和激烈的市场竞争,因此企业越来越注重面向广大顾客介绍本企业的生产经营状况,借用公共关系广告进行宣传,努力提高企业的知名度。

——可以向公众展示企业的实力。美国泛美航空公司公共关系部在“我们公司的骄傲”这一标题下，用了一个报纸的整版篇幅刊登广告，详尽地把在公司供职的所有高级工程师和研究员的姓名、专业以及重大科研成果刊载出来，使广大公众产生了这是一个人才济济、实力雄厚的公司形象。在商品经济社会里，一个能够生产名牌产品和提供优良服务的企业仅仅满足于“酒香不怕巷子深”是远远不够了。一个成功的企业必须懂得，良好的企业形象是企业的无形财富，“酒香也要勤吆喝”。

——经常宣传企业的经营目的、管理方针和公司理念。加拿大多伦多木材公司每年采伐的木材量很大，因而经常接到当地“绿色生态保护组织”的抗议和不满。公司公共关系部为了宣传自己既采伐、又种植的保护绿化与生态平衡的经营宗旨，特别精心制作了几组色彩艳丽、景色迷人的风景照。有的是该公司新栽培的大片绿油油的幼林，有的是堆放着的齐刷刷的木料，旁边都有可爱的小动物在嬉戏玩乐，并且冠以“我们热爱大自然”的醒目标题。这些广告张贴散发之后，有效地改善了企业在公众心目中的形象。

——经常与公众沟通信息，建立与公众之间融洽的合作关系。在市场经济社会，企业的生存衰亡取决于能否取得广大社会公众和顾客用户的理解、信任和大力支持。要做到这一点，企业必须时刻为广大公众着想，为广大消费者的利益服务。例如，在每年的梅雨季节，杭州电视机厂会在《农民日报》的显著位置刊出一则300平方厘米面积的公关广告：“敬请全国150万户西湖牌电视机用户注意：梅雨季节来临了，电视机与人一样也会出现湿阻病现象，潮气会锈蚀电视机内的金属元件，降低电器的绝缘标准，出现漏电打火现象，严重时会损坏电视机，为了防止这些情况，在些期间更应经常开机，利用电视机内的发热元件产生的热量驱赶潮气，同时还应把电视机置于通风干燥处，切勿用不透气的物品覆盖电视机。愿西湖电视机更有效，更长久地为您服务！”这则公共关系广告刊登以后，得到社会各界用户的普遍好评。

第二节 公共关系广告的策划

毫无疑问，一则成功的公关广告，离不开写、画、制作，这些都是必要的，但不是决定性的。实施公关广告宣传，成功的关键在于科学的策划。

一、制定策略

一个组织运用公共关系广告宣传技术的目的，总的来说就是要在公众中树立良好的形象，提高知名度和美誉度，创造一个融洽的环境和气氛。若我们进一步加以分析，实施公共关系广告宣传的策略还可以具体化为：

(1) 建设性策略。从无到有不断地在广大公众中树立企业的良好形象，使越来越多的公众对企业抱有好感，支持企业的经营活动。产品仅仅是企业经营活动中直接与公众见面的东西，在整个生产经营活动中，企业还要在经营思想、经营方法、经营目的、环境保护、劳动保护等许多方面间接影响着广大社会公众。因此，企业不但要用优质的产品与优良的服务树立自己的形象，还必须运用各种公共关系形式，与各类公众进行广泛的交流，才能有效地树立自身良好的形象，获得公众长久的配合与支持。

(2) 解释性策略。即消除在一些公众中由于某些原因所引起的误解，恢复企业的真实形象和良好的信誉。企业直接接触的公众毕竟有限，大量的公众只能通过间接的渠道得到有关企业的信息，因此就有可能在信息传播过程中出现失真或扭曲的现象，造成公众的误解与隔阂，从而损害企业美誉度。这就需要运用一系列公共关系手法达到解释、融通的目的。

(3) 纠正性策略。企业一旦发生经营性失误时，改正得越快越好，这是无疑的。这种场合就要求企业公共关系部门正确利用公共关系广告宣传，公布问题症结所在，及时提出解决问题的方法和措施，恰当地向公众表明企业纠正失误的决心和行动。

(4) 创新性策略。它是指企业通过运用公共关系广告对广大公众进行引导和教育，从而加深与强化企业在公众中的形象，创造出更多的消费需求。随着社会化大生产发展，市场上的商品和劳务日益丰富，广大公众对商品和劳务的选择性也越来越强，在这种情况下，一个企业要求生存发展，就既要能够适应顾客公众现在的消费需求，又要能够成功地影响引导广大公众的合理消费，不断开拓新的消费市场。例如广东省一家生产口腔洁具的工厂，根据科研成果试制成功了携带方便的饭后刷牙用具，并且运用各种形式的公共关系广告技术，向社会各界公众广泛宣传就餐后刷牙的好处，可以使口腔发病率降低 30%以上。在短短一年时间之内，这家工厂的销售业务上升了一倍，获得了显著的经济效益。这就是公共关系广告引导公众合理消费的成功案例。

二、选择媒体

宣传媒体是传播广告信息的技术工具，随着科学技术与商品经济的发展，可供选择的传递广告的媒介物也越来越多。公共关系广告所运用的媒介，有报纸、杂志、广播、电视、电影、幻灯片、户外张贴、广告牌、霓虹灯、样本、传单和包装纸等。其中主要媒体有四种，即报纸、杂志、广播、电视，它们并称“广告四大媒体”。不同的广告媒体具有自身不同的特点，各有自己的优缺点。在选择运用不同的广告媒体时，通常应考虑下列因素：

第一，企业与产品的性质。工商企业与服务行业，工业品与消费品，技术产品和一般性产品，应分别选用不同的广告媒体。如服装企业的广告，重要的是显示其“领导服装新潮流”的形象，产品的样式和颜色要符合各层次消费者的需求，因此最好在电视屏幕上和报刊杂志上使用彩色画面做广告，可以增强美感，吸引广大公众的注意与兴趣。高技术工厂生产的机械产品与电子产品，公共关系人员应当使用样本做宣传，以便详细说明其质量性能，同时介绍企业各方面的情况，借以树立企业信誉与商品信誉。

第二，消费者的媒体习性。企业选用广告媒体是为了有效地开发市场与占有市场，也是为了吸引广大公众的购买力。因此，企业公共关系部门除对广大消费者的年龄、职业、性别、购买习惯等因素进行分析外，也要注意分析广大公众接触广告媒体的习性，这是因为不同媒体可将广告信息传播到不同的市场与不同的公众消费者。比如说，生产儿童用品的企业，由于儿童阅读分析能力都比成年人差，因此就不能在报刊、杂志上大登特登文字广告，而应当采用动画、音响与色彩齐备的电视作为传播媒体，用以增强吸引力、理解力与记忆力。

第三，媒体的流通性。不同广告媒体的传播范围有大有小，能接近的公众人数有多有少。公共关系广告波及的地域范围关系到传播媒体的选择。畅销全国的产品及其企业的广告宣传，宜在全国性报刊或中央电视台、中央人民广播电台做广告；生产销售地区性产品及其企业广告，可以选用地方性报刊杂志、广播电台、电视台或广告牌、霓虹灯等信息传播工具作为广告媒体。

第四，媒体的影响力。广告媒体的影响力是指媒体传递信息的效率。报纸、杂志的发行数量，电视台的观众人数，广播电台的听众人数，媒体的播发时间及声誉；收音机、电视机的社会拥有量等，是广告媒体影响力的标志。对广告主而言，媒体的影响应当深入市场的每一个角落，应当尽可能地影响最大量的社会公众，需要一定频率和数量才能加深消费者印象。如果公众们见之甚少就不易收效。需要把握地区性季节性的公关广告，如果不能因时因地刊登发行就会失去良好的宣传机会而遭致损失。

第五，媒体的成本。公共关系广告活动应考虑企业的经济负担能力，力求在一定的广告预算内达到广告信息触及最大量的公众，达到最佳的宣传效率与发生尽可能良好的影响，从而创建商品信誉和企业信誉。不同的广告媒体，收费标准也会有所不同，一般来说覆盖率大的宣传媒体收费就高。比如《人民日报》的发行量、覆盖面要比

《北京日报》大得多，因而前者的广告收费标准要比后者为高。

根据以上因素，公共关系人员在选择广告媒体时，应当充分考虑各种信息传播媒体的优缺点，力求扬长避短。由于现代市场竞争越来越烈，因此，公共关系广告宣传必须选定多种传播媒体才能适应其需要。对广告媒体的选择，公关人员必须根据不同企业、不同商品、不同公众、不同市场、不同目标，结合各种广告传播媒体的不同特点而确定最优方案。

三、编制预算

制订广告预算的方法，目前采用的有数十种之多。在公共关系实务中，常见的做法有：销售额百分比法、利润百分比法、销售单位法、目标达成法、竞争对抗法、支出可能法和任意增减法。

(1) 销售额百分比法。这是以某一期限内的销售额的一定比率，计算出广告费总额的方法。由于执行标准不一，又可分为计划销售额百分比法、上年销售额百分比法和平均折中销售额百分比法，以及计划销售增加额百分比法四种。

(2) 利润百分比法。利润根据计算口径不同，可分为实现利润和纯利润两种。这种方法在计算上较简便。同时，使广告费和利润直接挂钩，适合于不同产品间的广告费分配，但对新上市产品不适用。

(3) 销售单位法。这是以每件产品的广告费分摊来计算的广告预算方法。按计划销售数为基数计算广告费用的办法直观易行，方法简便，特别适合于薄利多销商品。运用这一方法，可掌握各种商品的广告费开支及其变化规律，也可掌握广告效果。

(4) 目标达成法。这种方法是根据企业的市场战略和销售目标，具体确立广告目标，再根据广告目标要求所需采取的广告策略，制订出广告计划，再进行广告预算。这种方法比较科学，尤其对新上市产品，它可以灵活地适应市场营销的变化而灵活地决定广告预算。

(5) 竞争对抗法。这种方法，是根据广告产品的竞争对手的广告费开支，来确定本企业的广告预算。在这里，广告主明确地把广告当成了市场竞争的工具，其具体的计算方法又有两种：

市场占有率法：

$$广告预算=\frac{竞争对手广告费用}{竞争对手市场占有量}\times 本企业预期市场占有率$$

增减百分比法：

广告预算＝(1±竞争者广告费增减率)×上年度广告费

(6) 支出可能法。这是根据企业的财政状况，可能支出多少广告费来设定广告预算，它适用于财力一般的小型企业单位。但有些企业不惜借贷资金做广告，而取得巨大成功的案例。

(7) 任意增减法。依据上年或前期广告费作为基数，根据财力和市场需要，对其进行增减，以匡算广告费用。

在根据上述各种方法匡定广告预算之后，公关人员应针对广告计划各项细目的要求，将整体预算总额分摊到各个广告活动项目之中。通过预算方法，对企业整体公关广告活动进行协调与控制，这是公关宣传工作与企业管理的一个必要手段。

四、检测效果

广告效果的测定是整个公共关系广告宣传活动中不可缺少的部分。公共关系广告活动的全过程是一个复杂的信息反馈过程。成功的公共关系广告宣传工作不仅要有充分准备，制作出精彩的广告作品，而且要正确地分析测定广告宣传的效果，以便进一步改进、提高。

测定广告效果，具有以下三方面的作用：

第一，协助编制广告计划及其广告的设计制作。如何选择最恰当的广告口号、标题、文句和色彩、图案，如何选择适当的广告宣传媒体，将广告内容尽快详细地传达给广大公众与消费者，合理确定广告的宣传时机和重复频率、发行数量。

第二，有利于提高公共关系广告宣传活动的效益，避免有形与无形的损失。一个内容低劣的公关广告，不仅虚掷广告费用，而且导致公众的厌恶感，降低企业在公众心目中的信誉。

第三，只有经常衡量广告效果，才能加深对广告传播的认识，自觉地重视运用公共关系广告技术，为有效地发挥广告作用，进行广告管理提供科学的依据。

目前，国内外对广告效果的测定，一般分为销售效果、传播效果和经营效果三种测定方法：

第一种，销售效果的测量。企业进行各种公共关系广告宣传的目的是为了树立企业信誉，最终为了推销本企业的商品，力争增加产品销售。这就必然要把投入的广告支出与得到的销售增长收入加以比较，用来衡量广告宣传的效率。其计算公式是：

$$\text{广告效果比率 } E=\frac{\text{销售额增加比率}(\Delta S/S)}{\text{广告费用增加比率}(\Delta A/A)}$$

其中：ΔS 为广告宣传之后增加的销售量；S 为原来的销售量；ΔA 为增加的广告费用支出；A 为原来的广告费用。

采用这种方法测算广告效果，只能作为衡量广告效果的参数。这是因为企业信誉与商品销售的增长的快慢，是由多方面的因素所决定的，如商品的质量、价格、服务态度和服务方式等，广告的影响只是诸因素之一。而在众多因素中要把广告因素单独抽出来分析，又是难以办到的。并且公关广告作用的发生不一定是立即显示出来的，常常是滞后的。由于难以衡量出广告与销售之间的直接关联，所以广告效果的测定不如对广告的传播效果予以测定，因为广告的职能就是通过宣传介绍，增加公众了解，促进企业信誉和商品信誉的树立。

第二种，传播效果的测定。广告传播是以广告的阅读、收看、收听、记忆等因素为根据，而不同以销售情况好坏为标准来衡量评介广告效果。因为广大公众与消费者的购买行为的产生，要经过公众对企业与产品注意、引起兴趣、增进记忆、加深认识印象的过程。广告宣传正是根据这一公众顾客与消费者购买行为的产生过程，来进行宣传说服的。传播效果测定内容包括阅读率、视听率和记忆率。

阅读率是针对报纸、杂志而言，它是指通过报刊、杂志等印刷品来阅读广告的人数与报刊杂志发行量的比例。

$$阅读率=\frac{阅读人数}{发行数量}\times 100\%$$

视听率是针对电视机、收音机而言，它是指通过电视机、收音机来收看收听广告的人数与电视机、收音机社会拥有量之间的比例。

$$视听率=\frac{收听者、收看者人数}{收音机、电视机拥有量}\times 100\%$$

记忆率是针对广告的重点内容的记忆，如企业名称、商品名称、商标厂牌、产品性能、服务方式等而言，其中主要是美誉度和知名度的测定，其目的是为了掌握各类社会公众与顾客消费者对广告印象的深刻程度。记忆率的测定可以通过间接调查方式进行，也可以采取直接询问方法。

$$记忆率=\frac{记忆广告的人数}{阅读与视听广告的人数}\times 100\%$$

第三种，经营效果的测定。这是根据企业经营效果的变化与广告费用变化的相互关系，对公共关系广告效果进行定量分析。企业单位在广告宣传推出一段时间之后，常常会选择一批有代表性的客户或公众进行测评，其具体的计算公式有：

$$好感公众增长率=\frac{愿意公众增加数量}{公关广告费用}\times 100\%$$

$$市场占有率=\frac{某企业产品销售数量}{同一市场该产品拥有量}\times 100\%$$

$$公众认牌率=\frac{顾客认购某企业产品数量}{客户已知品牌数量}\times 100\%$$

第三节　公共关系广告的宣传要求

一、重视运用广告宣传规律

1. 消费者对广告的感知效果

广告宣传要重视直观性、形象性。因此需处理好人物造型、色彩比例、光度强弱、构图方法等，特别是广告的色彩美，对人的感知作用很大。有人曾经做过这样的实验，交同样一份商品目录印刷成黑色和彩色两种，彩色目录的吸引力是黑白目录的15倍。同时广告宣传也要注意整体性，这也是利用感知效果的重要内容。当大雪纷飞时，高帮棉胶鞋涉足于积雪之中，留下了清晰的脚印。这幅广告画使人一看便知棉胶的御寒防水功能，因为棉胶的画面是以雨雪背景作为衬托的，给人的感知效果就显得形象突出。

广告宣传画在处理主题与背景的关系时，必须注意：(1)根据差异律，主题与背景应当有主有次，突出主题，不致喧宾夺主；(2)根据活动律，在固定的背景上使视觉刺激物的形象处于运动状态，才能产生更好的视觉效果；(3)根据组合律，要使各种宣传对象布置合理，疏密有致，虚实相生，并伴有动人的艺术图案和可视特征。

2. 消费者对广告的记忆效果

首先，要根据记忆的必要条件呈现广告的具体内容，或者给听众创造重述的机会。记忆是信息的输入、储存和提取，一旦不进行复述，信息的保持就会困难。由此我们来分析目前广告宣传中存在的一个问题，一般是先介绍企业和产品情况，末了是某厂地址："某某市某某路某某号"，紧接着是"电话×××××，电报挂号××××"。这则广告从形式来看似乎很完备，但这里存在一个重要缺陷，即厂家的地址、电话、电报都只是匆匆播送一遍，不予重复，因而人们很难记住，只好等下一次广告节目时进行记忆，这种广告宣传就违背了人们的心理活动规律。

其次，每一个广告给听众、观众和读者要记忆的材料要以少为宜。因为短时记忆(一分钟之内)的容量非常有限，就一般人来说大约为5～9个单位。而大城市的电话号码是7位数或8位数，电报挂号是4位数，合起来是11位数，超过了常人的短时记忆容量，两者放在一起播出，再加上工厂地址、路名、门牌之类的内容，让人们一次性复述记忆是困难的。

最后，为了提高视听效果，必须增强语言的感染力，广告语言要做到准确生动、简明流畅、通俗易懂、琅琅上口、亲切感人，便于记忆。

3. 消费者对广告的注意效果

消费者注意是购买行为的先决条件。如果广告做得出色，广告设计也很成功，能够引起消费者的注意，那么广告就发生应有的效力了。广告宣传如何才能引起消费者的注意呢?

(1) 广告必须善于变化。因为人们的注意首先是由于周围环境的变化引起的，如果不经常变化，人们一旦熟悉之后就会对它失去兴趣，这时旧的广告就失去了存在的意义与魅力。就是做同一内容的广告，也应该使它的形式经常变化，例如电视广告的瑞士"雷达表"广告，由于宣传形式丰富多变，因而人们对它就保持了较长时间的吸引力。

(2) 广告的内容必须不断创新，广告要经常变化，但变化后必须具有新异性，如果没有新颖内容也不会引起人们的注意。例如不少电视广告中的词句，每次都是"实行三包，代办托运，电报电话"，这种几乎是一成不变的广告模式，也是不可能有效地引起人们对广告的注意。

(3) 广告宣传题材的选择也相当重要。因为广告内容的设计，首先要确定主要的广告对象。因此做洗衣机、缝纫机的广告，以家庭妇女为主要对象；做彩色电视机、电冰箱、录音机广告时，其对象不仅仅是家庭妇女，而是家庭中的全体成员了。

二、重视运用广告的第二功能

广告在公共关系活动中的第一功能是宣传，而广告的第二功能就是服务。让广告在宣传企业及其产品的同时为公众提供服务，最大限度地满足公众的不同需要，从而抵消因广告逆反效果所引起的公众反感和不满情绪。例如在电台做广告，在广告前或广告中加插一曲动听的音乐以吸引听众，让听众在广告演播中获得音乐欣赏的满足，与此同时也宣传了企业名声。又如在地铁站名牌上张贴广告，同时装配灯光，这个广告就具备了第二功能的服务作用，灯光照明，给群众提供方便;再如在旅游图上做广告,人们旅游每到一地总爱买上一本旅游图,即作旅游指南用,又作旅游纪念品。

上海银河宾馆公关部针对旅客心理,印制了一本精美的导游图,宣传了上海市区的饭店宾馆、酒店商场、名胜古迹、游览中心等,然后免费奉送给来客,博得广大游客的好感。杭州利民制药厂在市场营销活动中也十分重视广告的第二功能,他们在工厂制造生产的产品说明书上专门附有杭州西湖游览图,上面注明杭州的一些公共交通线、名胜景点分布和西湖一日游、二日游、三日游的日程安排表,为广大消费者和各地旅客提供服务,进而深化了广大公众对企业及其产品的印象,增加各界公众对利民药厂的好感与信任,从而有助于推销产品、拓展市场,有助于提高该企业在公众心目中的知名度与美誉度。

三、有效把握公关广告宣传的时间与空间

合理开发公共关系,必须充分重视广告宣传的效能。要取得最佳公关广告宣传效果,必须抓住最有利的时间与空间。在现阶段,当务之急是要在广告设计与广告创作过程中抓住最有利的广告宣传时机,把握最有效的广告宣传空间,以取得最佳公关广告效果。

1. 利用最有利的时机

公共关系广告宣传活动中的有利时机,是指能够最大限度地发挥公关广告效能的时间与机会。在公关广告宣传工作中,有利时机虽然多种多样,但却瞬息万变,稍纵即逝。公关人员要成功地抓住有利的时机,必须具备强烈的公共关系意识,有较强的观察分析能力和公关操作技能,还要善于吸引舆论,利用一些偶发事件来"制造新闻"。从一个组织、企业的日常经营管理与公关活动过程来看,应当利用下列有利时间:

(1) 企业组织开业之际。一个刚刚开张的企业机构,在公众心目中的印象是一张白纸,与社会各界没有建立起广泛的联系,无所谓知名度和美誉度。在这种情况下,只要注意从一开始就重视公关广告宣传,注意在各界公众心目中留下良好的"第一印象",必将为自身的形

象塑造和创建声誉铺平道路。

(2) 企业组织易名之际。当一家企业、机构另起新名称时，一方面会造成原有知名度和美誉度的下降，给自身形象带来不同程度的损害；另一方面，更改新名称又会给自己带来重振声威的机会，而公众心目中又形成一种期待心理，希望以新面目出现的企业组织作出有益于公众利益的新举动。在这种情况下，开展一些服务型、公益型和亲善型的广告宣传活动，都会引起广大公众的注意与共鸣，从而收到事半功倍之效果。

(3) 企业组织推出新招之际。当一家商场、厂家推出新的服务项目或新式产品时，广大公众既存观望、戒备的心理，同时也怀有好奇心和新鲜感。在这种情况下，通过公关广告宣传推广，着重介绍新的产品和新的服务项目，强化各界公众的新鲜感与好奇心，引起他们的关注和好感。这类公关广告的策划实施，不仅可以由此掀起一个公关活动高潮，提高自身的知名度，而且大大有助于扩大组织自身的影响力，增强公众的兴趣与好感，给外界留下本组织关心社会公众利益的良好形象。

(4) 企业组织出现危机之际。一旦某个企业、组织机构在日常工作中出现失误，或公众由于不了解事实真相产生误解、隔阂或流言蜚语时，企业声誉与公众形象会受到毁损，公共关系工作因而出现了“危机”。从辩证的角度来看，这个时候也可以成为开展公关广告宣传的有利时机。此时，明智之举是及时查清根源，找出症结所在，利用公关广告向广大公众诚恳说明事实真相，及时采取行之有效的补救措施，矫正公众心目中原有的形象记忆，力争使坏事变好事，化被动为主动，重新博取公众的理解、信任和支持。

2. 把握最有效的空间

公关广告宣传中的有效空间，是指最有利于公关广告宣传和最有利于公关广告效能发挥的外部环境，把握有效空间，将使各项公关广告宣传工具具有秩序性与条理性，从而有助于提高公关广告宣传工作的感染力和号召力，更有效地发挥公共关系广告在塑造组织形象中的作用。

(1) 把握有效的工作空间。公共关系尽管无时不在,无处不有。但是,每一项具体的公共关系广告宣传活动只能在特定地点、场所和空间范围内进行。对于公关人员来说,若能在最有利于公关预期目标的实现,最有利于发挥公众积极性的地点与场所实施公共关系广告的宣传推广方案,进行各项传播沟通活动,那就把握了最有效的公关广告宣传空间。

(2) 把握有效的视觉空间。视觉空间是指人们借助视觉器官或视觉工具所能达到的空间上的距离。在具体工作中,公共关系广告宣传活动不仅应当尽可能在公众看得见、摸得着的视觉空间和范围内进行,而且应当尽量选择在十分醒目、引人注意的环境和地点开展,借以把最详尽的信息传播到最大量的公众中去。

(3) 把握有效的听觉空间。所谓听觉空间是指一般公众借助听觉器官或听觉工具所能达到的空间上的距离。在各类企业或组织机构的日常工作中,公共关系广告宣传不仅应在听得清、噪音少的场所进行,而且应当选择气氛宁静和谐、环境舒适宜人的听觉空间中实施。只有做到这一点,才能使公关广告活动收到理想的效果。

四、公关广告宣传应当遵循的原则

公共关系广告是社会化大生产和商品经济发展的必然产物。在我国经济生活和社会活动中,广告宣传必须服从社会主义的生产目的,坚持广告宣传的思想性、真实性、计划性和艺术性的统一协调,以适应我国现代化建设和不断满足人民物质文化生活的需要,为建设高度的社会主义物质文明和精神文明服务。

1. 思想性

广告宣传不仅是一种经济现象,而且是一种思想意识形态的表现。一般公共关系广告借助于文学、美术、音乐、戏剧、电影等艺术形式,以电视、广播和报纸杂志及其各类印刷品为传播媒介,对文化教育和社会风气有着巨大的影响作用。因此任何形式的广告主题、寓意、语言、图像不能不影响到审美观念、社会风尚与生活方式。广告宣传首先必须具有思想健康、道德高尚、高度文明的精神，严格禁止和取缔一切违法乱纪、腐朽色情、道德低下、有害健康以及有损于国家尊严的广告宣传。思想性是广告宣传的灵魂。

2. 真实性

广告的生命在于真实，这是一个带普遍意义的原则。在任何时候，无论是什么场合，也无论是何种媒体作为广告传递手段，一个虚假的广告最终不能得到广大公众的信任。而失去了信誉与真实的广告也就必然失去存在的价值。广告宣传的内容应对公众、用户和消费者高度负责，真实地反映企业的面貌和特点，如实地介绍产品的质量、性能和使用方法，以维护企业的声誉与用户的信任。必须严格制止虚伪夸张、歪曲事实、欺骗引诱、投机取巧并且使人产生误会的广告宣传。

3. 计划性

在我国，广告宣传是在一定的计划调控指导下，以国家、集体和个人三者之间的统一利益为前提，接受国家机构和管理部门的协调监督，不能毫无约束地自由泛滥，损害社会公众和顾客用户的利益。在现阶段，由于缺乏正确的广告宣传策略，对众多的传播媒体缺乏全面了解与合理选择，对市场的调查研究还欠深入细致，以及由于竞争引起客户之间展开两败俱伤的"广告战"，都会影响破坏广告的计划性。所以，管理部门必须运用各种政策手段，法律手段与经济杠杆来自觉地调整现阶段广告宣传中的矛盾，加强对各类广告宣传活动的管理和调节。

4. 艺术性

广告本身就是艺术，所以说一则美好的广告也是一件珍贵的艺术品。广告的艺术性应该具有时代特征和健康向上的思想内涵，真正起到给广大人民群众美的艺术享受和奋发激励的鼓舞力量。广告设计制作的艺术技巧，具体要求一是整个广告的结构布局给人以醒目明了和美观的感觉；二是广告画面要集中、明晰，具有吸引力；三是广告构图和文字的编排要比例适当，给人以平衡感。总之，广告宣传的设计构思、文字图案外观造形和布局等方面，必须做到中心明确，美观大方，文字简练，色彩调和，生动活泼，令人醒目。这样不仅能取得较好的广告宣传效果，而且给人以美的艺术享受。

5. 自律性

广告管理系指由国家颁布法规、法令、条例或规定、办法，由政府指定的行政管理部门对广告行业、广告内容进行监督、检查与调控、管理。公关广告管理有两方面的含义：一是指国家有关部门对广告宣传活动的行政管理，二是广告行业的自我管理。随着广告业与公关活动的发展，广告管理也相应地逐渐加强和完善。国家的管理带有强制性、约束性和指导性，它从一个侧面体现一定时期的社会制度、经济发展状况、意识形态、文化传统等因素。与广告业的自我管理不同，国家对广告业的管理从性质与方式来看，具有相对集中性和稳定性。广告业的自我管理，是广告行业和各个公关经营单位依据国家的广告法令和政策规定，按照广告宣传活动的经营特点，利用经济手段与道德准则，对自身的广告活动进行管理和协调，它是由广告市场机制与公关广告宣传的特征所决定的。因而具有较大的灵活性、分散性。道德总与法律一起调整公众关系的，有诸多法律涉及不到的问题便需要道德手段来制约。各类广告经营机构和广告宣传人员所自觉遵守的制度、公约和各种行为准则，便是广告活动中的道德自律。这种自我约束的广告公约，尽管它不具有法律性质，但起着广告宣传活动的职业道德的作用。公关广告管理的道德自律方法，已被世界各国的广告界、公关界广泛采用。

思考与练习

1. 与一般的产品推销广告相比，公共关系广告有什么特点？
2. 公共关系广告可以划分为哪几类？
3. 实施公关广告的具体策略有哪些？怎样选择不同的广告媒介？
4. 怎样编制广告预算？公关广告何时推出最为有利？
5. 公关人员进行广告宣传时应当遵循什么原则？

第八章　公共关系语言艺术

公关语言艺术是在公关传播活动中,有效地使用语言符号来塑造组织或个人良好形象的重要手段。公关语言艺术的涵盖面相当广泛,它不仅涉及公关语言的总体格局和基本特征,而且也涉及不同公关领域、不同交际方式中的语言特点和技巧。本章重点讨论公关语言表达的一般要求、公关语言交流的常用技巧、谈判的语言艺术以及跨文化沟通中的语言交流。

第一节　公关语言交流的一般要求

一、适合语境

人们的公关语言交流总是在特定的环境中进行的,并受环境的制约。公关语言表达所处的具体环境,称为语境。语境有时代、社会、地域等宏观语境,也有交流双方当时的地位、处境等微观语境。语境既对公关语言交流起着干预和制约的作用,又起着某种补充的作用。

在公关语言交流中,双方在语言的使用上必须符合自己的地位,了解彼此的社会背景、文化传统以及个人经历、性格等因素,否则就难以实现成功的交际。

为了富有成效地进行公关语言交流,充分地利用语境是极为必要的。我们认为,要使公关语言表达适合语境的要求,至少应当考虑如下几个因素:

1. 注意自身的地位和交际对象的特点

公关语言运用必须重视自身和交际对象的特点,根据自身和对象的特点选择恰当的语言表达形式。任何人在社会中都处于一定的地位，这种地位随着交往对象的变化而变化。在现实生活中，每个人都处在多维的、多层次的关系中，一个厂长、经理，在其所在的单位里，处于领导地位，但在上级主管领导面前，则是被领导者。站在棉布店柜台后面的营业员是卖主，而当她站在家用电器商店柜台前面选购家用电器时就成了买主。在公关语言交流时，必须根据自己的地位和交际对象的特点，选择合适的语言，注意区分必须说的话，允许说的话和禁止说的话。如营业员招呼老年顾客时应说："先生，您要买点什么？"而不能说："老头儿，你想要什么？"在语言交流中，如果不使用必须说的话，而使用禁止说的话，则会引起对抗或冲突。

在语言交流中，注意把握自己所面对的公众的不同特点，有的放矢地进行信息传递，是实现成功交际的重要一环。某涉外商店的一位营业员，有一次接待一位英国顾客，她看到英国顾客长时间地注视着柜中的工艺品——景泰蓝花瓶，便拿出其中的一对，并用英语说："先生，这件不错，又比较便宜。"谁知话音刚落，英国顾客朝她看了看，放下花瓶，转身而去。这使营业员莫名其妙。后经翻译人员指出，才知道是"便宜"两字"赶走"了英国顾客。在英国人的心目中，买便宜货有失身份。由于营业员对不同公众的特点缺乏了解，以致好心办了错事。

2. 注意交际的时空环境

时空环境，包括时间和空间（场合）两个方面。语境中的时间因素对公关语言交流的制约性主要表现在两个方面：一是特定的时代、特定的历史阶段要求人们说话的气氛、格调必须与之相一致，同样，语言材料和表达手段的选择也必须注意时代特点；二是语言交流的具体时间条件制约着语言表达手段的具体选择和话语总体规模的确定。这里，适合语境的总要求就表现为"因时制宜"、"随时而定"、"随机应变"。

第二次世界大战时，荷兰首相和英国首相丘吉尔的"一句话会见"可以说是语言运用与时间因素相适应的生动实例。当时，荷兰本土被德军占领，荷兰流亡政府在伦敦设立总部，荷兰首相第一次会见英国首相丘吉尔。会见时，他向丘吉尔伸出手友好地说了声“Good bye”（再见）。作为回答，丘吉尔说：“先生，我真希望所有政治性会见都如此简短而且切中要害。”这么重要的会见，话语如此之简，用词如此之少，这完全是当时的时代特点所决定的。由于他们根据时间条件把极为丰富、极为深刻的内容浓缩在简洁到无法再简洁的语言形式之中，因而成了世界语言运用史上的著名范例。

语境自始至终地贯穿在公关语言交流的过程中，语言交流只能去适应语境。这不仅包括看对象说话、随时应变，而且还包括“到什么山上唱什么歌，看什么场合说什么话”。公关语言运用必须与所处的场合特点相适应，具体地说就是要求人们善于根据特定的处所、场合，选择最恰当的语言表达形式，以期取得最佳的沟通效果。

20世纪60年代，我国外交部长陈毅访问亚洲某国，在当地的公众集会上，一位宗教界的长老，代表万名僧众向陈毅外长赠献佛像。这事立刻使万众瞩目。只见陈毅虔诚而十分高兴地双手捧过佛像，并大声说：“靠老佛爷保佑，从此我再也不怕帝国主义了。”话音刚落，全场大笑，气氛十分活跃。共产党人是唯物主义者，不信佛，但这是一个外交场合，又身处佛教国度，这种交际场合的特殊性决定陈毅外长采用了上述语言表达形式，把对该国人民宗教信仰的尊重和共产党人不忘信仰宗旨这两层意思融于一体，并以诙谐、幽默的形式表达出来，收到了良好的表达效果。

3. 重视对特定的社会文化背景的把握

公关语言交流总是在特定的社会文化背景下进行的，联系特定的社会文化背景来选择语言材料和表达手段也是“适合语境”的基本要求之一。有的学者提出“涉外交际五不问”，即在对外交流的过程中，不轻易去问对方的年龄、婚否、经历、收入和住址，这主要也是基于对方社会文化背景不同的考虑。

重视对社会文化背景的思考，可以避免、克服与特定背景不协调、不适应的情景，从而形成有效的语言沟通。在我国南方某城市的一家宾馆里，一次有位年轻的女服务员接待一位年逾七旬的老华侨回国观光。女服务员热情、体贴、周到，使老华侨很高兴，也很感激。俩人友好地交谈起来。交谈中，女服务员说了这样一句话："老先生，欢迎您下次和您的爱人一道来。"老华侨听她这么一说，很不愉快，像是受到了莫大的污辱似的。原来，这位老华侨是40年前离开祖国的，那时，"爱人"这个词是"情人"的意思，而现在"爱人"这个词通常是指夫妻的任何一方。

二、互补合作

在公关语言交流中，信息和感情的沟通是双向的。沟通过程是通过使用不同的语言不断地进行"输出—反馈"和自我调节而实现的。因此，语言交流具有整体性和相互依存性。交流双方互相依存、互相补充。舍弃一方，便无法进行正常的交流。

公关语言交流有两种基本的类型，一是满足性交流，其着眼点不在于交流之外的什么功利性目的，而在于交流行为本身，以及经由这种交流而达到的一种自我满足。挚友久别重逢，老同学促膝谈心，即使且喜且悲，也会产生种种满足和愉快。二是手段性交流，其着眼点是寻找功利性的目的。例如，为了某种目的走到一起来进行协商、洽谈的会谈性交流；为了说服对方接受某种"预定结果"的控制性交流。然而，不管是哪种类型的语言交流，双方都必须树立明确的"互补"意识，"反馈"意识，不断地进行自我调节与控制，既注意语言的"表之于外"，又重视话语的"达及他人"，从而构成理想的沟通和交流。

理想的沟通以交流双方各自成功的表达为前提，在谈话中，说话人围绕某一话题，形成自己想要表达的思想感情，"如骨鲠在喉，必吐之而后快"，表达时意随旨出，淋漓尽致地说出了想要说出的意思。成功的表达通常必须满足如下四个条件：

（1）充分体现说话人的意图。除直接意图外，还能体现间接或深层的意图。

（2）充分考虑到语境的各个因素。

(3) 准确地表达了想要表达的思想感情,包括言内之意、言下之意和言外之意。

(4) 预期语效同实际语效相一致。

成功的表达总是正确地实施某种言语行为,恰当地应用各种谈话的形式和规则,彼此间满意地实现信息交流。

然而表达并非都是成功的。有的表达违背初衷,没有贯彻意图,有的“辞不达意”,“言不尽意”,有的因与语境不相协调,或者期望值过高,语效未如人愿。所有这些,都不利于公关语言交流“互补合作”要求的具体实现。

在公关语言沟通中,为了实现“互补合作”的要求,除了注意成功的表达这一因素外,还需要特别遵循会话的“合作原则”。

人们在语言交流中总有一个共同接受的主题或目的,为此,交流的双方都应当围绕沟通的主题或目的而作出自己积极的努力和合作。会话的“合作原则”分为量的准则、质的准则、关系准则和方式准则。

(1) 量的准则:提供适量的信息。所说的话应包含交谈主题所需要的信息,所说的话不应包含超出需要的信息。

(2) 质的准则:努力使你说的话是真实的。不要说自知是虚假的话,不要说缺乏足够证据的话。

(3) 关系准则:说话内容切题。

(4) 方式准则:表达清楚明白。简练(避免啰嗦),井井有条。避免晦涩,避免歧义。

除以上四条准则以外,还有礼貌准则、有趣准则等。

合作原则是公关语言交流的重要原则。然而在语言交流的实际中,双方是否遵循合作原则,哪条准则更值得遵守,不能不受到交际双方的社会文化背景的制约和影响。最典型的要算是东西方的语言差异了。一位英籍女教师对她的中国女学生说:“你这件皮大衣真漂亮!”学生答道:“穿了三年了,不漂亮。”这时教师非常尴尬,觉得自己的审美观受到了嘲弄;而学生却不知道她无意中伤害了教师的感情。因为操汉语的人在受到赞扬时，往往采用“否认”或“自贬”的方式以表示应有的谦虚，这是人们侧重于礼貌原则的考虑，而作为西方人则更侧重的是质的准则，如果你的皮大衣确实漂亮，那么对于别人的赞扬，尽可大大方方地接受。又如，一位美国教授邀请一位中国的访问学者去他家赴便宴，这位学者在电话里不停地说“Thank you”（谢谢你），“All right，I'll try to come.”（好的，我尽量来）。最后使教授非常生气，要求他干脆回答“Yes”或“No”（“来”还是“不来”）。在汉文化氛围中，接受别人邀请时能像这位学者所回答的就算是遵守合作原则，对方也完全明白这一点；而在西方，这样的回答却被认为是不合作的，因为如果接到邀请，最重要的是明确表示自己接受或者不接受。

三、善用副语言和体态语

美国一位心理学家曾经通过许多实验，总结出这样一个公式：

信息的总效果＝7％的有声语言＋38％的语音＋55％的面部表情

这个公式中列出的百分比是否精确暂可不管，但它大致地告诉我们，公关语言交流的总体效果涉及语音和表情等重要因素，副语言和体态语是公关语言沟通和传播中不可或缺的基本手段，值得我们有效地去利用。

副语言，又称“类语言”，它是一种特殊的语音现象。这种语音现象有两种类型：一是伴随有声语言出现的语音特征，如音速、语顿；另一种是表意的功能性发声，如笑声、叹息声。在公关语言交流中，副语言的常用形式有语调、语顿、语速、重音以及笑声等。

南京金陵饭店在接待一个美国代表团时，得知团内××先生的生日就在进饭店的当天，于是替他订做了蛋糕，准备了《生日快乐》的演奏曲。当客人六点半进晚餐时，宴会厅灯光突然转暗，一名身穿红色旗袍的小姐手捧蛋糕送上桌。饭店总经理上前祝贺。他说：“热烈欢迎女士们、先生们光临我店。我非常高兴地知道，今天是××先生的生日，为了表达我们对××先生的祝贺，送上一盒蛋糕，祝他生日快乐，身体健康、全家幸福，万——事——如——意！”上述祝辞既采用重音重说的方法，如“非常”等；又采用重音高说的方法，如“生日快乐，身体健康，全家幸福”；还采用了重音慢说的方法，如“万——事——如——意”。几种重音表达方法交错变化，轻重有别，配合着有声语言，充分表达了饭店主人对客人热情而真挚的祝愿，收到了强烈的表达效果，赢得了客人们长时间的热烈的掌声。

体态语，又叫“人体语言”、“动作语言”、“态势语”或“行为语”，它是用表情、动作或体姿来交流思想感情的辅助工具，是一种伴随语言。

在公关语言交流中，体态语至关重要，它对于表达思想感情、塑造良好形象具有不可忽视的作用。英国首相撒切尔夫人能够三次连任首相，除了内在的能力等因素外，还与她那端庄干练的举止，温文尔雅的风度分不开。周恩来总理的仪表风度，更为中外政治家所景仰。尼克松先生在他的回忆录中曾这样描写过周总理的交谈姿势：“他经常靠在椅背上，用富有表现力的手势来增强谈话效果，当要扩大谈话范围，或是从中得出一般性结论时，他经常用手在面前一挥；在搁浅的争论有了结论时，他又会把两手放在一起，十指相对。在正式会议中，他对一些俏皮话暗自发笑；在闲聊时，他又变得轻松自如，有时对善意的玩笑还发出朗朗的笑声。”可见，周总理那富有表现力的各种得体的手势、笑语，给尼克松先生留下了十分深刻的印象。

从体态语的部位和表现力着眼可以把体态语分为三大类，列表如下：

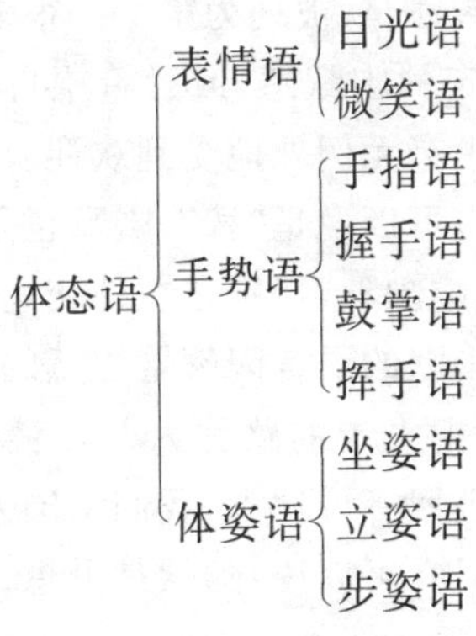

表情语是通过面部表情来交流情感，传递信息的语言。表情语是体态语中的重要成员，在70万种人体语言中，表情语就有25万种，占人体语言的35.7%，其中表现力较强而又与公关传播关系较密切的是目光语和微笑语。

手势语是人体上肢所传递的交际信息。它包括手指、手掌、手臂及双手发出的能够承载交际信息的各种动作，其中尤为手指语、握手语、鼓掌语及挥手语的交际功能最强。

体姿语是人的各种身姿所传递的信息。如坐姿、立姿、步姿。

体态语既有配合有声语言传递信息的辅助功能，又有代替有声语言传情达意的替代功能，因此，在公关语言的运用中，善用体态语就成了实现有效交际的重要一环。

第二节 公关语言交流的常用技巧

一、幽默法

幽默是以愉悦的方式让别人获得精神上快感的一种语言形式，是最富喜剧性和审美价值的一种艺术性的交际语言。

在公关语言交流中，人们愈来愈重视幽默语言的作用。在当代青年心中，良好性格特征中的诙谐、幽默被列为第一。很多心理调查表明，人们都喜欢说自己具有一定的幽默感，或者希望自己有幽默感。在社交场合，有幽默感的人几乎毫无例外地受到欢迎。

幽默语言的一个重要特点，可以说是“智”。幽默正是多智和急智的表现。周恩来总理的语言风趣幽默，特别是在外交场合，在紧急的情景之下，更显出周总理风趣幽默的语言闪耀着智慧的光芒。有外国记者问：“周总理，你们中国人把人走的路称为‘马路’，是否把人与马，人与动物相提并论？”周总理回答说：“不，我们中国人走的是马克思列宁主义之路，简称为‘马路’。”可以说，幽默是思想、学识、智慧和灵感在语言运用上的结晶，是衡量一个人知识水平和修养程度高低的标志之一。

从语言效应上看，幽默语言突出一个“乐”字。幽默语言能引人发笑，笑得意味深长，笑过之后，还值得回味。幽默与油滑，虽然都讲究可笑性，但前者是高雅的笑，后者是低级庸俗的笑。

幽默在公关语言交流中的作用主要表现在如下三个方面：一是在喜庆或者欢乐的场合，制造愉悦的气氛；二是当言语交际中由于某种原因陷入僵持和紧张的情景时，恰当地运用幽默语言，可以有效地缓和紧张气氛；三是它还有助于融洽人们的思想感情，缩短交际双方的心理距离。

用什么样的方法来进行语言编码，才能够使得语言富有幽默感，从而产生一种愉悦的效应，这就是所谓幽默语言的技法问题。幽默的技法很多，常用的有如下几种：

(1) 利用荒谬对比造成幽默。将两种不同的事物放在一起进行对比，突出两者之间的差异，从而构成幽默的意境。

(2) 利用衬跌造成幽默。通过语言的铺垫，使人产生一种心理期待，而结果却是这种心理期待突然扑空。

(3) 利用双关造成幽默。在语言交流中，利用语音或语义的条件，构成语表与语里互不相同的两重意义，从而产生幽默效果。

(4) 利用谐音造成幽默。通过借用语音相同或相近的语词，而使语言诙谐有趣。如，利用“气管炎”与“妻管严”的谐音。

(5) 利用巧移造成幽默。通过巧妙地把一个概念或判断转移成另一个概念或判断，从而造成幽默意境。例如，50 年代有人问周总理：“中国人民银行里有多少人民币?”答：“18 元 8 角 8 分。”(问的是具体数字，答的是各种型号)

(6) 运用借字的方法造成幽默。亦即将某一系统中的特定术语借用过来应用，从而使语言具有幽默感。

(7) 利用倒构造成幽默。这是通过改变关键词的语法结构或者词语顺序的方法而使整个语句诙谐有趣。

(8) 利用语违造成幽默。“语违”,表面看来是一种语句的自我相违,也就是自相矛盾,而实际上并不存在什么逻辑矛盾,这是一种貌似矛盾、实非矛盾的幽默技法。

(9) 利用别解造成幽默。“别解”,指的是那种别出心裁的解释,确能自圆其说,但并非一定真实。

(10) 利用悬念造成幽默。通过某些情节的叙述、描写和交待,使听者对描述的对象产生好奇心,以至打破原有的平衡状态,进而构成一种幽默意境。

在公关语言交流中,幽默技法远不止上述十种,并且各种技法的运用也有很大的灵活性,既可单独使用,也可综合运用。

二、委婉法

有人称“委婉”是公关语言中的软化艺术。也有人说“委婉语是语言中的消毒剂”,或者说“委婉语是社会生活中的润滑剂”。可见,从人际交往角度看,委婉语是一种值得注意的交际语言。

委婉语,在希腊语中是“谈吐优雅”的意思。它是通过一定的措辞,把原来令人不悦、不便或比较粗俗因而语境不允许直接说出的事情,说得听上去比较文雅、得体、含蓄。其方法是使用一个不直接提及不愉快事情的词,来代替原来那个包含令人不悦的内涵的词,或故意说些与本意相关或相似的事物,来烘托本来要直说的意思。

委婉语的一个特点是“悦”,悦耳动听。例如,曲啸 1983 年曾应邀去某市向犯人讲演,一开始就遇到一个如何称呼的问题。他想:“叫同志吧,不行,对方不够资格;叫罪犯吧,也不行,因为犯罪的人讨厌罪犯这个词。”经过反复思考,最后选择了“触犯了国家法律的年轻的朋友们”这个称呼语,结果一脱口,立即引起了全体罪犯的热烈掌声,有的当时就掉下了眼泪。在这里,称呼语“触犯了国家法律的年轻的朋友们”就是一个委婉语词,它比“罪犯”这个语词就好听多了。这样处理也就缩短了交际双方的心理距离,从而为正面的宣传教育取得更好的效果开了一个好头。

"软",也是委婉语的一个特点。比如说,我们要拒绝对方的请求或者拒绝回答对方的提问,如果采用直截了当的方式加以断然拒绝,往往会伤害对方的感情,这时,如果采用委婉语来表达就比较合适。因为委婉语比较软,虽说是使对方碰了一个钉子,但那是软钉子,碰了也相对好受些。

某报曾介绍一位优秀女营业员,她在卖菜时,对公德观念不强的顾客说:"同志,请您当心一点,别把菜叶碰下来。"营业员用这种柔声语气,委婉地告知顾客"剥菜叶是不好的"。她以这样的方法道出自己的看法,避免了矛盾的激化。

语义的含蓄和微妙,也是委婉语言的一大特点。特别是在政治生活和国际社会的交往中,所应用的委婉语词和委婉表达法,这个特点更为明显。比如,在一定的政治环境中,对于对方的某一行动不宜或者不便直截了当地表示赞同,可是又有必要表达自己的倾向性意见,这时人们会说某一行动是可取的。"可取"就是委婉语词,它带有赞成的倾向,但没有直接表示赞同,也许虽赞成却还有少许保留。对某一行动或者做法表示"可以理解",这也是一种委婉语词,它既没有对这一行动或做法表示赞同,也没有对它表示反对,只是表明"可以理解"对方的行动或者做法。但是当人们表示"可以理解"时,总是表达这样一种信息,至少是多少带有若干谅解的因素。因此,"可以理解"这个委婉词语的语义,可以说是一种谅解而非明确支持(但也不反对)的意思。作为委婉语词的"欣赏",它的语义也很含蓄和微妙。在国际社会的交际中,对于对方的做法或行动表示"欣赏",它所表达的信息带有某种感情成分,这信息仿佛在说,你做得不错嘛,颇有点意思嘛,至于我,对于你的做法或行动是否赞同,是否支持,暂时不作明确的表态,但是不会反对你的做法或行动,并且在感情上多少是同你站在一起的。

委婉语言有以下几种形式:

1. 讳饰式委婉

语言中存在着大量的同义词汇,同一个概念可以用不同的词语或短语来表达。根据不同的场合,灵活而恰当地使用委婉的词语,表达不便直说或使人感到难堪的原意。如"死"是人们普遍忌讳直接使用的词,在汉语中就有许多替代词。如"过世"、"逝世"、"与世长辞"、"安息"等。恩格斯《在马克思墓前的讲话》中说,3 月 14 日下午 2 点 3 刻,当代最伟大的思想家停止了思想……他在安乐椅上安静地睡着了——但已经是永远地睡着了。用"停止了思想"、"永远地睡着了"表达马克思的逝世。

称"落后单位"为"后进单位",称犯罪青年为"失足青年",称肥胖为"富态",称瘦小为"文弱"、"纤细"等等。再如,用餐时需上厕所,一般说成"去洗手间"。

2. 借用式委婉

利用比喻、双关、典故、歇后语或借用一事物和他事物的特征来代替对事物实质问题直接表达的方法,是借用式委婉法。如下例:

(1) 有些人对待人才的态度,很有点"武大郎开店——高者莫入"的味道。

(2) 在纽约国际笔会第 48 届年会上,有人问中国代表:"您对性文学怎么看?"中国代表说:"西方朋友接受一盒礼品时,往往当着别人的面就打开来看。而中国人恰恰相反,一般都要等客人离开以后才打开盒子。"

例(1)使用了歇后语,委婉地指责了某些人的嫉贤妒能。例(2)用一个比喻,婉转地表明了中西方不同文化存在着差异,对文学作品也持一样的观点。这种表达方式,比直话直说要婉转动听得多。

3. 曲语式委婉

曲语式委婉法,是用曲折含蓄的语言和商洽的语式表达自己看法的方法。例如:

(1) 当客人想把钓起的鱼放回鱼池时,宾馆工作人员说:"先生,对不起,钓起的鱼放回去活不长,它会很痛苦的,您最好能买去带回家或在餐厅加工享用,餐厅只收加工费。"

(2) 您能给我一杯茶吗?

例(1)用委婉、含蓄的方式告诉顾客“钓起的鱼不能再放回鱼池”，避免了矛盾的激化。例(2)是用商量式的疑问口气，委婉地表达了要求，这比“给我一杯茶！”的命令语气容易使人接受。

三、暗示法

在某种特定的语境下，语言交流的双方不愿意或者不允许用明白无误的语言和直截了当的方式表达意思，这时就需要运用暗示语。

暗示是指隐蔽地间接地传递信息的一种语言表达方式。暗示语的语义有语表和语里两个层面。语表层面的语义，我们把它叫做明义；语里层面的语义，我们把它叫做暗义。暗义要为对方所接受，交际双方必须共同接受某种特定的约定。比如，在一家商店里顾客甲和售货员乙的一段对话。

甲：来了没有？

乙：还没有呢！我也等得急死了。

甲：快两个月了，会不会出什么事了？

乙：不会，不会，以前也有过这种情况。

甲：但愿如此。

甲、乙之间在谈论什么呢？仅从字面上看是很难推断的。假如甲、乙之间纯粹是主、顾关系，他们可能谈论甲的订货到了没有；假如他们是朋友关系，那他们眼下可能正在谈论他们的一位共同的朋友是否已来到。因为甲和乙事先有某种约定，而局外人如果不知道此约定，也就无法知晓它暗示的语义是什么。有时交际双方事先并无约定，这时交际一方发出的暗示语，就需要另一方如同猜谜一般去猜测。

暗示语言的技法是多种多样的，比较常见的有以下几种：

1.“谐音”暗示

1971年7月，温斯顿·洛德作为基辛格的主要助手跟基辛格秘密访华。洛德的妻子贝蒂，中国名字叫包柏漪，是华人。由于当时的国际和国内环境的需要，基辛格的访华之行是严格保密的，但是，洛德又非常希望他的妻子贝蒂能早点知道,此次他将跟随基辛格出访到她的祖国,在这种情景之下,运用暗示语是比较恰当的。

临行前,洛德走到窗边,意味深长而又充满感情地推开窗子,说:"Look, Betty! Peeping Jack."(贝蒂,你看!偷看的小伙子。)而后提起皮包出门而去。

贝蒂一望窗外,只有楼房、绿树、蓝天,根本没人偷看。她凝视着窗外,好一会儿,才领悟了:

"Peeping,北平……我的天,他们是去北京!"

她自知失口说出了国家机密,赶忙用手掩住口。她的眼睛因为兴奋而发出亮光。

这里,洛德使用的就是"谐音"暗示的技巧,有人评论说他"以十分高超的语言技巧向妻子泄露了访华的秘密"。

2."隐喻"暗示

有一则幽默小品,一个犹太人的传教士拉比所使用的就是"隐喻"暗示的技法。这则幽默小品是这样的:

80岁的施姆莱尔娶了一位年轻太太。真是奇迹,她生了个孩子!他沉思着去找犹太人的传教士,问道:

"拉比,这可能吗?"

拉比答道:

"我给您讲个故事。以前,在非洲有个人,他撑着一把阳伞,在沙漠中行走着。突然,一头狮子朝他走来了!他迅速把伞收起来,并把伞当作枪向狮子瞄准,然后只听得'砰'一声,再一看,狮子躺在血泊之中死了。"

"这不可能!"

"这是真的!要知道,他身后还站着一位拿枪的猎手,他在这同时开枪了!"

在这则幽默小品中,那个犹太人的传教士拉比巧妙地使用"隐喻"暗示的技法,含蓄地告诉施姆莱尔,他所娶的年轻太太必有情人。

3."点化"暗示

有时人们并不直接言明意图,而是点出与意向紧密相关的事件以引起预期的反应,这种暗示技法就叫做"点化"。例如,公路拐弯处,一块标语牌写道:"今年1～10月份,这里已有6人死在撞车中。"它的意图就是提醒行人注意,这路段交通事故多,预期引起的反应就是"注意行车安全"。这种暗示往往比明言效果更好。

4."引发"暗示

有时同时存在甲与乙两类对象,用对甲明言来暗示乙,这种技法就称为"引发"暗示。例如,某大学中文系因进修生、旁听生多而时常挤得本班学生没有座位。于是班长在课前说了一下,"为了尽可能让来我班听课的进修生和旁听生有座位,请本班同学坐前六排。"这里"本班生"(甲)与"非本班生"(乙)构成了一对矛盾,班长出于礼貌,巧妙地运用"引发"暗示的技法,使矛盾得到妥善解决。班长的话明里是对着本班生说,而实际却是暗示非本班生坐六排以后,不要来挤本班生的座位。

5."反意"暗示

下面就是运用"反意"暗示技法的一例:

有家影院总有一些戴帽子的女观众,很不自觉,坐在她们后边的人很头痛,请经理想办法通告禁止,经理说:"禁止欠妥,只有提倡戴帽才行。"众人不解其意。

这一天,影片开演前,银幕上果然出现一则通告:"本院为照顾衰老高龄女客,允许她们照常戴帽,不必摘下。"结果,所有的女客都摘下了帽,没有一个再戴了。

这个经理很了解妇女的心理特点,他懂得用这种"反意"暗示的方法比命令禁止效果更好。

6."图像"暗示

天津市自来水公司设计了一个"节水徽记",图案中左右上方的弧线代表着自来水管道及水龙头,龙头滴下了一滴水,被一只伸出的手掌心接住。人们直观上看到的是用一只手接一滴水的图形,而实际是利用谐音巧妙地使人由“接”水联想到“节”水。这一图像的意义就在于暗示人们要注意节水。这里用的就是“图像”暗示的技法。

7.“体态”暗示

用某种行为动作或表情来暗示某种意义，这种技法就叫做“体态”暗示。

有一次，老师甲在讲台上正说得津津有味，忘记了下课时间已到，这时学生乙有意识地看看手表，这就是一种“体态”暗示，它提醒老师注意，下课的时间已到，该下课了。

有时，交际的一方给另一方使一个眼色，或者咳一声，或者拉拉衣角，或者碰碰身体，等等，用诸如此类的方式来传递信息，都属于“体态”的暗示。

8.“借物”暗示

有时不便于用有声的语言或书面的语言来明确地表达意思，而是借用某些实物来隐蔽地间接地表达某种意思，这就是“借物”暗示。

清代著名学者和文学家纪晓岚是乾隆所赏识和倚重的儒臣，有一天，他获悉乾隆下令要对纪晓岚的亲家卢雅雨抄家问罪。当时卢雅雨为两淮盐运史，因慷慨好义，为人解囊，亏空了公款。奸臣和珅为了打击纪晓岚，故意夸大其辞，向皇上奏了一本，乾隆下令抄家问罪。

纪晓岚不忍看着卢氏家破人亡，就冒着危险为其送信。他找来一个信封，往里面放了一些盐，捏了一撮茶叶，然后封好，装在一个十分精制的木盒子里，盒子里又放了几个枣子，包好后，打发一个心腹家人，以赠送古玩为名，星夜给卢雅雨送去。卢雅雨见信内并无一字，反复琢磨，明白了纪的用意：这是告诉我盐政亏空，朝廷要派人前来查盐，让我早做准备。

这里，纪晓岚运用的就是“借物”暗示的技法。

第三节 谈判的语言艺术

一、谈判的涵义

所谓谈判就是具有利害关系的双方或多方为谋求一致而进行协商洽谈的沟通协调活动。

在现代社会生活中，矛盾和争议无时不在，无所不有。随着交往的发展和文明的进步，两个或更多的当事人认识到彼此在利益目标和价值观上的分歧，应当越来越多地运用谈判手段来促进沟通，达成交易和解决争议。

古今中外，人们所经历过的谈判可以说是形形色色，数不胜数。但是，谈判作为一种特定的沟通协调活动，它有如下一些共同的基本特征。

第一，谈判必须有两个或两个以上的参加者。世界上任何一次谈判，至少需要有两个人参与，否则就无从谈判了；而最大的谈判，可算是联合国的大会辩论，它有150多个国家（或地区）的代表参加，代表或反映世界上几十亿人的利益和意愿。

第二，谈判总是以某种利益需求的满足为预期目标。因此，谈判的中心任务在于一方企图说服另一方接受或理解自己的观点以及维护己方的基本利益。当然，谈判的双方都有各自的需求，都有追求的目标，所以，双方都应相互理解，为建立持久的利益关系和沟通交往而努力。

第三，谈判是一种协调洽谈、平等对话的交往活动。也就是说，只有在物质力量、人格地位等方面都呈现相对独立或对等的双方，才有可能构成谈判关系。

第四，谈判是一种协调双方行为方式的交际活动。因为谈判通常是在双方的观点、利益等方面既有一致性又有差异性的时候才开始的。所以,谈判总是围绕着促进双方改善原有关系、建立新的良好关系,从而谋求更多的一致性、协调性、和谐性这一议题而进行的。

第五,谈判是借助思维——语言链传递信息、交换信息的过程。根据有关科学家的研究,信息传递的过程如图9-1所示。

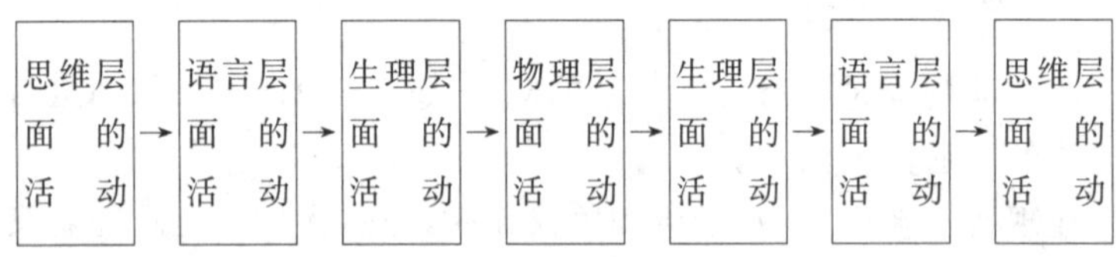

图9-1 信息传递过程

通常,人们把这一信息传递和交换过程的各个环节,称之为思维——语言链。谈判活动其实也是一种信息传播活动,很显然,这一链条中的任一环节出现障碍,就会使言语交往受阻,从而影响到谈判的正常进行。由此可见,在生理条件与物质条件都具备的前提下,提高谈判者的思维能力与语言表达能力是十分重要的。

谈判的适用范围是相当广泛的:两国边界纠纷的谈判,联合国大会的讨论,两位律师就当事人的法律纠纷进行调解,几家公司为共同拟定的合作项目商量协议,美国国务卿与俄罗斯外交部长面对面商讨限制核武器问题,这些都是谈判。当然,谈判并不只是政治家、外交活动家、贸易谈判专家和法律工作者所专营的事。人们生活在现实社会中,都会遇到各种各样的谈判对象,碰到各种各样的谈判题材。

二、谈判中"听"和"说"的艺术

1."听"的艺术

"听"的艺术是人际传播和交往中的重要艺术。把"听"作为一种艺术来介绍,并非指的是在对方陈述自己的要求、理由、观点和提案时的一种敷衍、应付的技巧,而是指认真听懂对方的含意,通过对方在“说”时的面部表情、身体动作等象征符号来研究对方的内心活动的艺术。

谈判中“听”和“说”的先后次序常常由许多因素所造成。一般说来，主动寻找对方的一方先“说”，后者先“听”。如果有主客之分，由客方先“说”，主方先“听”。但这并不是明确的规则。常常有准备的一方“先发制人”，无准备的一方则只好“后发制人”。

“听”，必须是积极的，专心致志的。其目的就是要从对方谈论中获得有关的信息，揣测对方的需要、寻找论据、理解对方话中的含义和隐衷。要做到这一点，首先就必须有耐心。

在听的过程中，应当对对方的发言作出反应，或称反馈。这样，无论从礼貌上还是谈判手法上有利于建立融洽的气氛。作出的反应有语言和非语言之分。通常所说“我明白”，“我不理解”。这就是语言的反应，或称语言的反馈。而点头或摇头则是非语言的反应。国外的专家还把这种反应（或称反馈）分成许多类型，如评价性、解释性、支持性、探询性等等。

在听的过程中打断对方的话常被看作是不礼貌的行为。但在谈判中决不是完全摒弃这种做法。有时候对方在滔滔不绝地陈述理由或观点时，常常有实质性的内容或可成为自己论据的内容掺杂其中，但很可能因为其论述、表达能力、措辞含糊等因素给听者的理解和记忆造成障碍，如果稍不注意就会被忽略。在这种情况下，“听”者应注意在“说”者有明显停顿和间隙之际，有礼貌地打断对方。比如说：“对不起，请原谅我打断你一下。你刚才的那句话，如果我没有理解错的话，是否……的意思？”这样的打断常对听者有利。听者可及时清理自己的思路，准确地把握住对方的思路或者对方的弱点，有时还能提醒对方不要离题万里。但这种打断切不可过多。

2.“说”的艺术

取得谈判成功圆满的决定因素是说服接受自己合理的建议或正确的观点。这里“说”的艺术具有浓厚的论辩的艺术和口才学的色彩。在谈判中陈述自己的意图时，首先要分析对手的“心理定势”，并采取相应的对策。

谈判是双方信息交流、沟通的过程。作为向对方传播信息者，其基本要求就是力求准确无误。为此，下列几点应引起注意：

(1) 语句要完整。不要掐头去尾或随意省略句子成分，也不能省略被动语态中的被动词，以避免句子出现歧义。

(2) 陈述自己的观点、提案和要求时，应尽量避免使用方言和文言文，也不要过分口语化，因为有些词在方言和口语中有不同的解释。

(3) 注意同音词的使用。

(4) 说话时要注意适当的停顿。书面语借助标点把句子断开，以便使内容更加具体、准确。在口语中只能借助停顿，有效地运用停顿可以使说话明白、动听、减少误解。

(5) 说话中要少用话中有话的句子。不要让人感到你有弦外之音，除非有这个必要。

三、谈判策略技巧

在谈判桌上为了尽力避免对抗，必须讲究策略。

1. 引诱策略

谈判开始，不要急于在谈判中先表态，特别是在数目、期限、条件和价格等问题上，应隐而不露，不轻易亮出底牌，而要设法让对方先开口说话，设法引诱对方暴露其真实情况，从对方的片言只语中，窥视其心理活动，以赢得调整思维、部署新方案的机会。

2. 让步策略

让步，是谈判过程的重要环节。任何一种谈判，都是双方在作出一定程度的让步后达成协议的。但让步应注意：

(1) 让步的速度。不要让步太快，因为对方等得愈久，愈会珍惜获得的让步，不致于得寸进尺。

(2) 让步的数额。同等级的让步是不必要的。如他让你20%，你可让他15%。可以以无法负担20%作为理由。

(3) 让步的性质。不作无谓的让步,即每次让步都应从对方那儿获得某些益处。但在一些细小或枝节问题上,先主动让步。在谈判中,对方的反应决定于你所使用的让步策略。

3. 扭转策略

尽管满足双方的需要是谈判的前提,但无论哪方总是希望谈判最后的结果对自己更有利。因此各执一词,相持不下,谈判出现僵局是常有的事。一旦出现这种情况,为了使谈判不破裂,就要善于运用扭转策略,打破僵局。

从语言角度来说,转换一下话题,调节一下紧张的空气,是一种有效的扭转策略。这种转移话题扭转僵局的方法,如运用得当,常常使谈判绕了一圈子后,成功地达成双方都能接受的协议。但转移话题必须注意:

(1) 必须视具体情况、具体对象因地制宜就近转移,不能不着边际,随心所欲,风马牛不相及。

(2) 转移的话语主题,必须围绕预定的目标。预定的目标不变,话语主题也不能变,虽然不直接涉及正题,但必须与正题有关。

(3) 话题展开要循序渐进,环环相扣,自然而然地向正题靠拢,在对方不知不觉之中,使彼此话题重新纳入正题。

(4) 语言的表达必须做到情理交融,刚柔相济。

第四节　跨文化沟通中的语言交流

一、跨文化对语言的制约关系

所谓跨文化沟通是指这样一类语言交流现象:其中语言的编码者是一种文化的成员,而语言的解码者则是另一种文化的成员。

一个民族所使用的语言与该民族所拥有的文化之间存在着密切的联系。在跨文化沟通中,不同文化之间的差异对于语言现象具有十分明显的制约关系。

首先，不同的文化给语言表达打上了各自不同的独特的印记。汉语中的某些“惯用语”，正是体现了中华民族的独特文化。

“丢卒保车”——象棋文化

“半斤八两”——计量文化

以上这些词语或语句的语用意义，如果离开各自的文化背景就难以理解。在跨文化沟通中，有时会出现一些令人费解的现象。原因也在这里。

其次，文化背景影响着对语句意义的理解。中国人见面时常问：“吃饭了吗？”“你上哪儿去？”这类问话的意思实际上跟“你好”是类似的，是一种友好或关心的招呼语。然而，一旦碰到欧美人，你也问“吃饭了吗”“你上哪儿去”对方就会生气，因为在欧美人看来，这纯粹是干涉别人的私事。可见，同样的话语，在不同文化背景下的人会有明显不同的理解。

第三，不同的文化价值观会导致不同的语点组织和语符选择。文化价值观是指弥布于文化之中的一些普遍的规范性的价值观，它通常成为文化背景的一个主要部分，因而往往成为制约跨文化沟通的一种关键性因素。

第四，文化差异造成语义的非对应性。例如，汉语中的某些“惯用语”，如“跑龙套”、“老油条”，以及某些专有名词如“猫耳朵”(一种风味小吃)等，如果不顾及特定的文化因素，仅就字面意义而翻译为别的语种，那么势必造成语言误译而导致交际障碍。同样，某些英语句子也不能根据字面意义去直译。比如“She is a cat.”就不能译为“她是一只猫”。因为英语中“She is a cat.”暗指“她是一个心地恶毒的女人”。而汉语中，“她是一只猫”并无这种暗含的意思。所以，跨文化沟通的语言翻译，应当考虑这些语符能否在原语与译语接受者中间引起相同的反应，尤其应注意将原语中蕴涵的各种文化因素与译语进行比较，使之在交际功能上相互协调。

二、跨文化语言沟通的表现形式

跨文化语言沟通主要涉及如下三种情形：

1. 跨地域的沟通

不同的地域有着不同的文化构成和文化背景，因此，研究跨文化的语言沟通，就必须研究跨地域的问题。

就全球范围而言，无论东南西北，不同地区具有不同的文化环境。作为文化内核的文化价值观强烈地制约着语言表达的内容和形式。换句话来说，文化价值观不同，人们的言谈内容与言谈方式也随之有所不同。例如，在我国谈论年龄是较为随便的，在通常情况下，一位中年妇女被问及她的年龄是不会生气的，她反而会客气地说："快50岁了，老啦！"但是，在欧美国家里，假如在一般的交际场合对中年女士问："How old are you?"这是不允许的。据说有一位外籍女专家回国以后说，她在中国一年，其年龄至少被问了100次，她十分恼火。

同样，在交往过程中，中国人出于对人的关心、好意，常说"天气转冷了，多穿点衣服，别感冒了"之类的话。对这类劝告、建议性的话语，美国人不仅不会感谢对方的好心，反而会讨厌对方，认为对方是站在优越的地位上教训人，把自己当作了一个连穿衣服也不知道的小孩。

2. 跨时代的沟通

不同的时代有着不同的文化构成，从而形成不同的文化场，因而也就有着不同的语言表达。

有些语词非常明显地、深刻地反映了社会的变动，如汉语中的"洋灰"就是。假如现在街上有位年逾古稀的老太太指着某种建筑材料说："洋灰，洋灰。"一般青少年大概会莫名其妙，不知老太太指谓什么。原来老太太说的"洋灰"就是"水泥"。要搞现代建筑，就得用水泥，而在半殖民地半封建社会中，我国的民族工业得不到应有的发展，水泥也要从外国进口，所以，水泥在旧中国被叫做"洋灰"。因此，这里老太太与青少年之间的语言交流实际上可以说是一种跨时代的沟通。

3. 不同角色之间的沟通

跨时代和跨地域的沟通是跨文化沟通的两种基本形式。但是，跨文化的沟通还有其多种特殊的表现形式，如两代人之间的沟通，不同行业之间的沟通等，我们把它们统称为不同角色之间的沟通。

代际的沟通，也是一种跨文化的沟通。假设有这样两代人，一代是 50 年代的青年，一代是 80 年代的青年。前一代人现约六七十岁，后一代人现约三四十岁，两者相差 30 岁左右(这里所说的年龄是时间年龄，不是生理年龄，精神年龄和社会年龄，这时所说的代是就总体而言，撇开各自的例外情况)。这两代人由于有不同的经历，接受不同的家庭教育、学校教育和社会教育，从而各有其不同的文化构成，从而造成两代人在交流或沟通上的距离或障碍。

不同行业之间的沟通，也是跨文化沟通的一种表现形式。俗话说“隔行如隔山”，这就是说跨行业的语言交流存在着很大的障碍。

三、成功的跨文化沟通

想要顺利地实现跨文化沟通，从而达到成功交际的目的，必须注意如下几个方面：

第一，必须有必要的知识准备。这里所说的“知识”包括两个方面：一是语言，二是与语言有关的其他知识。

语言是一种沟通的工具，它是任意语音的结构系统，为一定群体的人们所使用，并用以标明和分析他们环境中的事物、过程和经验。人们正是通过语言来与别人交往的。

当跨文化沟通涉及两种不同的语言时，就发生了一个语言的转换问题，这就是通常所说的语言翻译。语言翻译涉及诸多复杂的因素，有些语词只有结合特定的文化背景，才能准确地领会、理解它的语义，直接对译在许多情况下是难以进行的。例如，汉语中的很多语词，像“胸有成竹”，就无法直接对译为相应的英语。

以语言翻译为媒介的跨文化沟通，不仅需要人们熟悉被译语言的语汇意义，而且也要求人们努力把握对方的文化感情层次与思维心理过程。

第二，必须充分考虑对方所处的社会文化背景。注意联系社会文化背景选择语言手段是求得成功沟通的重要准则。在交往中，我们一方面要力求避免和克服与特定文化背景不相协调、不相适应的情况，另一方面要有意识地主动联系社会、文化背景的特点，选择恰当的语言表达手段，以便更好地发挥公关语言的表情达意功能。

如前所述，特定的社会环境和文化特征，往往赋于语言以某种特殊的附加意义，从而对语言交际产生深刻的影响。例如，在和“文革”时受到迫害的人交谈时，若常用那个时代的“惯用”语词或语气，就难免会影响正常的感情交流与心理沟通。

不同民族的语言及其运用反映了不同民族的文化特征。因此，在语言运用上必须注意这种以不同文化为背景的语言功能上的差异。无论是招呼语、感谢语，还是其他交往用语，不同民族往往存在着明显的差异性，因而人们在进行跨文化沟通时就不能不考虑社会、文化背景的影响。

第三，注意相互尊重和相互理解，尤其应当尽量考虑到对方的文化价值观，不能以“自我”为中心。

在人际交往的过程中，人们常常不自觉地以本民族的文化价值观为标准，提出问题，发表看法，而较少考虑对方的文化价值观。这种自我中心主义不加克服，就不可能成功地实现跨文化的沟通。如前所述，那位外籍女专家在中国一年被问了100多次年龄而令她十分恼火，这种不愉快事情的发生，就是由于问者不自觉地从中国的文化价值观出发，而不注意对方所持的是西方的文化价值观。

四、跨文化语言交流中的常用语

1. 见面语

见面语是熟人在路上相遇打招呼或寒暄应酬所使用的一种口头语言。虽然全人类都要运用见面语，但所用的方式并不相同。

中国人见面时常问“吃饭了吗？你到哪儿去？”谁都知道这是一种问候，它会使人感到亲切友好，能起到联络感情的作用。但是如果遇上欧美人，也如此打招呼，对方会引起误解或不快。问他饭是否吃过了，他会认为你准备请他吃饭；问他去哪儿，他会认为你在干预他的私事。在当今美国口语中，“How are you doing?”（您好！）作为寒暄招呼语十分普遍。

在非洲，人们热情好客，见面时礼节也很多。两人初次见面，如果能想到的事，几乎都会问一遍。在毛里塔尼亚，见面不仅要问候人好，而且还要问及对方的牛、羊、骆驼好不好。因为作为一个牧业国家，牧畜的兴旺同人的健康，其意义几乎是一样重要的。

2. 发问语

在中国，一般的熟人之间发问是很随便的，“多大年纪”，“在哪儿工作”，“拿多少工资”，“有几个孩子”……提这些问题通常不会觉得有什么别扭，对方一般也不会见怪。但是，在美国，这样刨根究底式的发问会令人反感。在他们看来，如此询问别人似乎像个私人侦探，很不礼貌。

日本人对朋友买的东西，通常不问“这个多少钱”，因为这是失礼的。假如对方告诉你那件商品的价钱，你通常也不能说“真便宜”，因为这样说会被对方误解，认为你看轻了他的经济实力。而在中国人那里，听到“那个东西真便宜”，并不会觉得丢脸，反而会觉得对方在表扬自己精明，会买东西。

3. 受礼语

向自己的亲朋好友赠送礼品已成为现代社会生活的一项重要内容。受礼语就是人们在收受对方的礼物时所使用的一种口头语。由于社会文化背景的不同，不同民族所使用的受礼语往往也是各不相同的。据说，欧美人在受礼时，不管这个礼品是否真正为自己所喜欢，他一般都要边看礼物边说些“这正是我所需要的”，“太好了，我很喜欢它”等有礼貌的话。倘若不对礼物当即表示赞赏、感谢的话，送礼者就会认为这份礼物不受欢迎，或者对方不接受自己的情谊。

中国人受礼往往表现出不好意思，从口语表达而言，则常说“您太客气了”，“真不敢当”之类的话，并再三推却，对待礼物，通常也得等到送礼人走之后，才会仔细去看个究竟。

4. 宴请语

在人的一生中，总是少不了宴请朋友，共享美味佳肴，可以说，宴请是人生不可缺少的一部分。然而，受文化背景的影响，不同国家，不同民族不仅宴请的内容、方式不同，而且使用的宴请语也各不相同。

按照中国人的文化习惯，主人宴请客人时，通常会客气地说：“今天请各位来只是吃顿便饭，没有什么菜，大家请随意吃吧！”这类话语在西方客人听来，会觉得奇怪，他们会在心里纳闷：“既然没有什么菜，何必宴请呢？”显然，他们对中国人常用的客气话是不太理解的。而一旦发现主人家不仅有美味佳肴，而且有名酒好茶时，他们又深感惊奇，觉得主人那么多好吃好喝的东西，还说“没什么菜”，这是不实事求是。

敬酒、敬烟，中国文化与其他国家和区域文化也有明显的不同之处。比如敬酒，有时客人虽然再三谢绝，可好客的主人还是一个劲地劝酒：“再干一杯！”这类习惯与欧美人显然不同，在他们那里主人通常不会有上述劝酒的那种殷勤。敬烟的习惯，中国人与日本人很不同，中国人发现对方抽烟，即使自己不抽烟，一般会拿好烟待客，并且不断地递给对方，而日本人不用烟待客，即使自己是抽烟的，也只顾自己抽而不敬给对方。

5. 感谢语

因对方的好意或因得到对方的帮助，人们通常会产生某种感激之情，并以多种多样的方式表示自己的谢忱，口语自然是最常用的。然而，感谢的语言表达，因受文化背景制约而呈现众多复杂的现象。

英文“Thank you”对英美人来说，几乎是常挂嘴边，随处可用的。中国人虽然也常用“谢谢”来表达自己对对方的感谢之意，但是，按照中国人的心理与习俗，在亲朋好友，尤其是家庭成员之间，一般很少使用“谢谢”一词，说了“谢谢”不免有“见外”之嫌。

6. 数词语

对数词的运用，东西方文化之间也有很大的差异。欧美文化认为“13”这个数词是不吉利的，他们尽量避免与13打交道。在荷兰，人们用“12号A”代替13号房间或13栋楼房。在英国的剧院里，不设第13排和第13座。在法国巴黎的剧院，采用一种变通办法——在12和14之间开一条过道。美国一些影院虽有13号座位，但即使票价减半，仍然无人光顾。

为了尊重西方人的风俗习惯，22层楼高的上海大厦取消了13层楼的名称。上海的国际饭店、锦江饭店等一些大饭店、宾馆现在也不再使用“13层”的标记了。

对于奇数与偶数，在不同国家也有不同的喜好。日本人在日常生活中，特别是请客送礼时，都喜欢3,5,7等奇数的礼物。中国人却喜欢偶数。在中国文化中，偶数给人以协调、平稳、安心的感觉。喜庆节日，赠送礼品都喜欢成双成对。

7. 色彩语

色彩语指的是以色彩对人的生理、心理及文化价值观的影响为基础，并通过视觉进行的一种特殊的、往往又是习惯性的意义联系而构成的符号语言。色彩语蕴涵着各种社会文化因素，在跨文化的言语交往中也是不得不考虑的一个问题。

色彩的象征意义在不同国家、不同民族虽然有共同的一面，但也有明显的差异性。例如，白色，在中国丧事着白服，取其“朴素”之意，表示对死者的尊重、哀悼与缅怀，还表示生者的良好祝愿，祝愿死者安息于纯洁美好的“天堂”。而在西方，婚事穿白婚纱，它象征“纯洁”。在摩洛哥，人们忌讳白色，一般人都不穿白色衣服，认为“白”是贫穷的象征。

思考与练习

1. 如何使自己的语言表达适合语境?
2. 如何使用副语言和体态语?
3. 公关语言交流有哪几种常用技巧?
4. 为什么在谈判中要掌握“听”、“说”艺术?
5. 跨文化语言交流有哪些制约?

第九章　公共关系文书

公共关系文书写作是公共关系学中一个重要组成部分，是公关活动中的关键环节。作为一名公关人员，应该具备多方面的基本技能，诸如组织领导能力、社会交际能力以及各方面的专业技能，其中包括表达能力（文字表达能力和口头表达能力）。公关人员特别要谙熟各类公关文书的写作，能够胜任各种公关文书写作的人员才是合格的公关人员。

第一节　公关文书概述

一、文书的基本概念和功能

本书是一种记录信息、表达意图的文字材料。自古以来，文书这种工具就在人类社会中被广泛运用。人们通过书写文书来记录信息，利用传递文书来彼此交流信息，利用公布文书对公众发布信息。无论是处理私人事务，还是处理公共事务，使用文书都是一种普遍现象。处理私人事务的文书，叫私人文书。处理公共事务的文书，叫公务文书。以文书和文书工作为研究对象的学科就是文书学。

私人文书，指的是个人、家庭（或家族）根据需要在自己的活动中使用的文书，如书信、契约、合同、收支账目，个人写的自传、家谱、遗嘱等。

公务文书，是国家机关、社会团体和企事业单位在行使职权和办理公务时所使用的文书。它有广义、狭义之分。广义的公务文书包括所有反映公务活动的文书，狭义的公务文书则专指国务院办公厅规定的十三类十三种公务文书，即命令、决定、公告、通告、通知、通报、议案、报告、请示、批复、意见、函、会议纪要。

二、公关文书的含义

一般来说，公关部门在执行对内、对外联系的时候，主要通过文件、报告、函件、报道、总结、简报、演说等形式进行的。这些语言和文书媒介，常常直接体现着企业的政策和形象，反映了一个机关和企业的业务文化素养。说它是企业的"门面"，是一点不夸张的。所以，优秀的公关人员常常在说话、写文章方面要作出很大的努力，力求在这两方面都具有较强的能力和较高的水平。

公关文书涉到的面很广，是一个"跨国公司"。就文书的类别看，无论是公务文书，还是私人文书，都与公关文书有联系。就公关文书的文体而言，几乎所有的常用文体都会涉及到。从使用的范围看，公关活动的各个环节都必须使用公关文书。

所以，要给公关文书下个定义，只能说，与公共关系活动有联系的文书，叫公关文书。它属于实用文体—常用文的范畴。从公共关系学和文书学的概念来说，公关文书就是：企业（单位）为了树立本组织的良好形象，采取一定的策略、手段进行活动的过程中记录信息、表达意图、互相联络的文字材料。

为了使用方便，我们可以把公关文书分为以下几类。

公文类：如请示、报告、简报等。

广告类：如商品广告、公关广告等。

新闻类：如消息、通讯等。

演说论辩类：如演讲词、论文等。

礼仪类：如请柬、祝辞、贺信等。

交际类：如便函、介绍信、证明信等。

契据类：如合同、协议书等。

三、公关文书的特点

实用性。公关文书是为了进行公关活动的实际需要要制作的文字材料，具有很强的实用性。它不必像历史那样来写，也不需要像文学作品那样虚构和夸张。公关文书传递信息、交流信息、反馈信息，是具体处理公关活动中所必须用文字来表达的办事工具。当然，文学作品也可以起到宣传、传播的作用，但这是间接的。而公关文书则是直接的。如像写一个请示或请柬，就不可能写成一篇小说，让别人或单位自己去捉摸。

广泛性。有人说公关文书是“无所不在的交通工具”，这是有道理的。正因为公关文书是个“跨国公司”，所以，使用十分广泛。就范围看，有上行文、平行文、下行文；就时间看，每个企业、单位几乎天天都要使用。

权威性。这个权威性来自它的制作机关的权威和合法地位。也就是说，是由它的制作机关的法定职权和工作威信所决定的。一个有法人资格并在公众中享有声誉的组织，它制作的文书才能得到社会的承认，发挥它的作用。如一个企业做的广告，如果没有一定权威，就不会得到社会和公众的信赖。

艺术性。公关工作本身是一门富于艺术性的工作。作为公关工作的书面表达形式，无疑也要讲究艺术性。这里讲的艺术性，并非花言巧语、哗众取宠、矫揉造作、华而不实，而是指文章的结构、语言、表达方式等要给人以美感，达到内容和形式上的完善结合。如书函、广告、请柬等常用的公关文书，都应讲究内容美、语言美、形式美，庄重而不矜持，亲切而不妩媚。

四、公关文书的写作原则

公关文书是应用文，它同一般的应和文具有共同性，例如主题鲜明、结构紧凑、层次清楚、文字流畅等。由于公关文书的实用性强，除了上面所述要求外，还有自身的一些特殊要求。概括起来，主要有以下几点：

1. 准确、实际

公关文书同供读者欣赏的文学作品不同。不能像文学家那样对生活中的素材加以提炼集中创造出典型，也不能用含蓄的倾向性去感染读者，让读者自己去联想和品味。公关文书是个办事工具，要用它来联系工作，树立形象，因此，必须准确无讹，实事求是。

准确的关键是"立意"要准确、鲜明，提倡什么，反对什么，说明什么观点，解决什么问题，都要十分明确。古人云"意在笔先"。"意"即主题，是文章的灵魂。主题明确才能有的放矢地开展工作。

实际，主要指恰如其分。在公关文书的各种体裁中，除极少数(如广告)可以用夸张、描写等表现手法外，都是直指其意，直诉其事，直表其情，不允许任何的虚构和杜撰。

2. 生动、及时

文学作品可以用故事情节曲折扣人心弦，记叙文可以用写人写景逼真吸引读者，由此而写得生动。那么公关文书怎样才能写得生动呢？一是要从公关工作的根本目的出发，写出本单位的个性与特色，如果写出来的东西尽是套话、大话，照抄照转，千篇一律，没有新鲜感，空空洞洞地讲了一大篇，没有本单位、本企业最能叫人信服的东西，别人看起来会索然无味，无法卒读。像商品广告，如果千篇一律地说什么"质量可靠"、"誉满全球"，就没有多少感人之处。二是写作的语言要生动活泼。语言是文章的"外衣"。正如老舍先生所说："我们最好的思想、最深厚的感情，只能被最美妙的语言表达出来，若是表达不出，谁能知道那思想和感情怎样的好呢？"这段话讲得很深刻，很有道理。公关文书虽然大多属直叙性文章，但是，如果讲究语言的表达方式，同样可以写得生动。而那种认为公关文书不需要生动活泼的想法，也完全是一种错觉。

公关文书大都用于交流传递信息，因此，及时，就是生命。如果磨磨蹭蹭，拖拖拉拉，"构思十年"，就会失去它的功效。

3. 简练、明了

无论什么文章，写得啰啰嗦嗦，拉拉杂杂都不好。公关文书要便于阅读和处理，才能提高办事效率。所以写得简练明了至关重要。

契诃夫说“简练是才能的姐妹”。要写得简练，首先要对所办的事的情况，存在的问题，采取的措施和步骤有一个清楚的分析和概括能力。如果在认识上比较模糊、抓不住症结和主要问题，写起来就无法做到层次清晰、文字简练。在写作技巧上，公关文书都应开门见山，意尽即止。切忌“帷幕”重重，画蛇添足。

4. 大方、得体

公关文书大都是要在广大公众中传递，散发面广。而且，从文书上可以看出这个单位、企业的文化修养和知识水平，所以，无论在用纸、书写和外观设计上，还是在传递方式和时机上，都要严格把关，不可草草从事。内容和形式都必须美观、大方。公关文书涉及到的文体较多，而各类文体都有自己的格式，不可逾越和混淆，否则，就会见笑于公众。因此，文书的起草必须掌握各种文体的规定形式，发出的文件必须符合本单位的地位和身份，落落大方，件件得体。

第二节　公文与公关

一、公文的含义

公文，作为一个国家的统治阶级在管理国家、处理各种公务时使用的书面文字工具，由来已久。有国家，有文字，就有了公文。中国最先的公文可追溯到被称为“神州古籍，以此为先”的《书经》。

公文，即公务文书。本节所讲的公文，专指国家行政机关制发的公文，《国家行政机关公文处理办法》中，给行政公文下的定义是：“行政机关的公文（包括电报，下同），是行政机关在行政管理过程中形成的具有法定效力和规范体式的文书，是依法行政和进行公务活动的重要工具”,是上传下达的指挥工具,也是沟通左右的联络工具。因此,公文在公关活动中得到广泛运用。

公文的种类

国务院2000年8月24日发布的《国家行政机关公文处理办法》中,把公文种类分为以下十三类十三种。

(一)命令　适用于依照有关法律公布行政法规和规章;宣布施行重大强制性行政措施,喜奖有关单位及人员。

(二)决定　适用于对重要事项或者重大行动作出安排,奖惩有关单位及人员,变更或者撤销下级机关不适当的决定事项。

(三)公告　适用于向国内外宣布重要事项或者法定事项。

(四)通告　适用于公布社会各有关方面应当遵守或者周知的事项。

(五)通知　适用于批转下级机关的公文,转发上级机关和不相隶属机关的公文,传达要求下级机关办理和需要有关单位周知或者执行的事项,任免人员。

(六)通报　适用于表彰先进,批评错误,传达重要精神或者情况。

(七)议案适用于各级人民政府按照法律程序向同级人民代表大会或人民代表大会常务委员会提请审议事项。

(八)报告　适用于向上级机关汇报工作,反映情况,答复上级机关的询问。

(九)请示　适用于向上级机关请求指示、批准。

(十)批复　适用于答复下级机关的请示事项。

(十一)意见　适用于对重要问题提出见解和处理办法。

(十二)函　适用于不相隶属机关之间商洽工作,询问和答复问题,请求批准和答审批事项。

(十三)会议纪要　适用于记载、传达会议情况和决定事项。

三、公文写作的要求

公文作为公关活动中的一种正式联系形式，具有一定的严肃性和规定性。在内容上，必须符合党和国家的方针政策，符合法律规范，符合实际；结构上，要层次清楚，符合逻辑；文字上，要准确、朴实、简明，符合工作需要；体式上，要符合规范。根据这些特点和要求，在公文写作中，必须做到准、实、简三个字。

准。即准确。包括准确地表达或传达贯彻党和国家的方针政策，准确使用文件名称，准确填写文件的组成部分，如主送、抄送机关等，准确使用材料，包括人名、地名、时间、数据、事例等，准确引用文件，规范语言和进行准确的判断推理。总之，从内容到文字、格式，都要准确，不得马虎从事。

实。首先是内容要实事求是。情况要真实，材料要选实，措施要切实，文字要朴实。不能主观臆断，闭门造车，也不能感情用事，照抄照转，或官腔十足，乱发指示。叙事要确切通俗，多用直笔，不用曲笔。说理要求清晰、实在，但不必详细论证。

简。就是指言简意赅，不说空话。不必重重复复地讲一些人所共知的大道理，要把一切可有可无的段、句、字删去。做到和主题无关的话不讲，不能说明观点的材料不用，不是必不可少的引据不引，意思重复不必要的字句不写。

当然，由于公文的种类繁多，具体到一份文件来说，应该说什么，不说什么，怎样说，用什么词句，用什么语气，要根据每份文件的特定对象、目的与条件来决定。如简报、报告、经验介绍要鲜明生动，函件则要委婉平和，富有人情味，有的文件（如条例、办法），只说“应该做什么”，“应该怎么做”，却不说“为什么要这样做”。从行文关系来看，上行、平行、下行的写法也不同。下行文既有明确要求，庄重严肃，又要说明道理，切忌模棱两可；平行文要态度谦逊，用商量的语气，不能强加于人；上行文一般要求观点明确，述理充分。

四、公文的格式

公文都有自己的格式,要求各种格式符合规范。公文的格式,是指公文的项目构成以及各项目在公文文面上的排列次序。公文的格式规定,既是公文规范性和权威性的具体体现,又能为公文的处理和归档提供方便,加快文件的周转速度,提高工作效率。

1. 公文的外观形式

公文用纸一般采用国际标准 A4 型(210 毫米×297 毫米),左侧装订。公文用纸页边及图文区尺寸规定为:上白边(天头)37 毫米,订口(左白边)28 毫米,误差不超过 1 毫米。

公文的书写,从左到右横写横排。书写工具应当使用钢笔或毛笔,不要用圆珠笔。

2. 公文的组成部分

公文一般由秘密等级、保密期限、紧急程度、发文机关标识、发文字号、签发人、标题、主送机关、正文、附件说明、成文日期、印章、附注、附件、主题词、抄送机关、印发机关和印发日期等部分组成。

公文的各个组成部分,按照其所处位置可划分为文头、主体和文尾三部分,现将各部分简介如下:

(1)文头部分　包括份号、秘密等级、紧急程度、版头、发文字号和签发人。

份号　公文印刷顺序号。凡带密级的公文必须要编制份号。位于公文左上角。

秘密等级　保密文件分绝密、机密、秘密三级。位于公文右上角。

紧急程度　是对公文处理的时限要求,分“特急”和“急件”两种。位于密级下方。

版头　即公文名称,通常由发文机关加“文件”二字构成。如《××省人民政府文件》;有些特定格式的公文可以不写“文件”二字,如《××省人民政府任免通知》。版头一般用红色或黑色宋体字印刷,居中排列。

发文字号　俗称文号，是发文机关编排的文件的代码。由机关代字、年份（用方括弧括入）和发文序号组成。位于公文名称的正下方。无版头的公文，标注于标题的左上方。联合行文，写主办机关的发文字号即可。

签发人　指审核并签发公文的机关负责人。以此强调对公文负全责。标注于发文字号右侧。

（2）主体部分

主体部分包括公文标题、主送机关、正文、附件、发文机关、印章和成文时间。

标题　公文标题应当准确、简要地概括公文的主要内容并表明公文种类。标题中除法规、规章名称加书名号外，一般不用标点符号。完整的公文标题应由发文机关、事由和公文种类（文种）组成。如《国务院关于中国人民银行地位问题的通知》。除标准式标题外，还有分别省略发文机关、事由以及发文机关和事由都省略等三种情况。如《关于×××工作的请示》、《中华人民共和国主席令》、《通知》等。标题应在正文前居中书写。

正文　是公文的核心内容部分。正文结构一般由开头、主体和结尾三部分组成。正文的写作要观点鲜明、逻辑严密、文理通顺、文字简练、标点正确。

附件　指附属于主件的有关图表、照片以及文字资料等。附件应在正文之后、发文机关之前注明附件的顺序和名称。

发文机关和印章　发文机关即公文的作者，印章是发文机关对文件生效的凭证。发文机关应写全称或规范化简称。

成文时间　是公文的成文时间，一般是公文的生效期。成文时间位于发文机关名称的右下方，年、月、日须写全，一律用汉字书写。

（3）文尾部分

公文文尾包括附注、主题词、抄送机关、印发机关和印发时间及印发份数等。

附注　指对公文发送范围和阅读对象的限定。如“此件发至县团级”等。位于成文时间左下方。

主题词　是公文中最能概括其主要内容的标准化名词或名词性词组。其作用是提高文件检索、查询速度，适应办公自动化管理需要。主题词顶格标注在抄送机关上方，每个词之间空一字格。

抄送机关　指除主送机关之外需要知晓公文的其他机关。位于主题词下方、上下均用横线隔开。

印发机关、时间及份数　又称印制版记。印发机关指公文印发主管部门。印发时间是公文的起印日期。印刷份数位于公文最末尾。

附公文格式表：

公文格式

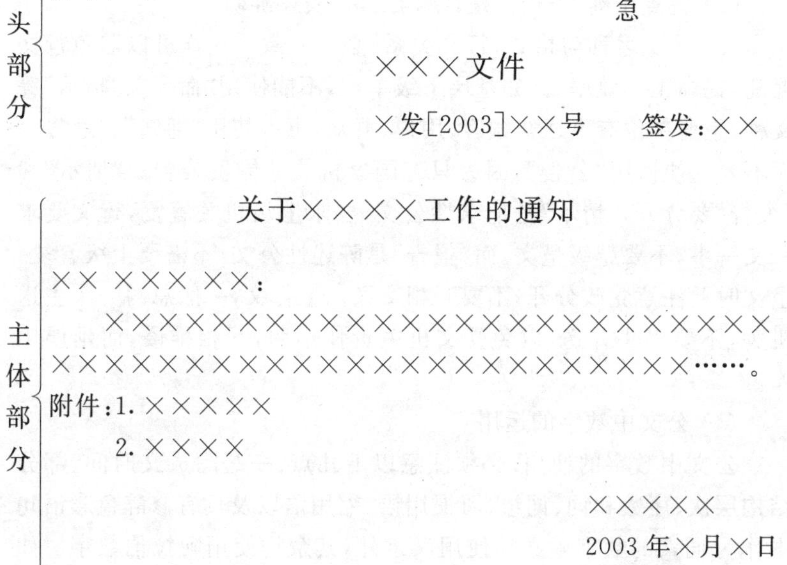

文头部分

份号：001

机密★六个月

急

×××文件

×发〔2003〕××号　　签发：××

主体部分

关于××××工作的通知

××　×××　××：

××……。

附件：1. ×××××

2. ××××

×××××

2003年×月×日

（印章）

文尾部分	附　注： 主题词：×× ×× ×××	
	抄　送：××× ××× ××× ××××××	2003年×月×日印发 (共印××份)

3.公文的拟稿

撰写公文时，必须先准确确定文种，写清标题。字迹清楚、工整。应当做到以下几点：

(1) 公文内容符合党的路线、方针。政策和国家的法律、法规。全面准确地反映客观实际情况。

(2) 观点正确、条理清楚，结构严密、表述准确。

(3) 公文名称与格式、行文关系、必须一致。这样可以避免行文混乱，提高工作效率。比如基层下级单位，不能使用"命令"、"指示"等文种。企业单位有事通知顾客、用户、群众，可以使用"通知"、"通告"，而不要随便使用"公告"，因为只有国家机关才能发公告。"请示"和"报告"要分开，"请示"是请求性公文，要求上级机关答复，行文要求一文一事，不要越级呈文。而"报告"是陈述性公文，不需要上级答复。呈文时要注意党政分开，不要互相交叉。上行文，一般总写一个主送机关，不要多头并送，以免受文机关责任不明，互相推诿，而延误工作。

(4) 公文中数字的运用

公文中数字的使用，必须注意以下几点：一是除成文时间、部分结构层次、序数和词、词组、习惯用语、缩用语以及具有修辞色彩语句中作为词素的数字等必须使用汉字外，其余均使用阿拉伯数字。如"腊月初五"不可写成"腊月初5"、"星期三"不可写成"星期3"。"七上八下"不可写成"7上8下"，"三角形"不可写成"3角形"，等等。二是发文字号、百分比、统计表、各种计量数字等必须使用阿拉伯数字。如"中发[2003]5号"，"8%"，"25公里"，"参加会议的有265人"等。三是表示年份一概使用全数，不得省略。如“一九九九年”不可写成“九九年”。

第三节　公关简报

一、什么是简报

简报是机关、团体和企事业单位经常使用的一种文书。从性质上讲，它属于一种介绍情况、交流信息的应用文。在各类文件中，简报是一种最灵活、最常见、最普遍、使用范围最广泛的文体。简报的名称很多，它可以叫“工作简报”、“××简报”、“××动态”、“××工作通讯”，还有“内部参考”、“情况反映”等。

简报这种形式起源于20世纪50年代。1955年6月9日，国务院通过的《关于所属部门工作报告制度的规定》中指出：各办、外交、计委、建委、体委、民委、侨委，每两周向总理写一次工作简报，明白、扼要地报告所掌握的范围内问题的处理，工作中的重要情况和经验。可见，简报在当时是专门向领导反映重大问题和重要情况的一种简明的报告。由于它的作用逐步被人们所认识，因此，时至今日，它成了整个社会肌体上下左右之间交流情况的一条必不可少的渠道。在当今的信息社会里，简报更起到了传播、交流、反馈信息的“轻骑兵”的作用。因此，简报也是公关活动中必不可少的工具。

从刊出的时间看，它可以是定期的，也可以是不定期的。

从刊登的内容看，它可以是专题的，也可以是综合性的，可以是动态性的，也可以是经验性的。

从行文的关系看，它可以是上行的，也可以是平行的或下行的。

从阅读的范围看，有的是专供领导参考的（内部机密件），有的是有关人员都可以看的。

二、公关简报的制作

公关简报是公关活动中使用的一种简报形式。一般说来是一种定期出版的综合性文书,它经过良好的设计,用简明的词句及时地把社会动态、信息,本企业(单位)的经营成果的经验、作风等反映出来。它对公众来说,是一个重要的信息源,起着传播信息、沟通情况的作用。对领导来说,可以通过提供的信息,反映的情况,更清楚地了解本企业所处的社会环境,政治环境,文化环境,为决策提供依据,从而,使企业的经营建立在科学的基础上。对于本单位的员工来说,可以使大家的想像力和创造力不致于无法记载而消弭于无形,从而起到洞察形势,鼓舞士气的作用。

公关简报和其他简报的制作基本相同。格式分报头、正文、结尾三部分。如是综合性简报,内容较多,在报头之下还有目录(如下图)。

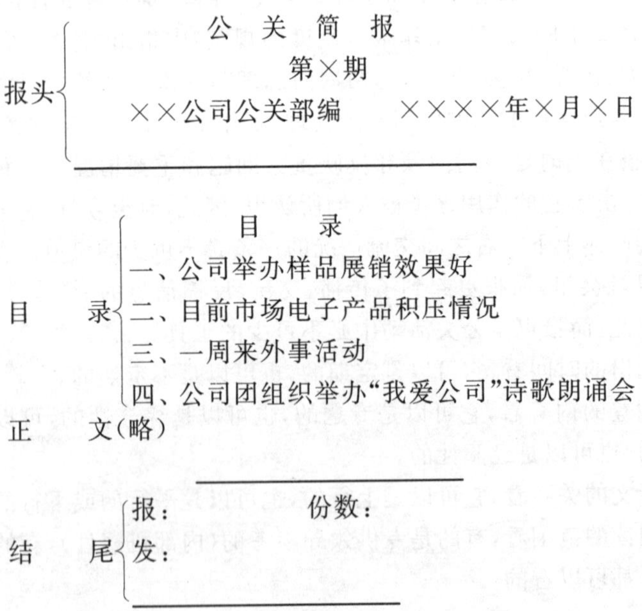

另外，如果是带有机密性的简报，还可以在首页右上角标明密级，或在末页注明发送范围。

有些公关简报可以集中报道公司（企业）的重大事件，如公司举办产品展览会，可以随着工作进展情况，像全厂动员、产品征集、制作过程、展览效果等分阶段编报。有的公关简报可在某阶段内按照不同发展情况分别编制几次。如与外商谈判进展情况，可每天编一次简报，供领导和本单位有关员工掌握情况，以便在谈判间隙进一步商讨对策。又如样品展销会，可以把推销订货等情况汇总起来，编成简报，在客户和外商中散发，进一步扩大影响。总之，编报方法可以不同，但必须把某一事件中的重要信息、公众的情绪、主要经验体会、存在问题、采取的措施、下一步安排等全面反映出来，以便领导及有关部门作参考。对某些重要问题或带倾向性的问题，公关简报可以加上按语，阐明意义，强调重要性，以唤起读者的注意。

三、公关简报的写作要求

根据公关简报的性质特点，写作时应注意以下几点：

1. 实。指求真务实。公关简报反映的情况必须客观真实。因为公关简报的一个重要任务是向领导提供情况，反映问题，便于领导决策时参考。因此，它反映的材料必须十分可靠。道听途说的材料、歪曲真相的材料、编造的材料、报喜不报忧只写绩不写问题的材料等都不能上公关简报。所以，编写公关简报的人员必须十分认真，要全面、具体地报道事实的全貌，包括其中时间、地点、人物、事件、数字等都要准确无误，使公关简报真正发挥它应有的作用。为了做到责任明确，在简报上要署上撰稿人的姓名，转摘别单位的材料，要注明材料出处。

2. 简、新、快。简报，顾名思义就是力求简短精粹。简报的内容一般是“一事一报”，不能兼收并蓄，避免繁冗芜杂。经验证明，简报的文字越长，看的人越少。简报的文字最好在千字以下，最多不超过2000字。当然，这里所说的简，是在说明问题的前提下的简，简短而又要有精要的内容，不是简而空、简而偏。简而明，是简报赖以存在的根基。因此，要求在写作时，必须做到选材要典型，内容要集中，抓住核心内容或焦点事件写，表达要简明扼要。

新，要求公关简报的内容新鲜有新意，反映新情况、新问题、新信息、新动态，还要追求新立意、新角度，能给人以启发和借鉴。这就要求编写者对客观情况思想要有灵敏感，使公关简报有更强的实际效应。

快，反映情况要迅速及时。简报类似新闻，成文快，编印制发快，这是对公关简报的基本要求。

公关简报能否发生作用，快慢是个重要因素。在竞争激烈的现代社会，一个重要信息将会决定企业的命运和前途，如果在问题刚发生的时候，就把简报送到领导和有关部门手中，可以及时防止事态的扩大和蔓延。当一个新事物、新创造在萌芽状态就敏锐地抓住，就能得到支持和扶植。与此相反，若是错过了时机，竞争就会失败，问题就会发生，新事物就会夭折。当然，快的前提是尊重事实，决不是粗制滥造。

3. 体式得当。公关简报的制作要依据基本格式，其结构分报头、正文、报尾三部分。撰写时，各部分排列位置要得当，正文内容应有一定序列，合乎逻辑；表达方式可以叙述、说明、议论结合；语言要简明，叙、议、说结合。公关简报以报道客观信息为主，但有时为了引起人们的注意，可以适当作些说明和评论，表达作者的观点和意见，但必须简明扼要，点到为止，且不可将个人观点与事实混同起来。

第四节　商品广告与公关广告

广告是一种说明文体。它是各行各业向公众介绍传递物质产品、精神产品、服务宗旨、观点意图等信息的一种宣传方式。当前，在中国社会的全部经济活动以及其他文明、艺术等各种活动中都离不开广告。

广告可分为广义和狭义两种。广义广告,包括政府广告、社会团体、企事业单位的声明、启事,以及美化公共环境、防止空气污染、促进公共福利等方面的社会公益广告。而狭义的广告,专指以盈利为目的的商业广告。

当代广告的传播依附在各种大众传播媒体上,宣传形式多种多样,有文字的,也有实物的,有动态的,也有静态的,有抽象的,也有具体的,有无声的,也有有声的,有单项的,也有组合的。在目前四大传播媒体——报纸、杂志、广播、电视中,文字、声音和图画成了广告的主要表现因素。在这些因素中,广告可以没有图画,也可以没有声音,但不能没有文字。广告的文字写作是表现因素中无法缺少,极其重要的部分。本节主要讲广告文稿的制作。

一、商业广告的制作

1. 广告文稿的结构

广告写作也和一般文章一样,必须主题鲜明、突出。主题的选择可以根据产品本身的特点,也可以针对竞争对手的优缺点,但必须以竞争为前提,不可攻击别人或危害同行。广告的语言表达水平的高低,质量的优劣,对于传播经济信息,促进商品竞争和流通,对于指导消费,丰富人们的物质和文化生活,提高经济效益,具有重要意义。

广告文稿的结构,包括标题、正文、结尾三个部分,有人便称之为"三要素"。由于现代广告图文并茂,注意美化,所以这三项内容的排列和详略十分灵活。

标题是广告主题或基本内容的集中表现,被喻为广告的灵魂。广告标题的作用,既能起到揭示主题的作用,表现出产品或服务内容和性质,又能引起消费者的兴趣。调查表明,读标题的读音通常五倍于读正文的读者。所以标题必须醒目,精彩有趣,能强烈吸引消费者,进而导致购买行为。否则可能会导致广告传播的失败。

广告的标题可以是单行的,也可以是多行的。单行标题分直接标题和间接标题两种。多行标题包括引题、正题和副题。

正文是标题的具体化，也是广告文稿的主体部分。正文要摆出有力的证据来说明产品的优越性。正文文体表现形式多种多样，常见的形式有以下四种：

一种是陈述体，也称简介体。它用平直的语言，明确地说出商品名称、用途、规格、价目等情况。这种形式实在、明白。许多报刊广告、路牌广告、包装广告的文字部分都用这种体裁。

一种是证书体，这是一种间接接受赞誉的形式。它的特点是，不是用本企业的话来说，而借助于权威人士或机关的评价来宣传本产品。可以省去许多为取得消费者好感而作的陈述和说明。

一种是问答体。用设问或对话形式真实地介绍商品的用处、购买途径等情况。由于运用设问，容易激发人们的好奇心和求知欲，增强吸引力。

一种是艺术性。如编写歌谣、快板、相声、戏剧小品等形式来宣传产品，这种把商品广告艺术化的做法，往往能使观众、听众在艺术享受中，加深对商品的了解，增强信任感。

当然，还有其他的一些形式。

广告的结尾，文字应该简短、有力。其作用进一步强调本产品的销售主张，敦促顾客采取行动。结尾亦可写成附文，承担说明具体事宜的任务：如广告单位名称、地址、电话，电报挂号、传真号、邮编、开户银行，账号以及购销方法等，以便联系购买。

2. 广告文稿写作注意要点

(1)广告的内容要真实，切忌弄虚作假，言过其实。广告内容的真实是广告的生命。现在很多店家打出“大甩卖”、“最低价”等一类的许诺，但其真实性却难以令顾客放心。

(2)简练得体。广告的文字贵简忌长。公众在阅读广告时并无确定的目的，往往是在无意识中形成记忆。这就要求广告文稿要写得简明扼要，这样才能达到减少记忆材料的数量来增加记忆的深度的目的，从而增加记忆的效果。例如，有一种牙刷的广告就是四个字“一毛不拔”。这就把这种牙刷的质量可靠程度表述得十分明白。当然，言简不是广告惟一的要求。严格讲起来，有些说明、简介、产品介绍等都带有广告性质，文字有长有短。因此，不可因文误意，也不可因意误文，以说明白为标准。广告词的得体指语言要实事求是，不可哗众取宠，矫揉造作。说过头话。特别是在同行业竞争中，更不能为了抬高自己，贬低别人，而使用中伤性的语言。

（3）写出特色。特色就是个性特点。为了引起观众和听众的注意，很重要的是把产品的与众不同的地方讲清楚。比如书刊广告，只有充分写出书刊的特色，才能激发读者的订购兴趣。有一些广告，千篇一律地说什么“质量可靠”、“实行三包”等这就无法使公众了解这种商品的特点和优点，从而也不能激发公众的购买欲望。另外表达形式要敢于标新立异，特别是同类产品，要防止雷同。

（4）生动活泼。广告也和其他文字一样，要形象生动，耐人寻味，能使人产生美好的联想，人们阅读这样的广告可以产生良好的情绪和强烈的购买欲望。有的广告可以写成诗歌、快板、顺口溜，有的可以采取相声、滑稽对话的形式，有的可以以成语、谐音词或双关语等为标题。这些形式使人感到新鲜有趣、耐人寻味。生动活泼并不意味着过分的夸张，用一些浮词浪语，摆“噱头”，或搞低级庸俗的东西。

（5）抓住心理。广告比其他的文字形式更多地涉及到心理学的问题。广告的文稿虽短，有的甚至只有一句话，几个字，但却能一下子使读者、听众对产品发生兴趣。这里的关键是摸准了顾客的心理。胡庆余堂的创始人胡雪岩在店堂中高挂“真不二价”、“戒欺”二块匾额，并亲笔题跋，宣传积善行德，又在庭院中置香炉一只，凡质次量缺的药当场烧毁，准予重配。这就利用了当时群众怕上当受骗和迷信因果报应的心理，先声夺人，博得了顾客的信任。“小白兔”儿童牙膏也是利用了小朋友们都喜爱小白兔的心理，在儿童中赢得了市场。所以，广告词的作者学一学市场心理学、销售心理学和社会心理学是十分必要的。

二、公关广告的制作

如果说商品广告旨在说服的话,那么,公关广告是一种教育方式。它不是直接劝说人们购买某种特定产品,而是通过大众传播媒介,唤起人们对企业或单位的注意、兴趣、信赖、好感和合作,增进公众对企业单位的了解,提高企业单位的知名度和信任度,借以树立良好的社会形象的一种广告。因此有人说"一般广告是推销产品,公关广告是推销公司",这是有一定道理的。

公关广告的内容,一般可以包括以下几个内容:公司是干什么的,产品是什么,顾客是谁,能提供什么服务,追求的目的是什么,经历如何,声望如何,信誉如何,财力如何,员工的素质如何等。

公关广告大体上有三种类型:

(1) 企业广告。主要介绍企业各方面的情况,目的在于树立良好的企业形象。这种广告在写法上要观点鲜明、材料翔实。都用直叙方法,如用口号、警句、座右铭等形式把企业的价值观念、基本信念表达出来,对内产生凝集力,对外产生号召力,使企业的形象连同它的观念、口号深入人心。可以有图表、坐标或一些基本数据介绍企业的生产、技术、人员素质等情况,也可以用规划、蓝图等介绍企业技术改造和人才培养的目标和方向,使公众产生信任感。可以用亲切、实在的语言来解释生产目的,拉近企业和公众之间的距离,使公众加深对生产目的和社会效益、公众利益的一致性的认识等。

(2) 响应广告。通过企业与社会生活各方面的关连性和公众性的宣传,求得各界公众的理解和支持。这种广告在写法上要态度明朗,不含含糊糊或模棱两可,语言要亲切感人,不卖弄做作或盛气凌人。如用鲜明的立场和态度,对政府的某项政策措施或当前社会中的某个重大问题表示响应。用亲切感人的语言表达对新开张企业的祝贺和支持,或在节日中向公众表示祝贺等。另外,还可以用直叙的方法,说明企业在道义上、物质上(指钱、物等)为社会公益事业提供赞助。这种广告词比企业广告更注重色彩。

(3)创意广告。通过以企业的名义率先发起某种社会活动,或提倡某种有意义的新观念等,表明企业对社会生活的积极参与。这种广告的写法在于主题集中、鲜明、新颖。所以,在制作时首先要摸准公众的脉搏,经过精密的构思,力求写出新意,“不鸣则已,一鸣惊人”。如果写得好,真正有创新,企业就可以在公众中留下“领导新潮流”的强烈印象。

现代广告的战略特点是“立体战争”。与商品广告相比,公关广告更注重明理、含蓄、创新。如果说,商品广告在写作中侧重于逻辑思维的话,那么,公关广告则侧重于形象思维。但是,它们的根本目的又是一致的。因为,企业形象的好坏直接影响到企业产品推销,而产品推销的多少又可以影响企业的形象。因此,对一个企业来说,产品广告和公关广告同样重要,如果配合默契,就可以互为表里,相得益彰。

第五节　新闻稿

新闻被称为“不花钱的广告”。在公关活动中,要使公众了解你、理解你,就必须把企业内部的事件通过大众传播报道出去。而报刊、广播和电视这些大众传播媒介影响最广泛,信息密度最高,在公众中最具权威。因此,公关人员和新闻机构建立经常的密切的联系是必不可少的。正如一位公关专家所说:“公共关系人员的第一要务,就是与新闻界充分合作。”

一、什么是新闻

1999 年版《辞海》对“新闻”的定义是:“最新发生或变动的事实信息”、“最近发出的新事情、新消息”。这个定义说明,新闻是最近、最新的,新闻是事实信息。“新”与“实”是新闻的核心。

广义的新闻包括消息、通讯、特写、调查报告、评论等多种报刊体裁。狭义的新闻就是指消息。

新闻就是要“新”，这是最起码的要求。陈旧的、时过境迁的东西，就不能算是新闻。此外新闻还强调“奇”，是人们意想不到的事。但“新”与“奇”也不是绝对的。有些过去了的事情在今天仍然引起人们的兴趣，亦可称为新闻。同样，“奇”也不是越怪诞越好。新闻所要求的“新”，应该是有所发展和创造的新情况、新问题、新经验、新风尚；新闻所要的“奇”，是指不同于常规、常习，不同于一般的事情。前者是主要的，后者是次要的。

按照新闻学的原理，在社会上发生的众多纷纭的事情中，只有那些有新闻价值的事情才值得报道。要看一件事情是否有新闻价值，主要看是否具备以下几个特征：

(1) 重要性。即对国家政治、经济活动或社会生活产生一定影响的重大事件。

(2) 显著性。单位、人物的成绩、经验、发明的价值超乎寻常，引起社会关注。

(3) 时效性。必须是新近发生并引起公众的兴趣和注意。

(4) 接近性。与公众在空间、距离、心理上十分接近。

(5) 人情味。富有感情色彩。

某一桩事情具备了以上五个要素中的一个，就可以判定有新闻价值，可以写成新闻。具备的条件越多，新闻的价值就越大。

在今天科学发达、信息交流频繁的时代，人们正在广泛地以广播、报刊等为传播工具传递信息、交流知识，推动社会前进。因此，学会写新闻不仅是新闻记者的事，作为公关人员，除了与新闻单位保持最密切的联系之外，自身也应成为一名“记者”。在国外，许多公关人员本身就是“新闻代理人”。

二、消息

消息是新闻的主体。它是简要迅速报道新近发生的有意义的事实的一种新闻体裁。它占据了报纸的大部分版面和广播新闻、电视新闻的主要时间、空间和画面。在公关活动中，消息也是一种使用得最多、最广泛的新闻体裁。

1.消息的分类。消息可以按两种结构分类：

一种是按具体的行业或具体事件的性质来分。如政治新闻、经济新闻(包括工业、农业、交通、能源、财贸、饮食、服务等行业)、文教新闻、科技新闻、体育新闻、国际新闻等。这种分法强调个性特点。

另一种是按照各行业新闻报道的共性来分。有的简明报道某一地区、单位的某种活动,有的反映全局性问题,有的详细地反映某某单位、某件工作的经验或某个人物的先进事迹等。这些就是动态消息、综合消息、典型报道等。

消息的写作在西方被视为热门学问。在我国,由于信息越来越被人们所重视,因此,作为传播信息的消息在写作内容和技巧上也有了很大的发展。

2.消息的结构

一篇消息一般包括标题、导语、主体和结语四个部分。它的内容包含五个要素,即时间(When)、地点(Where)、什么人(Who)、什么事(What)、为什么(Why),有时还加上如何进行(How)。西方新闻学简称五要素是“五个W”或“五个W”加“H”。

标题。消息的标题概括消息的主要内容,反映作者对新闻事实的态度和意见。消息的标题力求简洁明快,生动醒目。因此,标题的制作要精心推敲。

消息的标题有单行和多行之分。多行标题由引题、正题和副题组成。引题,又叫眉题,用来交代背景,在烘托气氛中引出主题。正题,又叫主题,它的功用是揭示消息的主要内容,准确实在地点明主题。副题,又叫辅题,是对主题的补充说明。

导语。是消息的开头,它只用简洁的一句话或一段话把消息的主要事实、核心意义反映出来,它是一则消息中最精华的部分。导语起两个作用:一是用简洁的语言把最新鲜、最重要的事实放在前面,说明主题,给人以概括的印象;二是引起读者极大兴趣,非看下去不可。常见的导语有以下几种形式:

直叙式。简明、概括地叙述消息的主要事实。

描写式。通过记者对耳闻目睹的新闻事实现场的描绘，造成读者身临其境的感觉。

提问式。把要报道的事情先用一个尖锐、鲜明的问题提出来，引起读者的关注。

引句式。引用一两句生动、隽永的话，或引用诗句、典故、史实、哲言等，增强导语的生动性和力量。

评论式。对所报道的事实先发表评论，指出其重要意义。一般用在社会关注性和针对性强的消息中。

此外，还有悬念式、观感式、结论式等。

主体。是消息的主要内容部分。它用充实、典型的材料印证导语中的揭示，回答导语中的问题，将导语的内容加以展开和深化。

主体部分的结构大致有两种：

一是按时间先后顺序来安排材料。写出事件的开始、发展、变化过程。

二是按照事实中各部分的逻辑关系来安排结构，其表现形式可是并列关系、主次关系、因果关系、递进关系等。

任何一条消息总是在一定的环境和历史条件下产生的。这就是消息的背景。背景材料的作用在于帮助读者深入了解报道的事实，以增强消息的可读性。背景材料无固定位置，一般穿插在主体之中。它通过对新闻事实进行新旧、前后、正反等的对比、介绍、解释。说明各种情况，来显示消息的意义。主体部分的写作要求是：

(1) 观点鲜明，内容充实。要善于抓住消息事实中最典型、最关键的材料，如事实、数据、细节来证实导语中的观点。

(2) 通俗易懂，生动耐看。要写得简明朴素，深入浅出。以生动朴实的叙述语言为主，辅以描写、抒情、议论等表达手法。读起来朴实而不单调，优美而不花哨，概括而不枯燥，明白而不乏味。

(3) 层次清楚，逻辑严密。采用纵向深入，还是横向并列，直线叙述还是略有波澜，要根据内容而定。布局要精心设计，层次要清楚分明。

结语。它的作用是阐明新闻的事实意义，指出事件发展趋向，加深听众或读者的理解和印象。好的结尾可以起到画龙点睛的作用。常见的结尾形式有：

小结式。概括新闻事实的结果，进一步显示新闻的价值。

希望式。从新闻事实中引申发挥，启示和希望人们从中得到教益。

评论式。以对新闻事实的深刻议论，升华主题，切中要害，发人深思。

在整篇消息中，结尾不是主要部分，要意尽即止，切忌画蛇添足。目前，报刊、电台、电视台都有“一句话新闻”，熔导语、主体、结尾于一炉，同样可以起到传播的作用。

三、公关新闻写作应注意的几个问题

首先，并不是所有具有新闻价值的事件都可以成为公关新闻。公关新闻必须以树立本企业（单位）的良好形象为出发点。因此，公关人员要善于从本单位的各项工作中，挖掘它的积极意义和新闻价值，然后报道出去。对一个企业来说，具有新闻价值的事很多，例如，企业开张，新产品生产和新技术的运用，市场营销和经济效益的重大突破，社会公益活动的参与和赞助，员工素质，结构的重大变化，企业或各类人员受到有关部门的赞誉和嘉奖，国际性经济开发与合作，重要人物（包括外宾）的参观和活动等等。

有的企业为了扩大影响，还有意识地为新闻报道创造条件。如美国的各主要宾馆都有总统别墅和总统套房。尽管有的至今还未有一位总统光临，但照样保存。一旦有一位总统住进这家宾馆并得到好评，那么，就作为特大新闻大作文章，从而得以身价百倍，公众——主要指旅客也会刮目相看。

其次，公关新闻写作特别注重背景材料的运用。在新闻写作中运用背景材料是一种普遍现象，它是新闻事实的历史和环境，可以进一

步揭示新闻事实的原因与结果、现象与本质、全局与局部、偶然与必然等关系。公关新闻比一般新闻更重视背景材料的运用，这是因为：

(1) 公关新闻所反映的事件往往和社会各界有着千丝万缕的联系，反映这种关系，才能使人们看清事件的意义；

(2) 公关新闻反映本企业、本单位的业务和技术对局外人来说，往往是生疏的，运用使人们熟悉和了解事件的原委；

(3) 公关部门所发出的一般都是新闻通用稿，多提供背景材料，便于各类新闻单位自由选择。

第三，对公关活动来说，新闻和广告都是大众传播的重要手段，二者不可偏废。由于新闻是“第三人称”作的“事实的报道”，并经过新闻单位筛选后而发出，因此，心理效果比“第一人称”所作的广告要好，容易赢得公众的关注和信任。新闻又是“不花钱”的，在经济上也较为合算。但每条新闻只有“一次性”效果，不可能在同样的版面、时间、画面上反复出现，容易被听众或读者所忽略或忘却。而广告却不同，它可以反复多次。加上新闻由于受版面、时间的限制较大，有许多公众所关心的细节无法详述，而广告却可以起到新闻所起不到的作用。正确的方法应该是：

(1) 以新闻开路，先作舆论准备，给听众或读者以心理上的准备和期待，一旦广告刊出，可引起公众的强烈反响；

(2) 把广告作为新闻的补充，将新闻“言犹未尽”的部分，用广告的形式刊出，加深印象和记忆；

(3) 强化广告中的新闻色彩。在主观性的“第一人称”广告中，穿插客观性的“第三人称”(包括新闻机构)的评论或赞誉。证书体、问答体、艺术体的广告中都可以采用这种方式，增强可信任的程度；

(4) 新闻和广告交替使用，从新闻宣传中引出广告，用广告推动新闻宣传。但这不是简单的重复，必须是在高一层次上的交替。

第六节　演讲辞

演讲词是议论文体，它是演说者在公众面前发表主张、表达感情，阐明观点的讲话文稿。演说词被广泛使用于各种公众场合，是社交活动的重要形式。在现代社会中，演讲是企业负责人和公关人员的一种基本技能。

一、演讲词的特点

1. 针对性

演说词是为了在公众面前发表具有一定目的性的讲话而拟定的文稿。它是以思想、感情、事例、语言来打动群众、征服群众，从而达到一定的宣传教育目的。这就必须要有现实的针对性。所谓针对性，首先，演讲的题目内容要考虑公众的需要，对听众的期望和要求应有所了解。心中有底，方能有的放矢。其次，作者提出的问题是群众所关心的问题，评论和论辩要有雄辩的逻辑力量，要能为群众所接受并心悦诚服，这样，才能起到应有的社会效果；三是群众有不同阶层和层次，“公众场合”也有不同的类型，如会议、服务性俱乐部、学校、宗教团体、社团或各类沙龙等。所以，要根据不同场合的不同对象，为听众设计不同的演讲内容。

须注意的是，演讲决不能为迎合某些人的“趣味”，醉心于搞一些低级、庸俗的“噱头”，这实际上是对群众性的误解。但高踞于群众之上，摆“老爷”架子，也必然遭到群众的唾弃。

2. 可讲性

演讲稿与一般文章不同，要合乎口语，有说话的特点。演讲是诉诸口头，以易说能讲为前提。如果说，有些文章和作品，主要通过阅读欣赏，领略其中情味，那么，演讲辞的要求则是“上口入耳”。一篇好的演讲辞对演讲者来说，可讲。对听讲者来说，好听，这是最起码的。因此，演讲稿写成之后，作者最好能通过试讲或默念加以检查，凡是讲不顺口之处，均应修改与调整。

3.鼓动性

演讲是一门艺术。好的演讲自有一种激发群众情绪、赢得好感的鼓动性。要做到这一点，首先要依靠演讲稿本身思想内容的丰富、深刻、发人深思。其次是作者的见解一定要十分精辟，有独到之处。另外，语言的表达要形象、生动、富有感染力。如果演讲稿写得平淡无味，毫无新意，那它的效果肯定不会好。为了增强感染力和鼓动性，演讲者还可以借助于表情、手势以及姿势等。

二、演讲词的写作方法

演讲词一般的结构包括标题、引言、主体和结语四部分。

1. 标题是演讲的眉目

演讲词标题的形式主要有三种：一种标题概括演说的主要内容。二是形象生动的形象式标题。三是编者加上去的，不是作者自己拟定的。

2. 开头要引人入胜

明人谢榛谈到文章开头时说，"起句当如爆竹，骤响易彻"。演讲稿的开头是否生动、新颖、精彩、响亮是整篇演讲成功的重要一环。好的演讲稿，一开头就应该用最简单的语言，最经济的时间，把听众的注意力和兴奋点吸引过来，这样，才能达到出奇制胜的效果。切忌一上来就讲一大套客气话，诸如"水平有限"、"欢迎批评指正"等，更不能讲空话、套话，如"形势一派大好"，"在××领导关怀下"，"在兄弟单位的支持下"等，使人听之生腻。

演讲的开头可以不拘一格，作者必须精心设计。常见的开头方法是：

(1) 开门见山，点明主题。这种方法比较亲切、明了。冗长而繁琐的开头，会给听众一种"山峦重叠"、"帷幕重重"的感觉。听了半天也不涉及到主题，听起来如堕云烟，这是要不得的。

(2) 介绍情况,说明根由。这种方法可以迅速地把演讲者和听众的距离拉近,使听众急切要了解下文。

(3) 提出问题,引人思考。这是一种设问的方法。设问者,设疑也,“疑者觉悟之机也”。它的好处是能把听众的注意力吸引过来,使听者由被动地听变为主动的想,引起思想上的共鸣。

(4) 引用名言,借题发挥。这种方法是引用哲人的名言、警句或者俗语、歇后语以及典故等。这样的开头,富有哲理性,能为进一步的论辩作铺垫,容易引起听众的兴趣。

3. 论辩要入情入理

演讲辞的正文部分主要是论理。但它比一般的论文、杂文灵活。它可以把叙事、抒情、说理结合起来,熔为一炉。有时实事在先,论理在后;有时又可说理在先,论事在后。但总的要求是寄情于理、寓理于事。

李燕杰在《有关演讲问题答青年朋友问》一文中曾谈到:“一篇演讲稿,如果只有几条抽象的道理,是永远也不会生动的;不生动的演讲怎能吸引听众呢?因此,我们一定要注意搜集、选取生动的例证,包括正面的、反面的例子。”该文中还说:“我选用例子时,曾对自己提出一个标准,选用古代志士仁人的例子,一定要感动自己,如果没有使我受感动的,我绝不讲;选用当代先进人物事迹的例子,我没有接触过的基本上不说,尽量做到有了自己直接感受的基础上,才把它写到演讲稿之中,这样,演讲时才可能生动感人。”这段话对我们写作演讲稿是很有启发的。

公关演讲旨在说服,因此,语言务求通俗,富有哲理,做到以情动人,以理服人。在引用事例、典故、哲言时要注意精选,不可太多太滥,要防止“流水账”、“掉书袋”的现象。

要做到论辩、说理精辟,写作时可以学一点古代名篇的写作技法。这些作品主题鲜明、言简意赅、论理自然。如王安石的《读孟尝君传》,就是一篇文短气长的佳作。全文共88个字,批驳了孟尝君“能得士”的传统说法。寥寥数语,有如系千斤之力,淡淡几笔,无可辩答之理，被后人称作“语气转，笔笔紧，千秋绝调”。另外，如苏轼的《日喻》、周敦颐的《爱莲说》等的写作方法，都值得我们在写作演讲稿时借鉴、仿效。

4. 结尾要深刻含蓄

古人云：“结句当如撞钟，消音有余。”演讲辞的结尾和文章的结尾一样，必须有力有味，妙趣横生。一篇好的演讲辞，如果开头、正文都很精彩，而结尾却平淡无味，就会功亏一篑，影响整篇演讲效果。

演讲辞的结尾并无一定的模式，它的方法可以多种多样：有的概括全文，画龙点睛，给人留下一个难于忘怀的印象；有的抒情议论，深化主题，给人留下一个强化了的主题思想；有的引用警句，发聋振聩，给人留下一个言已尽，意无穷的感觉；有的提出问题，引人深思，给人留下一个深入思考的广阔天地。

无论何种形式，均以有力、有味为贵。平淡无力、草草收场、虎头蛇尾、画蛇添足，都是结尾的大忌。

三、演讲成功的条件

无论是演讲辞，还是演讲者，要取得成功，并非易事。那末，怎样才能收到好的效果呢？

1. 论据充分，逻辑性强

在开放、竞争的时代，用唱高调或喊口号的方法是不能奏效的。因为在现代社会中，公众的信息比较灵通，他们有能力鉴别真伪，听众的知识和经验也比过去丰富，不再盲从和迷信。所以，演讲者必须要掌握充分的论据和把握材料的严密逻辑关系，要有新颖的不同凡响的思想观点。同时，还必须以诚恳的态度对待听众，无论是内容，还是表达方式，都要做到实事求是，以诚服人。

2. 态度鲜明，是非直露

演讲时，不管是立论还是驳论，不管是中心论点还是分论点，都必须锋芒毕露，尖锐鲜明。语言一定要明白快畅，有如行云流水，直白而通俗。不能设置许多悬念，让听众在毫无思索的情况下，一听便懂。

语气一定要肯定、果断,不可犹豫,不能吞吞吐吐,期期艾艾,也不能隐晦曲折,闪烁其词。但鲜明、直露,决不是简单化,以势压人。也不能给人以巧言令色、轻薄浮泛的感觉。整篇演讲要有理、有利、有节。说好说坏要留有余地,掌握分寸。

3. 感情真挚,平等待人

如果说使人信服靠内容的充实和正确的话,那末要感染打动人则需要充沛的感情。这有两个方面:第一,不管是宣传自己的策略和主张,还是介绍自己企业和商品,都不应该纯是现象罗列,而应该饱含着对自己企业和追求的事业的一片真情。这种感情和表达既不是直抒胸臆,也不是急瀑飞下,而是要寓情于论据和实事之中。在演讲中如果加上许多感叹和形容词,人们就会觉得情不真、意不切。因此,演讲者必须有驾驭自己感情的能力,随着演讲的进程,渐次地、有分寸地流露出来,看似平静客观、实则情理交融。第二,态度要宽厚、和蔼、从容。因为,在公众场合,演讲者和公众既不是师生关系,也不是上下级关系,他们之间是完全平等的朋友。所以,这种演讲实际上是面对公众谈心。应该让正确的主张在娓娓动听的词语中,春风化雨般地传达到听众心中,引起演讲者和公众之间的感情交流和融洽。如果居高临下,咄咄逼人,或者以发号施令的口气教训人,就势必引起听众在感情上的对立,这样的演讲,其效果就可想而知了。

第七节　公函与柬帖

在公关活动中,公函、柬帖是常用的“交通工具”,是不可缺少的传播媒介。

一、公函

1. 公函的含义与种类

函,即信的别称。公函是用于平行或不相隶属机关之间商洽工作，询问和答复问题，请求批准和答复审批事项的公文。它不是指挥与被指挥、领导与被领导之间的关系。但是，有时上级机关向所属单位询问某件事情，也可用公函形式。这类公函通常用于正式场合，一般要编号发文，有正式的公文格式。

另一种是便函。它是兄弟单位之间商洽、询问、答复有关事务性问题的一种公文便函。在行文上没有公函那样严格，可以用本单位信笺书写，可不编列发文序号。本节讲的是公函。

公函按内容可分为五种不同类型：

一是商洽函，写明希望对方办理事情的要求；二是知照函，写明让对方知晓的事项；三是询问函，写明询问的情况或意见；四是答复函，写明答复事项；五是请批函，写明请求批准的有关事项。综合起来，可概括为问函和复函两种。

2．函的写作方法

公函结构包括标题、发文字号、主送机关、正文、落款和日期等部分。

标题。一般由发文机关、事由和文种三部分组成。如《×××关于开拓合作办学项目意见的函》，便函可不拟标题。

发文字号。标题下方右侧标注发文字号。便函可省略。

主送机关。指询问情况或答复问题的单位。

正文。一般由发函缘由、事项和结尾组成。发函开头一般要写明发函原因、目的，若是复函，应以来函为引据，如“贵公司询字[2003]×号来函收悉”等，正文是阐述事项部分。正文既要把商洽、询问、答复的有关事项或问题讲明确，文字又要简洁。

结尾。可根据不同情况用“请予复函”、“特此函告”、“盼复”等作结。

落款和发文日期。写发文机关和日期，位于正文之后右下方。

3．函的写作注意事项

由于函的内容简洁、形式精短，所以在写作时，一定要直截了当，开门见山，表达要准确，让人看后十分明了。态度要诚恳，要求别人做的，要用商量的口气。对别人的请求，要尽力支持。语气要婉转、得体，那怕在拒绝对方要求时，必须作出合情合理的解释，避免语气生硬，更忌虚娇之词。

二、对外函件

在公关活动中，我们经常要结交外国朋友，所以一定要学会对外书信的写作方法。对于企业来说，经常要和外国人做生意，学会写商业书信就显得特别重要。

1.涉外商务函件的种类

涉外商务函件主要有以下几种：一是邀请信函（包括邀请信和应邀信）；二是洽询信件；三是推荐信函；四是要求报价书；五是信用证书；六是索赔书等。

2.涉外商务函件的制作方法

商业书信（一般指英文）有一定的格式，它与国内的公函结构有较大的区别，所以一定要按格式办事，不能含糊，免失礼仪。

一般的商业书信，包含七个部分：开端、信内地址、称呼、正文、结语、署名，以及信封的书写样式。

(1) 开端。在信纸的右上角，详尽地写下发信人的企业（商号）名称、地址、日期和电话号码。如备有印有公司名称和地址的专用信笺，就不必再写，但日期一定要写上。

(2) 信内地址。写在信里面的地址，除了信纸右上角的发信人地址外，还要在信纸左上角（位置略低于发信人地址），写明受信人的人名，企业名称和详细地址。受信人的地址，大约在信的开端之下。受信人的人名地址，应与信封上写的一样，不可随意更动。

(3) 称呼。不论写给企业或个人，在开始时必定有个称呼。对外的称呼不称“同志”，应称呼为“先生”、“女士”、“小姐”等。如受信人的身份特殊，在社会上有很高的地位，如教授、博士等，在称呼中应照用他们的头衔。如写给政府各部门首长，可称“阁下”。若写给个人，只写收信人的姓，一般不写收信人名字。

(4) 正文。写作要求与中文略同,但不可两面都写。如需续接第二页,可用一张空白信纸,不必再写开端,只记下页数,在左上角写上受信人名称,在右上角写上发信日期即可。

(5) 结语。英文书信的结语相当于中文书信结尾的“专此敬请大安……某某百拜顿首”一类谦恭的话。不写“此致,敬礼”,而只写“致以最崇高的敬意”、“致以最美好的祝愿”等语。与中文书信一样,结语一定要与称呼相配,否则就会变得不伦不类。结语的第一个字母要大写,如“Yours truly”(你最忠实的)。

(6) 署名。在结语之下,不管是打字机打的或笔写的,都应该用笔签署。但有时签名很潦草,为了免使受信人看不清楚,应该在用笔签名的下面,再用打字机打出正确的名字,或用正楷将全名写出。

除此以外,一般商业书信与中文公函一样,为了方便收发和存档用,可在称呼之下正中位置列上事由提纲,相当于中文公函中的标题。

英文商业函件的用纸要求比较严格,纸质坚韧,不厚不薄,纯白色的为最大方。有颜色的纸张(特别是颜色鲜艳的纸张)或用有间线的,四边烫金的,都会给人留下轻浮、浅薄,不够庄重的恶劣印象。信封和信纸的纸质和颜色必须一致,否则,便流于不敬。信纸的长宽约20厘米×28厘米,便笺约10厘米×12.5厘米,信封的长宽约9厘米×15.5厘米和10厘米×22.5厘米两种。

(7) 信封的书写样式。信封上要写清受信人和发信的地址,和信的开端一致。信封上受信人的顺序是姓名、门牌号数、街名、城市名、邮政编码或邮区号(视不同国家的要求)和国名。人名前要加上衔头(或职衔,如校长、经理、秘书)。信封上的城市名和国名一定要写清楚、准确,最好不要缩写。例如,美国纽约:New York, America,不可写成N.Y.A。

3. 写作要求

对外函件的写作要求与中文书函相同,必须做到主题鲜明,自然流畅,坦率真诚。作为商业函件,必须具有丰富的商业知识,熟习商业术语、合乎外文文法，符合规定格式，不可标新立异，以免贻笑大方。

三、柬帖写作

柬帖是信件、名片、帖子等的统称，是应用文的一种。柬帖形式的函也是不同社交场合中经常使用的传播媒介，它往往通过柬帖中的简洁文字表达出企业或个人的意向和感情，或通报事务。

柬帖可分为请帖（请柬）、庆吊函、邀请书、通知书等类型。

柬帖一般由标题、正文两部分组成。标题一般用“请柬”、“讣告”、“××××入场券”等，如遇“通知书”一类一般不写“通知”，而是写明具体事项，如“××公司第三次学术演讲”。正文由称呼、内容、署名和日期组成。如遇“通知”类柬帖，则不写称呼，而只写事由，如“学术报告会入场券”。只写主讲人、题目、时间、地点、主办单位等，最后写上“欢迎参加”、“敬请光临”等词。

柬帖的特点是：

(1) 文字简单，但十分庄重。它不同于一般的“通知”，它是一桩正式来往的记录。所以，只有遇到重大的事情或庄重的场合才使用。

(2) 语言严肃，措词得体。所写内容必须准确、清晰、直叙。措词得体、典雅。如“讣告”中，不能把“逝世”、“作古”，写成“死亡”。请帖中不能把“赴宴”写成“吃饭”、“喝酒”，把“敬备茶点”写成“有茶点招待”，把“恭请光临”写成“准时出席”，把“谨此奉”写成“特此通知”等。时间、地点一定要准确无误，邀请者和被邀请者的称呼要根据身份而定，应写全称。以单位出面邀请的也必须用单位的全称。

(3) 纸面讲究，书写美观。用纸要符合柬帖内容。如结婚请帖要用红色，可加花边。而“讣告”则用白色，加黑边。无论是手写的，还是印刷的，版面必须美观、悦目，字迹清楚、秀丽。

另外，正规的请柬，行文中不提被邀请人姓名，而写在信封上。国际上习惯对夫妇两人发一张请柬。国内遇需凭请柬入场的应每人一张。正式宴会，最好能在请柬发出之前排好席次，并在信封左下角注上席次号。如果场所较大，门多，还需注明从哪个门入场。

第八节　公关合同

在经济领域中，各类合同书的写作，也是公关活动的一个重要组成部分。因为合同书的写作是否符合要求，直接关系到合同书的签定和公关活动的成功与否。

一、合同的概念、特点和分类

1．合同的含义

《中华人民共和国合同法》规定："合同是平等主体的自然人、法人、其他组织之间设立、变更、终止民事权利、义务关系的协议"。合同是契约的一种。由于合同多涉及到经济领域，因而称作经济合同。

2．合同的特点

(1)严肃性。合同一经签订，就具有法律约束力。为了体现这一点，合同的制作必须建立在国家法律、法令的基础上。否则合同不受法律的承认和保护。合同的双方如有违约，必须承担经济损失和法律责任。

(2)平等性。合同的双方或多方都是自愿平等的，是一种平等互利的伙伴关系。合同必须是当事人双方或多方的意愿完全一致，才能达成协议。

(3)明确性。合同的内容条款要十分明确。各方的权利义务要明确，否则是无效的合同；违约的责任要明确，否则就有可能产生合同纠纷。

3．合同的种类

按照合同的内容划分，合同大致有以下种类：购销合同、赠与合同、借贷合同、租赁合同、委托合同等。

二、合同的写作格式和方法

合同的结构一般都由标题、开头、主体、结尾四部分组成。

1. 标题

写合同的名称，如“购销合同”、“借贷合同”等，居中书写。

2. 开头

在标题之下，首先写合同双方或多方的单位全称，为了表达方便，在单位后括号内注明甲方、乙方（或供方、需方）。然后，用简要的文字表明签订合同的原因和目的。

3. 主体

即合同的核心内容。要求分条款写出合同双方达成的协议。各条款必须具备以下项目。

(1) 标的。标的是合同当事人双方的权利和义务所共同指向的对象。它在不同的合同种类中有不同的表现形式，可以是货币、实物，也可以是劳务和工程项目等。合同中的标的必须写明确，否则，合同就无法履行。

(2) 数量和质量。数量和质量是合同标的的具体化。数量是衡量标的的尺度，必须具体明确。如用什么度、量、衡计算，计算的单位也必须十分精确；质量是指标的的内在素质和外观形态的优劣，也必须十分明确，注明要达到什么标准，是国家、部颁标准，还是地方标准。

(3) 价款或者酬金。就是得到标的物的一方，向提供方支付的代价。以货币数量来表示。价款是产品或者商品的价格；酬金是进行设计、施工、安装、运输和保管等劳动服务时应得到的报酬。对价款、酬金的数额，计算标准、结算方式等都要有明确规定。

(4) 履行的期限、地点和方式。即合同当事人履行义务的时间、地点和方法。

(5) 违约的责任。这是对违反合同一方的制裁措施。承担违约责任一方应付给对方违约金。

合同正文最后写合同有效期限，合同份数和保存方式。

4. 结尾

写明下列内容：一是双方或多方单位全称和代表人姓名，签名、盖章；二是写双方或多方单位的地址，电话、电报挂号、银行账号、邮政编码等；三是写签订合同的年、月、日。

三、合同写作要求

1. 遵纪守法

签订合同必须符合国家的法律法规、政策、计划及有关规定，签订合同的过程要符合法定程序；合同内容要符合法律规定；若遇有纠纷，按法定的途径处理。否则，合同不受法律的承认和保护。

2. 规范认真

为了保证签定的合同的法律效力，拟制合同时必须规范认真，做到内容合理合法，条款齐备明确，语言朴实准确，书写清晰，无错别字。

3. 要有公关意识

订立合同的过程，往往是一次公关活动的过程。为了写好合同，使合同双方在都乐于接受的前提下顺利签约，在合同准备和写作中，应做到如下两点：

(1)处理好让利与争利的关系。签订合同，目的是为了谋求和维护主体的合法利益。因此，签约过程中的争利是正常的；同时，合同与公关都强调互惠互利原则，即让利原则。争和让是一对矛盾，如何处理好两者的关系，其中大有学问。主客体双方在根本利益上是非争不可、寸步不让。但是，争利要在不损害对方利益的原则下进行。那种以我为主，不分主次地争利，非把合同搞砸了不可。让利时要使主体明显感受到客体的诚信，以增强彼此的信赖和互让，进而使双方结成经济上的伙伴关系。

(2)处理好君子与小人的关系。鉴于经济合同签约双方在订立过程中缺少认真考虑，使合同的内容不全面、不具体，引起矛盾和纠纷，导致合作的失败的经验教训，签约双方在签约的准备阶段就应当先把丑话说在前头，将合同条款尽量订得全面具体，不生歧议。不要怕影响双方的关系，该说的不说，该写的不写，这样就可能留下双方合作破裂的症结。

思考与练习

1. 公关文书有哪些特点？
2. 公文写作有哪些要求？
3. 公关简报写作要求有哪些？？
4. 文告文稿的制作方法是什么？
5. 如何判断一件事有否新闻价值？
6. 试述演讲词的写作方法。
7. 对外函件制作的要求有哪些？
8. 合同的写作方法和写作要求是什么？

第十章　公共关系礼仪

无论是公共关系的建立，还是公共关系活动的实施，都离不开人际交往。作为组织代表的公关人员在实现其公关目标的活动中必然要直接或间接地同各类公众打交道。可以说，公共关系是通过人际交往建立起来的。而人际交往的实现又离不开礼仪的协调，没有礼仪对人际交往的调节就不可能有积极的、富有成效的人际交往，也就是说不可能形成良好的公共关系。因此，公关礼仪既是公关人员所必需的修养，也是公关人员最基本的公关手段。

第一节　礼仪与公关礼仪

一、礼仪的含义和特点

人的社会属性决定了人需要交往。人只有在人际交往中才能使自己的需求得到满足。然而，人们在交往过程中却经常发生冲突、磨擦，使交往很不愉快。这一方面由于各人的需求、个性不同，而每个人又都希望别人尊重我的个性，满足我的需要；另一方面从人性上讲，人有利他的一面，又有利己的一面，这决定了人在品性上既具有善良、友谊、同情、关怀、慷慨、理解、信任等优良品质，又具有自私、欺骗、暴躁、偏执、猜疑等不良品质，从而使得人们在交往过程中的言谈举止并不总是能够符合他人的需求。为了使交往变得轻松、愉快，没有冲突和误解，我们的古代圣贤就为人们制定了一整套在人际交往时用来约束自己，以示尊重他人的行为规范，这就产生了礼仪。因此，礼仪是人们在人际交往时用来约束自己以示尊重他人的行为规范。

礼仪的内容主要包括两个方面：礼节与礼貌。礼节指人们在人际交往过程中应遵循的程序和规则；礼貌是指人们在人际交往时应具备的仪表风度。礼仪的核心内容是约束自己、尊重他人。因此，礼仪的基本原则是“为他人着想”。一个人如果能够时时处处为他人着想，即尊重他人的需求、愿望，那么他的礼仪肯定不会错。如果一个人只知道为自己着想，没有丝毫关心他人之心，那他根本无礼貌可言。然而，一个人要在人际交往中做到时时处处为他人着想，必须要具备良好的修养。因此说，礼仪是个人内在修养的外在表现。礼仪的最高境界是真、善、美的统一。

礼仪作为协调人际关系的行为规范，具有实用性、约束性和灵活性的特点。由于礼仪是一整套可以具体操作并卓有成效的行为规范，因此它具有很强的实用性。它可以帮助人们消除人际交往中的矛盾和冲突，从而建立良好的人际关系，也因此使个人的需求得到更好的实现。由于礼仪是人们共同认可的、约定俗成的行为规范，因而对人们的行为具有很强的约束性。它与法律、道德一起约束人们的行为，从而使人们的行为更加符合他人、社会的需求，也因而使人际关系更和谐、社会更稳定。礼仪是一套行为规范，但它并非一成不变，它会随着历史的发展而变化，也会因情景不同、场合不同而有所变化。礼仪的灵活性要求人们对处于不同关系的人应有不同的礼仪，关系越密切，礼仪越简单，关系越疏远的人，礼仪越讲究。同时还要求人们在不同场合也应有不同的礼仪，正式场合，礼仪应严格、规范，而随便场合礼仪可以简单。

二、公关礼仪及其作用

公关礼仪是人们在处理公众关系时所应具有的行为规范，具体地说，是作为组织代表的公关人员在同公众交往时用来约束自己，以示尊重公众的行为规范。因此，公关礼仪是礼仪在公共关系领域的具体化。

公关礼仪的对象是公众，其根本目的就是树立良好的组织形象。

公关礼仪作为公共关系的组成部分，对塑造良好的组织形象具有不可替代的作用。首先，公关礼仪通过直接塑造公关人员良好的个人形象，间接塑造了组织形象。礼仪是个人内在修养的外在显露，因此，公关人员良好的礼仪修养反映了组织良好的员工素质，从而塑造了良好的职工形象。而组织的职工形象是组织形象不可缺少的组成部分。其次，公关礼仪是公关人员建立、协调公共关系的重要手段。礼仪"为他人着想"的基本原则使公关人员在同公众发生关系时能时时处处为公众利益着想，从而赢得公众的理解、支持，并因此为组织确立起良好的公共关系。当组织与公众发生矛盾、产生误解时，公关礼仪是公关人员调解冲突、化解矛盾、增进理解和友谊的重要手段。

第二节 日常社交礼仪

一、握手

握手是人们见面和分别时互相致意的礼节。它在世界上大多数国家都通用。握手的礼仪主要体现在握手的主动权、握手的正确方法和握手的场合三个方面。

1. 握手的主动权

它是指两人见面时决定是否握手的权力。因为，不同风俗习惯、不同行为方式的人们对两人见面后是否有必要握手的看法不尽相同，因而，在社交场合往往会出现这样的尴尬局面：两人见面后，一人主动伸出手来，而另外一人却没有反应。为了避免这种尴尬的局面，就产生了这个握手的主动权——即由掌握握手主动权的人决定二人见面后是握，还是不握。

这个握手的主动权掌握在主人、年长者、身份高的人、女士手里。也就是说，双方见面时，应由主人、年长者、身份高的人、女士先伸手。客人、年轻者、身份低的人、男士应先向对方问候，待对方先伸手后再伸手相握。当双方身份地位相当时,以先伸手为有礼。因此,握手的顺序应该是:主客之间,主人先伸手;长幼之间,长者先伸手;上下之间,上者先伸手;男女之间,女士先伸手。

当然,这个握手的主动权并非神圣不可侵犯的。如果对方已先伸手,尽管他(她)并没有这个优先权(譬如地位比你低或年纪比你轻),你也要马上积极响应,否则也是无礼的,因为,“握手总是应该得到响应的”。而且,在大多数场合双方是可以同时伸手相握的。

2. 握手的方法

正确的握手姿势应该是:站起来,两脚并列,手抬到腰部,手掌垂直,(男子)身体稍微前倾,面带笑容,眼睛正视对方,轻轻地握住对方的手上下抖动几下。

握手是一种无言的沟通。如果你握手时做法不对,会导致错误的沟通,从而影响日后的交往。正确的握手方法应注意以下几方面:

(1) 握手总是站着而不能坐着,除非你年老体弱或患有残疾。

(2) 握手时一定要伸出右手。

(3) 握手时一定要先脱下手套,摘下帽子,即使在户外也要如此。女士们的装饰性的手套和帽子可以不脱。戴军帽的军人和戴制服帽的工作人员,握手时也可以不用脱帽,但要先向对方敬礼后再行握手礼。

(4) 握手时手掌应垂直,这表示双方的关系是平等的。如果你掌心向下握住对方的手,表示你处于高人一等的地位;如果你掌心向上握住对方的手,显示你的谦卑和对对方的毕恭毕敬。

(5)握手时一般不用双手捧接,除非对特别年长或身份高的人。

(6) 握手时要注意力集中,全心全意,眼睛温和地望着对方。不能一边握手一边向别处张望,不能嘴上叼着香烟或嚼着食物,不能左手插在裤袋里,也不能同时与两个人握手(交叉握手),更不能同第三者说话。否则,都是对对方的不尊重,显得你毫无交往的诚意。

(7) 握手应时间长短适宜,用力轻重适宜。握手时间一般以三五秒钟为好。关系密切的老朋友相见时可以较长时间地握在一起,一边握手一边问候寒暄，但一般也以不超过20秒钟为好。握手时也不能太用力，但也不能太轻。握手时太用力，甚至把对方的手给弄疼了，就失之粗鲁；如有气无力的一握，让人觉得你冷淡，拒人千里之外。

总之，恰到好处的握手应是简短、认真的一握。两眼愉快地凝视着对方，表达你温和、友善、真诚的心意，能面带微笑就更好了。

3. 握手的场合

一般在以下几种场合应行握手礼：

(1) 在两个陌生人被相互介绍认识时一般应握手致意。

(2) 熟人、老朋友在久别重逢时一般应握手问好。通常是一边握手，一边寒暄。

(3) 告别或送别时双方常以握手作别。

(4) 握手也可以用来向人表示祝贺、感谢、慰问。

(5) 握手还可以用来表示双方的和解、统一。

如果你掌握了正确的握手方法，又能选择恰到好处的时机，那么你的每一次握手都会意味着友谊，意味着交际的成功。

二、介绍

在交际场合结识朋友，免不了要介绍。介绍一般有两种方式，为他人介绍和自我介绍。

1. 为他人介绍

在某个聚会上，有些你所认识的人，他们相互之间不认识，你就有义务为他们介绍认识。介绍他人认识，有些通行的习惯或规矩是应该遵循的。

(1) 介绍的秩序。即在介绍时应首先向谁介绍(或报出)对方的姓名。介绍的秩序也就是介绍的优先权问题。介绍的秩序因场合不同而有所区别。

在一般的社交场合，人们总是遵循两个优先，即“长者优先”和“女士优先”。我国一贯以来以老者为尊，因此，年纪大的人在介绍的秩序中总是占优先位置。而西方人在社交时总是遵循“女士优先”的原则，即妇女在各种场合都应受到男士特别的尊重和照顾。但16周岁以下的女孩没有这个优先权。中西文化传统融合的结果使我们在介绍秩序上首先是“长者优先——即把年轻人介绍给年长的人”，然后是“女士优先——即把男士介绍给女士”。

在工作场合，一般是“职位高的人优先——即把职位低的人介绍给职位高的人”。因为，在工作场合，人们应遵循的秩序首先是职位上的秩序。如果没有这个秩序，工作场合的人际关系就会陷入混乱。

在涉外场合，介绍的秩序总是遵循“女士优先——即把男士介绍给女士”，除非这位男士年纪很大，或是国家元首、皇族、宗教领袖等特殊人物。

当介绍自己的家人或亲戚与你的朋友认识时，家人或亲戚没有优先权。

总之，介绍时最简单的原则是你认为两个人中更应受到尊重的人在介绍时占优先位置。也即应该先向他(她)报明对方的姓名，再把他(她)的姓名报给对方。如果在介绍时不是向谁报出对方的姓名，而是一起说出双方的姓名，则一般以享有优先权的人先报。

(2) 介绍的时机——即什么时候、什么场合有必要替别人介绍。一般来说，在任何社交场合，包括各种聚会、宴会，你都可以替两个陌生人介绍认识，关键要看这两个人是否有结识对方的意愿。如双方互相间不太感兴趣，就不要贸然去作介绍。在非社交场合(如百货商店、菜市场、马路)，决定是否要为别人作介绍，关键要看他们可能接触(相处)时间的长短。可能相处时间较长就为他们介绍，若相处时间短就没有必要。在家里，如有朋友来访，一般要把家人介绍给客人，客人之间是否有必要为他们介绍认识，主要也看双方可能相处时间的长短。一般来说，没有必要为刚来的客人与正准备离去的客人介绍认识。

(3) 介绍的方法。介绍的方法包括介绍人的做法和被介绍人的做法。

介绍人的做法。如在正式场合为他人做介绍应用正式的介绍方式，在介绍时用得体的礼貌语言，并严格遵守介绍的秩序。譬如你向徐老先生介绍你的朋友张小天，应这样说："徐老，请允许我向您介绍我的朋友张小天先生。"再如，你向一位值得尊重的李小姐介绍你的朋友张小天，应这样说："李小姐，我可以介绍这位张先生认识你吗？"待李小姐表示同意后再介绍："这是李小姐，这是张先生。"如果你同被介绍的双方关系比较密切，可以简单地说："徐老，这是我朋友张小天。""李小姐，这是我朋友张先生。"

如在非正式场合为朋友做介绍可以用随便的方式。介绍的语言可以随便、简洁，介绍的秩序可以遵循也可以不遵循。如："你们俩不认识吧，我给你们介绍一下，这是李小姐，这是张先生。"或者就直接报出双方的姓名。如："李美芹，这是张小天。"或"李美芹——张小天。"

当你为别人做介绍时应注意以下几点：

① 不能只介绍名字而不介绍姓，相反，却可以只介绍姓而不介绍名字。

② 不能颠倒介绍的秩序，特别是在正式场合。

③ 在姓名后面一般应有合适的称呼。

④ 介绍时，除了报出双方姓名外，还应简单地介绍一下你同双方的关系。如能在介绍时简单地提及双方的共同点，为两个初次相识的人提供一点谈资就更好了。

⑤ 介绍时，一定要口齿清晰，免得双方听错。

被介绍人的做法。当你被人介绍时，一般都应起立，并正面朝着对方，显示你想结识对方的诚意。但在宴会桌、会谈桌上也可以不起立。等介绍人介绍完后，双方要互相致意。男士与男士之间一般都握手致意，男女之间可以握，也可以不握，一般由女方掌握主动权。女士之间一般很少握手，双方可以点头、微笑或行个鞠躬礼。如果被介绍双方在不方便握手的情况下（如在宴会桌、会谈桌上，中间隔了好几个人）可以不必握手，举手打个招呼就可以了。

如被介绍人想与对方保持长期联系，可以互赠名片。在互赠名片时也应遵循一定的礼仪。首先，在递接名片时，态度要恭敬，最好用双手递接，表示你对相互间的交往是认真的。接过名片后，一定要仔细看一遍，要特别留意对方的姓名和职称，如有看不清楚的地方应及时请教。看完后，如能得体地称呼一声对方是最好的。同时，还要马上回赠名片。如随身没有带，应向对方说明并道歉，或答应下次送去或寄去。另外，名片是个人的象征，因此，一定要把名片收藏好。一般应把名片放进名片夹，然后男士可以把名片夹放进上衣口袋里，女士可以把名片夹放进手提包里。千万不能把名片随意往裤兜里一塞，也不能在名片上面任意压其他东西。

2. 自我介绍

如果你想认识某人，但又没有合适的第三者为你引见，那么，大大方方地自我介绍是最好的认识朋友的办法。

自我介绍时，一般应先说一声“您好”来提请对方注意，然后报出自己的姓名、身份、单位，如有必要，并简单地说明来意。在下面几种场合都应主动向对方自我介绍：

(1) 有事去拜访一位陌生人。

(2) 在宴会、舞会、会议上坐在一起的人。

(3) 在社交场合碰到了一位你很想认识的人。

(4) 跟曾经认识的人碰在一起，你还记得他(她)，而对方却已记不起你的名字。

三、称呼

与人碰面打招呼，登门拜访或给人写信时，碰到的第一个问题就是如何称呼对方。一声不恰当的称呼，轻则使对方不高兴，重则惹怒对方。因此，在与人交往时，使用合适的称呼也是非常重要的。

1. 国内通用称呼

目前我国最通用的称呼有四大类：即同志、师傅、先生与小姐、老师。

“同志”这一称呼原是最普遍的。不同年龄、性别、职业、职务的人均可称之为“同志”，既严肃而又礼貌。但目前“同志”这称呼一般只在正式、严肃的场合或公共场合的陌生人之间适用，适用的对象主要是党政机关工作人员以及陌生人。

“师傅”这一称呼目前在许多场合已取代了“同志”之称，特别是在公共场合与陌生人打交道时。“师傅”称呼的适用范围主要是市井街道、工矿企业，其适用对象一般是工人身份出身的从事技术性工作的人。

“先生与小姐”这一称呼随着对外交流的增加和西方文化的渗透，日益为人们所普遍接受。其适用范围主要是与外宾接触机会比较多的大饭店、宾馆、合资企业以及商业系统，适用对象主要是比较具有现代意识，西化程度较高的年轻人。

“老师”这一称呼在现实社会里并非教师的专用称呼，它对事业单位和文化界人士普遍适用。

除了上述四大通用称呼外，对某些特定人士可以有特定的称呼。

(1) 对某些从事特定职业的人可以用职业称呼。如大夫、护士、律师、会计等。

(2) 对有较高职称和学位的人可以用职称和学位称呼。如教授、博士、工程师等。

(3) 对某些担任较高职务的人，可用职务称呼。如主任、书记、校长、经理、厂长等。

(4) 同事之间，一般对较为年长的用“老×”称呼，较为年幼的用“小×”称呼。

(5) 同学、朋友之间，一般可以直呼名字。但对刚结识的朋友一般不能直呼名字。

(6) 对生活环境中的人，可以用显示亲密关系的称呼。如叔叔、阿姨、大伯、大妈等。

(7) 对德高望重的人，可以称之为“×老”；对造诣很深的学者可以称之为“先生”。

2. 国际通用称呼

在国际交往中，最常用的称呼是“先生、小姐、夫人”。

通常,对男子,不论其结婚与否,均可称“先生”(Mister),在“先生”后面加上对方的姓或姓名,如“詹姆士先生”(Mister James)。先生后面也可以加对方的职务、职称。如“总统先生”(Mister President)。

对已婚的女子称“太太”(Mistress)或“夫人”(Madam),对未婚的女子称“小姐”(Miss)。如果你不了解对方的婚姻状况可称其为“女士”(Ms)。“小姐”与“女士”的称呼后面也可以加对方的职务、职称和职业。如称“秘书小姐”(Miss Secretary)。

另外,“先生、小姐、夫人”的称呼还可以单独称呼,特别当你并不知道对方姓名或职务职业时。

国际上对某些特定的人物也有特定的称呼。

(1) 对地位高的官方人士,其职位在部长以上的高级官员,通常的称谓是“职衔+阁下”。如“部长阁下”、“总统阁下”。但在美国、墨西哥、德国等国没有称“阁下”的习惯,对这些国家的高级官员,还是以“先生”相称。对于地位较高的女子可称“夫人”,对有高级官衔的妇女,也可称“阁下”。

(2) 在实行君主制的国家里,对国王、皇后称“陛下”。对王子、公主、亲王称“殿下”。对有公、侯、伯、子、男等爵位的人士可称“阁下”,也可用爵位称呼,另外还可用“先生”称呼。

(3) 在西方,医生、法官、律师、教授和有博士学位的人士,总是对自己的职业、职称和学位感到自豪的,因此,称呼这些人要带上他们的职业、职称和学位称呼。“医生、法官、律师、教授、博士”可以单独称呼,也可以在这些称谓后面加姓氏或在这些称谓前加“先生”。

(4) 对军人一般称军衔。

(5) 对教会中神职人员,可用他们在教会中的职位称呼。

四、宴请与赴宴

1. 宴请

宴请作为一种向对方表示友谊、表达敬意的基本方式是最受人欢迎、最为常见的交际活动方式，也是卓有成效的公关活动方式。宴请活动是一项具有严格程序的活动。

（1）要确定宴请的目的、名义、对象、形式与时间、地点。宴请的目的即这次活动的公关目的或公关任务，只有明确了此次活动的目的才能使宴请达到预期的目的。宴请的名义可以是组织内某部门或某位负责人，主要看这次活动的性质和规模。如果此次宴请主要针对某位重要公众，一般应以职位相等的某位负责人的名义宴请为好；如果这次活动是围绕某一件事，最好以与此事相关的某部门的名义宴请为好。如果是小型的宴请，一般可以以某位负责人的名义宴请；如果是大型的，一般以某一部门的名义宴请。宴请的名义在某种程度上即是宴请的规格。确定邀请对象要根据宴请的目的和规格。如果为某人而设宴请，要考虑请什么人作陪客；如果为某事而宴请，要考虑应请哪些方面的人士，应请到哪一层次，请多少人。对于邀请对象，必须了解清楚他（她）的姓名、职务、称呼。宴请的形式一般有宴会、酒会、冷餐会、茶会、工作餐等。宴请采取何种形式，很大程度上取决于习惯做法。一般来说，正式的、规格高的、人数少的以宴会为宜，人数多的则以冷餐会或酒会更合适。宴请的时间，关键要考虑公关活动的实际效果。一般不能安排在节假日。如果宴请外宾，要考虑对方的禁忌日。宴请地点要根据宴请的规格、人数和具体形式来确定。

（2）发出邀请。所有宴请活动，除了工作餐，一般均应发请柬。这是一种礼貌，亦是对客人起备忘作用。请柬一般应提前几天发出，以便让对方及早安排。请柬有固定格式不能随意更改。

请柬发出后，应及时落实出席情况，以便安排和调整席位。

（3）订菜。菜肴的数量、花色要根据活动的形式、规模、经费。一般来说，菜谱的安排可依据以下几条原则：

① 选菜主要考虑来宾的喜好与禁忌。

② 荤素搭配平衡，菜肴品种多样化。

③ 量力而行、追求特色。

菜单开出后，应印制若干份。在宴请前，每张餐桌上放置三五份或每人一份。

(4) 席位安排。正式宴会,一般应排席位。排席位首先应搞清席位的高低。中餐宴请,一般以正对门、离门最远的位置为首席,离门最近、背对门的,也即首席的对面是末席。离首席越近,位置越高。离末席越近,位置越低。距离相等的右高左低。如图 11-1:

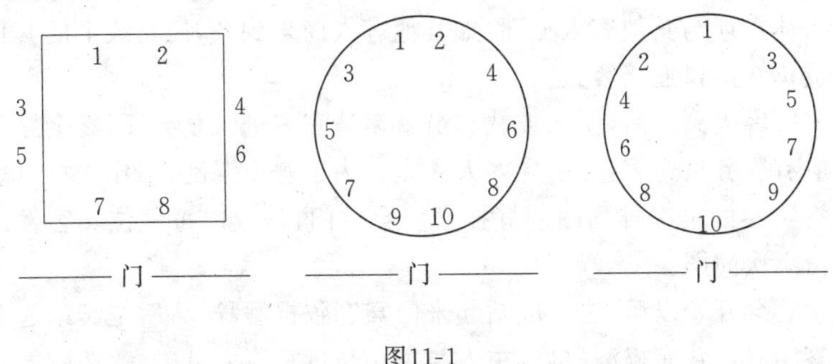

图11-1

(说明:数字越小,位置越高。数字越大,位置越低)

如宴请的不止一桌,还需排桌次。两桌是右高左低,两桌以上,以离主桌的远近定桌次的高低。一般离主桌越近桌次越高,而主桌应尽量放在正对门、离门最远或正中间为好。

弄清了席位、桌次的高低后就可以排席位了。排席位应首先确定主人和主宾的位置,一般来说,如果主人与主宾职位相当,主宾排在第一位。如果主人职位高于主宾,可以把主人排在第一位。其他客人的席位安排主要依据礼宾次序,还有一个依据就是方便客人交谈。一般来说,把身份大致相同,使用同一语言或同一专业的,比较谈得来的人排在一起。如果宴请外宾,席位排法应遵照西餐席位排法,并同时保持中国传统。

席位排定后,便可准备座位卡。对外宾,可以中文写在上面,外文写在下面。

(5) 宴请的程序及现场工作。宴请当时,工作人员应提前到现场做准备、检查工作。将座位卡和菜单放在每一张餐桌上。一般座位卡应放在餐具上方,菜单放在餐具右侧。检查餐具与宴请人数是否一致。

当宴请时间将至,主人与相关工作人员应在门口排成迎宾线迎接客人。客人到后,宾主双方握手寒暄,然后由工作人员引进休息厅。如没有休息厅则可直接进入宴会厅,但不入座。在休息厅内,应有相当身份的人照应客人,并由招待员送饮料。主宾到达后,由主人陪同进入休息厅与其他客人见面。如其他客人尚未到齐,迎宾线上的其他成员仍在门口迎接客人。

等客人到齐后,主人或礼宾员就邀请宾客进入宴会厅。宴会厅门口应有服务员迎客,并引导客人入座。为了避免混乱,工作人员可事先将宴会的桌次排列图制好挂于宴会厅门口,或向每一位宾客发送一份桌次简图。

宴会开始以后,主人应站起来向宾客致祝酒辞,然后主宾站起来致答谢辞。致完祝酒辞后,主人与主宾与贵宾席人员碰杯,然后去其他各桌敬酒,宾客之间也可以互相敬酒。

宴会结束后,一般由主宾先告辞。主人送主宾到门口。其间,原迎宾线成员又排成送宾线,与客人一一握别。

2. 赴宴

(1) 赴宴的一般礼仪。接到宴会邀请后,应做的第一件事是尽快给对方以答复,以便主人作出安排。出席宴请活动,最好要准时,一般早到5～10分钟不算失礼,迟到几分钟也可。但如迟到超过15分钟,应及时通知主人,请他们按时开宴。到达后,应主动向迎宾员问候,致贺或道谢。入席时要依次入席,找到自己的座位后,应先站在椅子左边,等主人或主宾坐下时再坐下。主人与主宾致祝酒辞时要停止交谈,停止进餐,注意倾听。祝酒时要起立举杯。宴会结束后,应向主人告辞并表达谢意。一般来说,不应在宴会没结束时中途退席。如有特殊情况,应事先向主人打招呼,告辞时悄悄地向主人告辞,不惊动其他客人。

（2）餐桌礼仪。主要体现在以下几方面：

① 良好的姿态。在餐桌上，保持优雅的姿态很重要。正确的姿态应是轻松而不懒散，腰背挺直，身子与餐桌之间保持一拳距离，手臂贴近自己的身子。不吃时或一只手空时，应将手靠于桌沿上，或放在铺有餐巾的大腿上。

② 餐巾和毛巾。用餐前，应把餐巾打开放在大腿上。餐巾的用途主要有两个：一是避免把菜汁滴在裤子上，二是用来抹掉嘴上的油和擦去手指上的油污。已经启用的餐巾应一直放在大腿上，中途离席时，可把餐巾放在椅子上，用餐完毕应把餐巾大致叠一下再放在桌子上。

毛巾是由服务员在用餐前或用餐中间送上来给宾客擦手和嘴的。因此，不能用毛巾擦汗或擦桌子。

③ 开始进餐时，应等主人或主宾先拿起筷子，其他客人才能动筷。不能抢先于主宾动筷。

④ 良好的吃相。吃饭、喝酒的速度应与大家保持一致。取菜时，不要把手伸到别人的前面去取，也不要在盘里挑选翻动，而且最好用公用的筷子或匙子。吃菜、喝汤时，不要发出很响的声音。用餐时的残渣，应放在中碟里，而且最好用手或筷子放，不要用嘴直接吐在盘子里。

⑤ 谈话。去参加宴请，要准备几个话题。无论是宾主都有义务使宴会气氛轻松愉快。谈话时，应注意：

a. 不要挥舞手中的餐具。

b. 当嘴里满含食物时不宜向别人讲话。

c. 凡是可能影响心情和胃口的话题要避免。

⑥ 意外。餐桌上总会发生一些意外。发生意外时，应付的原则是不要惊动别人，惹人注意。

⑦ 退席。退席时，应将餐巾稍微折一折放在桌上，然后从椅子的左边走出，并把椅子推回原处。

第三节　个人的仪表风度

在与他人的交往过程中，第一印象如何往往决定了今后的交往能否顺利、成功。而第一印象的好坏在很大程度上取决于个人的外在形象，而个人的外在形象又往往通过服饰、仪容卫生、举止风度、谈吐等方面确立起来。一个人如果衣着打扮得体、大方，举止稳重、潇洒，谈吐自然、流畅，仪容整洁、富有魅力，往往能给人留下良好的第一印象，从而使双方的交往有了良好的开端。

一、服饰

服饰是个人外表的重要组成部分，公关人员的服饰是否得体将直接影响其在公众心目中的个人形象。

1. 服饰的功能和目的

服饰是人们在适应外界环境的过程中形成和发展起来的，而外界的环境主要由自然环境和社会环境组成。因此，服饰具有自然功能与社会功能。服饰的自然功能主要指它具有保暖功能和审美功能。人们用服饰来适应自然界气候的变化而达到防寒、抗暑的作用，同时，人们还用服饰来展现自我的审美观点，满足自我的审美需求。服饰的社会功能主要指人们可以通过服饰来向社会、他人传递信息，进而使双方互相了解、认识，最后产生社会互动。服饰所传递的社会信息主要包括两方面：一是服饰可以反映穿着者的社会角色和社会地位。二是服饰可以反映交往中的双方对对方的态度，是尊敬友好的，还是怠慢冷淡的。因此说，服饰具有礼仪功效。人们常把“穿着挺括的人”称为“彬彬有礼者”。因为，一个人的穿着让人看了赏心悦目，是对他人的尊重；而一个人的穿着让人觉得别扭、不舒服，是对他人的不尊重。如果一个人穿着整洁而得体的服饰，不但自己觉得心情舒畅，自信心倍增，而且还会给对方以好感，使社会生活变得和谐，这就是服饰礼仪的作用。所以，服饰不仅可以使公关人员漂亮、舒适，还可通过服饰让公众了解、认识我们，最后理解、接受我们。

服饰所具有二重功能决定了人们服饰穿着的目的除了使自己漂亮、舒适外，更多的是为他人而穿，为了让他人喜欢我们，乐于同自己交往，为了让社会正确地了解我们、认识我们、接受我们。因此，作为公关人员在同公众交往过程中，不管自己是否喜欢穿着打扮，一定要注意个人的服饰打扮。在用服饰来打扮自己时，我们既要考虑服饰的自然功能，又要考虑服饰的社会功能——即既要符合审美的要求，又要符合社会、公众对我们的要求。如果你想要被公众接受的话，你必须考虑你所面对的公众会是什么穿着，以及公众希望我们有什么样的穿着。因为，在人际交往中，人们往往根据服饰来判别自己可交往的对象。如果你的服饰不能被对方所接受，你的言谈举止也难以为对方所接受。如果你的穿着与对方格格不人，无意中就扩大了彼此间的距离，使双方很难互相沟通、认同。另外，服饰打扮还要考虑社会时尚，考虑到风俗习惯对你的服饰打扮能否认同。

因此，想要使自己的穿着打扮让人看了赏心悦目，除了要培养自己的审美情趣，还需要掌握服饰礼仪。

2. 对服饰的基本要求

对服饰的基本要求是清洁、整齐、得体。

清洁要求衣服上不能有任何污迹，特别是衬衣领子、袖口要保持清洁，皮鞋要刷亮。

整齐要求衣服洗涤后要熨烫平整，裤子要烫出裤线，不能皱皱巴巴、歪歪扭扭，给人以邋遢的感觉。扣子掉了也要马上补上。

得体主要包括三个方面：合身、合时、合适。合身要求量体裁衣，衣服的尺寸大小要与自己的身高、体型相适应，合时指服饰穿着要适合环境、场合、季节。适合环境指服饰穿着要因地制宜，入乡随俗；适合场合指正式场合要穿正式的服装，随便的场合穿随意的服装；适合季节指不能冬服夏穿、夏衣冬穿。合适指服饰的款式、颜色要适合自己的身份、地位、年龄、长相、身材及肤色，另外，服饰之间也应配套、协调。

3. 服装的场合和种类

服装的场合大致可分为正式场合和一般场合。正式场合主要包括这样一些：国家庆典仪式、国宴、国家领导人接见、国王登基、元旦国家领导人团拜、大使递交国书、授勋仪式、各种庆典仪式、宴会、招待会、舞会、婚礼、葬礼、去剧院听音乐会、看戏以及在办公室上班。其他时间，包括下班回家、上街、郊游、远足、乘火车、汽车、轮船旅行，均为一般场合。

服装根据不同的场合可大致分为礼服与便服。在正式场合穿的服装称为礼服，在一般场合穿的服装称为便服。我国男士的礼服主要有西装和中山装，女士的礼服主要有套裙或套装、旗袍以及连衣长裙。便服包括各类茄克衫、风衣、大衣、牛仔服、运动服、毛线外套等。

在正式场合穿正式礼服，在一般场合穿普通便服是最基本的服饰礼仪。

4. 服饰的选择与穿着

(1) 男子西装的选择与穿着。穿西服的效果应是挺括、潇洒。要达到这个效果，选择合体的西服很重要。合体的西服其上衣长度盖过臀部，四周平衡下垂、无皱折，手臂伸直时，袖子长度应到手心，领子应紧贴后颈部，西裤长度正好接于脚面，裤腰的大小以扣好后能伸进一只手为好。

穿西服时，扣子很有讲究。如果穿的是两个扣的西服，一般只扣上颗，要么干脆不扣。但双排扣的西服一定要扣上。西服上衣的外部口袋和西裤的后袋不应放任何东西，以保证西服的挺括。

穿西服还应与衬衣、领带、皮鞋、袜子配套。正规西服配的衬衣应是用白色、浅色，或细条子和小方格子的细布做成的。领口大小应以扣上领口扣子后能自由插进食指为好，其袖子长度以长出西装袖口两厘米为好，领子也应比西装领子稍高。衬衫在与西服配套穿时，下摆应扎进西裤里面，所有的扣子包括领扣与袖扣都应扣上，但若不系领带，领扣应解开。

穿西装时，一般应系领带，除非在非正式场合。领带在西服穿着中应起着衬托、点缀的作用，产生画龙点睛的效果。因此，领带的色泽应有衬托西装的作用。一般来说，深色的西服应与颜色明快的领带相配。朴实淡雅的西服应与色彩华丽的领带相配。领带系好后，领带结应紧贴衬衣领子，其长度应以领带的三角部分正好盖住裤带扣为好。如果衬衣外穿了背心或羊毛衫，应把领带塞进背心或羊毛衫里面。如果衬衣外面没有背心或羊毛衫，应将领带用领带夹同衬衣固定在一起，领带夹的位置一般在衬衣的第四颗与第五颗扣子之间。

穿西服时，一定要穿皮鞋。皮鞋的颜色最好与西服颜色相近。袜子的颜色要与鞋子相近，或者是西服颜色与皮鞋颜色的过渡色。

(2) 女子裙子的选择与穿着。女子在白天上班或参加比较正式的活动，一般应穿套裙或长裙，裙子的长度一般应过膝。不能穿无袖或背带式的裙子以及超短裙。晚上参加宴会、舞会可穿露背或不露背的长裙。其他场合可以根据自己的喜好选择各种款式的裙子。

女子在穿裙子时，一定要穿足够长的袜子，保证在任何时候都不会将袜口露在裙摆外面。另外，穿裙子时一定要保证不露出内衣裤。如果裙子料子薄而透，一定要用衬裙和衬衣。在平时起坐时也要注意不能露出内衣裤。

二、仪容与卫生习惯

1. 仪容的修饰

一个人整洁、美好的仪容让人联想到办事认真、踏实，从而赢得公众的信赖。因此，仪容的修饰对经常与公众打交道的公关人员来说是非常重要的。仪容的修饰主要包括以下几个方面：

(1) 头发要经常梳洗修剪，保持头发清洁、发型整齐。男子的鬓发不能超过耳朵，女子的留海也不能留得太低。

(2) 面部保持清洁。男子要注意把胡须刮净，女子面部洗净后，可以化个淡妆。

(3) 保持口腔清洁。早晚刷牙，饭后漱口。如吃了葱、蒜、腐乳等有气味的食物，要注意去味。

（4）手要常洗，指甲要常剪。

2．卫生习惯

良好的卫生习惯往往反映一个人的修养，因此，公关人员应注意养成良好的卫生习惯。

（1）在公共场合，不做一些不雅观的小动作。如挖鼻孔、搓污泥、剔牙齿、掏耳朵、剪指甲等。

（2）打喷嚏、咳嗽时，注意卫生。人都免不了要打喷嚏、咳嗽，但最好不要当着别人的面做。如无法避开他人时，应及时把头歪向一边，并赶紧掏出手帕或手纸将鼻子和嘴捂住，尽量压低声音。如果来不及掏手帕，也要用手将嘴和鼻捂住。做完后，最好说声“对不起”。

（3）不随地吐痰、擤鼻涕和乱扔垃圾。吐痰和擤鼻涕都应先处理在手纸上，然后扔进垃圾筒。

（4）保持地毯、地板的清洁。进入地面干净的室内，应在门口擦干净鞋底或换了鞋子再进去。

三、举止风度

1．站、坐、行的正确姿态

“站如松、坐如钟、行如风”是我国古人对良好的站、坐、行姿态的规定。那么，具体地说，公关人员应有怎样的站、坐、行的姿态呢？

（1）良好的站姿。良好的站姿要像松柏一样挺立，给人以挺、直、高的感觉。标准的站姿应该是：头正，颈直，两眼向前平视，下腭微收；双肩要平，微向后张；挺胸收腹，上体自然挺拔；两臂自然下垂，手指并拢自然微屈；两腿绷直，两脚跟并拢，脚尖张开成45°～60°；身体重心穿过脊柱，落在两脚中间。在工作时，虽不用如此标准，但应全身挺直，挺胸收腹，给人以精神饱满的印象。两脚可稍分开，但一般不超过十厘米。两手可以搭握在一起，放在小腹前，或两手在背后交叉。

在公众场合，公关人员应避免如下站姿：

① 身体靠墙或靠桌，给人一种懒洋洋的感觉。

② 两手叉腰或双臂交叉在胸前。

③ 双腿交叉或两腿分得很开。

④ 身体不停地抖动或晃动。

⑤ 双手插入衣袋或裤袋。

(2) 良好的坐姿。良好的坐姿要像钟一样端正不斜，给人以端正、舒适、高雅的感觉。具体要求应该是：上身保持正直，挺胸直腰，背部不靠椅子后背；臀部不要满坐；两手自然弯曲，手扶膝部，或交叉放于大腿上，或一手放在椅子或沙发的扶手上，一手放大腿上；两脚并拢或稍微分开。入坐时，动作要轻、缓、稳。

在公众场合，公关人员应避免如下坐姿：

① 头靠椅子背或双手捧头。

② 两腿分得很开。

③ 把脚藏在座椅下或勾住椅子脚。

④ 伸手摊手地半躺着。

⑤ 架着二郎腿，不停地抖动。

⑥ 猛起猛坐。

(3) 良好的走姿。走姿是站姿的延续。良好的走姿应是轻盈、敏捷。步履轻盈给人以斯文、优美和庄重的感觉。而步履敏捷给人以健壮、活泼、精神抖擞之感。具体要求应该是：起步时身体稍稍前倾，身体重心落于前脚掌；行走时昂首、挺胸、收腹，两眼平视前方，两臂放松，自然摆动，前摆稍向里折；两腿要直，两膝间不应有空隙，要保证膝关节和脚尖正对前进方向；跨步均匀，步伐稳健。应避免的走姿有这些：

① 低头或仰头走路。

② 走路时摇晃着肩膀，或肩膀一高一低。

③ 侧着身子走路或弯着腰、或腆着肚走路。

④ 双手插入裤袋或反背于背后。

⑤ 身体乱晃乱摆。

⑥ 步子太大或太小。

⑦ 脚抬得过高或过低。

⑧ 走路时发出“咚咚”声。

⑨ 脚尖向外成八字脚或向内成八字脚。

总之,正确的姿态应是:站直、坐正、行要轻。

2. 表示敬重的举止

主要指地位低、年纪轻、男士、主人对地位高、年纪大、女士、客人应有的举止。

(1) 起立。当有你应该表示敬重的人走进屋子时,你应起身相迎;当有你应该表示敬重的人离开屋子时,你应起身相送。除非屋里有10位以上的人,而你应敬重的人又没有看到你。如你是主人,无论在单位还是在家里有客人上门或离去时应起身;如在餐馆或办公室,有你应敬重的人走近你的桌子,你要起身。另外,有人帮你介绍或与人握手时,你应起立。再有,在庄严肃穆的场合应起立,如奏国歌,升国旗等。

(2) 入座。如果在场有你敬重的人站着,你就不能坐下。譬如你是主人,客人没有入座,你不能先坐下;再如与长者谈话,如他站着,你只能站着谈话,一直到谈完为止。如果有你应敬重的人没座位时,你应让座。入座时,不能擅占尊位,即要把尊位让给受敬重的人坐。在家里,一般以靠近门口的座位为下座,离门最远的为上座。在公共场所,一般以最为舒适、方便、不易为人打扰的位置为上座。在轿车里,一般以后排中间为尊位,其右次之,其左又次之,前排靠司机的位置为最小。如轿车只开右边门的,后排最左为上座,其次中间,再次右边。如驾驶员为主人,司机旁的位置为上座。

(3) 先行。在遇有过门、上下汽车、进出电梯时,应让身份高、年纪大、女士、客人先行。与尊者共行,遇到过门时,应急步向前为尊者开门,等其过去后自己再过,并急步跟上。与尊者一起乘坐轿车,上车时应抢先在右边为其开好车门,照顾其上车后关上车门,然后自己再绕到左边上车;下车时,应抢先下车为尊者开门,然后照顾其下车。与尊者共行,还应把尊位让给对方。一般来说,二人并行,其右为尊;三人并行，中间为尊；三人前后行，前者为尊；上楼梯时，前者为尊；下楼梯时，后者为尊。

(4) 助臂。如果你与应表示敬重的人待在一起，你应随时随地为对方助一臂之力。如对方携带较重的物品，应主动代拿；遇有雨天，应主动为其撑伞；上下汽车或过窄路时，应主动上前搀扶；与对方进餐时，应主动协助对方就坐；存衣物时，应主动为对方存好，等等。

作为被敬重者，对对方的举止应表示谢意。如没有必要时，应请对方不必麻烦。

3. 表示礼貌的语言

在人际交往中，礼貌语言的使用往往能表现出一个人的风度、修养。常用的礼貌语言有以下这些：

(1)"请"。任何需要麻烦别人、求人帮忙时都应说"请"。

(2)"谢谢"。只要别人为你做了什么，哪怕是很小的事，也应说"谢谢"。

(3)"对不起"与"没关系"。凡是干扰、妨碍了他人时，都应说声"对不起"。如果对方冒犯了你，人家已诚恳道歉了，就应赶紧说声"没关系"。

(4)"再见"。无论是熟人、朋友之间还是陌生人之间，因事接触后分别时都应说声"再见"。

四、交谈

1. 谈话时态度

与人交谈，谈话的态度与谈话的内容一样重要。善于交谈的人总是懂得利用表情、手势和抑扬顿挫的声调来强调自己的思想和见解。

(1) 声调。谈话时的声音要柔和、悦耳、有节奏。要避免高亢、尖锐、嘶喊、粗声大笑等不悦耳的声音。

(2) 表情和手势。谈话时，适当的脸部表情和手势可以使谈话富有生气。如笑一笑，竖一竖眉毛，耸耸肩等。但这些要做得自然，否则，不如不做。而且，表情应随谈话内容的改变而有所变化，手势也不能过多，动作幅度不能过大，还要避免一些不良手势。

(3) 姿态。除了要注意正确的坐或站的姿势外，还要注意交谈双方的距离。双方距离一般在50厘米到150厘米之间。太远显得有些冷淡，太近会让人感到窘迫。

(4) 交谈时的眼神应是自然、温和、亲切的。在交谈过程中，谈话时眼睛一般看着对方，倾听时眼睛可以看着对方，也可以望着别处，但不能左顾右盼。交谈过程中出现四目对视时，不必慌忙移开，可以自然地对视1～3秒钟后，慢慢移开。

2. 谈话的内容

几乎任何话题都可以成为良好的谈资。天气、新闻、体育、名胜古迹、个人爱好、小说、电影、电视、畅销书，流行时装，还有政治、经济、社会等问题均可成为谈话内容。到底选择哪方面的话题，要取决于你判断对方可能对哪些方面感兴趣。一般来说，开始交谈时，总选一些简单而稳妥的话题，特别是与刚结识的人交谈，如天气、四周环境、当天新闻等，然后慢慢转入双方都比较感兴趣的话题。选择话题时，应注意以下几点：

①不要选择他人无法参与的话题。

②不谈与疾病、死亡等有关的不愉快的事情。

③不选择容易引起争论的话题。

④不选择黄色淫秽和荒诞离奇的话题。

⑤不提有关别人隐私或对方难以回答的问题。

3. 聆听的礼节

与人交谈时，善于倾听比善于交谈更重要。因为，你认真而耐心地听对方讲话，表示你是诚心诚意、全神贯注地同对方交谈，表明你尊重对方，对方会因此而乐意同你交往。要成为一位善于倾听的人，要做到以下几方面：

①倾听时精力要集中。不东张西望或兼做其他事情，也不要伸懒腰、打哈欠、看手表、玩东西。否则，显得心不在焉和很不耐烦。

②不轻易打断对方谈话。中间插话或抢过对方的话头都是不礼

貌的。如果因未听明白或了解情况而必须插话时，应征得对方同意并向对方表示歉意。但即使这样，也不能经常打断对方。

③倾听时要主动、积极，不时作出反应。最好多做一些表示赞同的或引导对方继续讲下去的反应。如有不同看法，一定要说得婉转。

④当你没有完全听明白对方的意思时，不要轻易作归纳，下结论。

如果你在倾听别人谈话时，总是巴望着对方快点讲完，或显得心不在焉，或总是盘算着怎样反驳、批评对方，或不断打岔，或自始至终保持沉默，你肯定是一位不受欢迎的交谈者。

4. 交谈技巧

一个善于交谈的人，不仅要能说会道，具有良好的口才，而且还要懂得交谈的技巧。

(1) 交谈时，掌握授与受的分寸。交谈是双方交流思想、情感。如果你独占整个谈话时间，不让对方有插嘴发言的机会，往往会使谈话变成单方面的说教，让对方感到厌倦。

一个真正善于交谈的、聪明的人总是首先作一个简短的浅谈，然后问对方的意见如何，把发言权交给对方，自己作听众。这有两个好处：一是给对方发表意见的机会，让对方觉得受尊重。二是为自己创造了一个吸收外界信息的机会，等对方讲完后，再逐渐地、诚恳地深入交谈，这样的谈话不仅使对方满意，还使自己获益匪浅。

(2) 不用自负、自大的口吻同别人谈话。一个自高自大、自以为是的人在人际交往中总是不受人欢迎的。为了避免给人留下自大、自负的印象，在谈话时，尽量避免讲“我”，而多讲“你”，并在适当时机称呼对方的名字。

(3) 谈话现场超过三个人时，说话要以在座的全体为对象。找的话题应是大家都感兴趣的，使用的语言也应是大家能听懂的。当你面对众人说话时，眼睛要轮流看着每一个人，让每个人都觉得你是在跟他说话。如果你与大家一起交谈时，应不时与在场的所有人攀谈几句，而不要只与其中一二个人说话。

(4) 邀请与参与谈话。如果你们在谈话，有人朝你们走过来，应主动邀请他(她)参加谈话,并简单把刚才的谈话内容讲一下。如果你想参与别人的谈话,应先打招呼。一般来说,不要贸然参与别人的私人谈话,更不要去旁听。

(5) 谈话中的赞美、闲话和玩笑。赞美的话人人爱听,但如不是在适当的场合用适当的语言赞美的话,会弄巧成拙的。赞美时应注意:不用模棱两可的话去赞美对方,不用太过分、太露骨的话去赞美对方,不当着第三者的面赞美对方。

闲话是指在当事人不在场的情况下谈论有关他(她)的事。因此,任何谈话免不了要谈闲话。只要不涉及别人的隐私、不损害他人利益的闲话都可以作为谈话内容。但如果是损害了别人利益、泄漏别人隐私的闲话,即使是真实的,也不能作为谈资。

恰到好处的玩笑可以使谈话生动、轻松。但注意一定不要把玩笑变成取笑,也不能让玩笑占据整个谈话。

(6) 不要议论别人的品行,也不要用尖酸刻薄的语言去批评某人某事,或恶意中伤别人,特别是对身份高的人和长辈。因为,这样做会使对方怀疑你的品行,而且有时会造成尴尬局面。

(7) 改掉谈话中多余的口头禅。

(8) 对道听途说,或自己一知半解的事不要津津乐道。

总之,要使自己成为一个受人欢迎的交谈者,要注意谈话时的态度,选择合适的话题,做一个好的听众,掌握交谈的技巧。除此之外,还要注意培养自己各方面的兴趣,扩大自己的知识面。因为,真正支持谈话进行的不是嘴巴、耳朵而是头脑中的思想。

思考与练习

1. 什么是礼仪?它在公关活动中有什么作用?
2. 在社交场合如何介绍自己和别人?
3. 在社交场合如何保持自己良好的举止和风度?

第十一章　内部公共关系

一个社会组织要构筑自身良好的形象和声誉，首先得从内部公关做起。一个组织内部的公众关系是否顺畅，直接影响其知名度与美誉度的提高，同时也关系到它的日常运转和发展。积极探索内部公共关系活动机理，既是各类企事业组织谋取“内求团结、外求发展”的基础和出发点，也是我国公共关系事业走向科学化、规范化一个突破口。

第一节　内部公共关系的重要性

一个组织的公众形象是通过其内在精神与外显事物表现出来的。以企业形象为例，各界公众通过对企业精神、职工行为、产品服务等要素的认识与评价，来判断它的知名度和美誉度。广大用户通过产品与服务的质量、性能、价格和外观，形成对企业的基本看法；政府机构通过考察企业是否遵章纳税和恪守国家政策、法规，建立对企业的印象；社区居民或其他公众通过厂容、厂貌，了解企业的文明程度；企业职工通过对劳动工资、资金和福利的高低比较，以及对照经营管理水平的优劣，对企业自身就有更切身的感受。不同的公众从各自角度来认识企业概貌，产生种种感受和认识、看法，这就大致构成了企业形象。

一、内部公关是塑造形象的起点

1.“内部公关”概述

所谓内部公共关系，是指一个社会组织内部各类横向的公众关系与纵向的公众关系的总和。组织内部纵向的公众关系包括一个组织机构里上下级之间的信息沟通关系，组织内部横向的公众关系包括一个组织机构中各个职能部门、科室、班组之间和广大员工之间的信息沟通关系。

在公关界，专家们曾给公共关系下了这样一个通俗的定义："PR（公共关系）＝do good（做好工作）＋tell them（告诉人们）。"很明显，公共关系首先是促使组织把自身的工作做得更好，然后才是筹划与外界公众的交往沟通活动，并在公众心目中树立自身良好的声誉。良好的组织形象和卓越的事业成就，来自本组织全体员工的共同奋斗和不懈努力，来自组织内部良好的公共关系。

在现代社会，组织是一个由相互联系、相互依存的若干要素构成的行为协作系统，组织内部的职能部门之间和员工之间是否配合默契，广大员工是否心情舒畅，团结协调，决定着这个组织是否充满生机和活力。一个组织要获得各界公众的信任、支持与合作，就必须首先博取内部公众的真诚理解与鼎力支持。团结组织内部的全体员工，协调组织内部各个班组、科室之间，各类员工之间的合作关系，使组织内部上下左右各方共同为既定的目标而奋斗，这是内部公共关系工作的根本任务和宗旨。

在形形色色的社会交往活动中，任何组织都不可能成为独立于公众关系网络之外的一个封闭系统。因此，如何协调组织自身与各界公众的往来关系，减少各类矛盾摩擦，进而达到"内求团结，外求发展"的目标，是每一个组织必然面临的公共关系任务。在我国，公共关系是伴随着改革开放和市场经济的发展而出现的新兴事物，人们对它还缺乏科学的认识和全面的理解。相当多的人认为，公共关系仅仅是对外联络接待，常常把公共关系看成是"企业外交"、"机关外交"。一提起公共关系活动，许多人会不约而同地"向外看"，首先想到的是如何处理好同外部各界的关系，几乎把公共关系同外部关系划上等号，这其实是一种误解。

2. 内部公共关系的特点

第一，稳定性。在特定时期内，某一组织内部的公众关系是相对稳定的。组织中的各类成员是与组织形象关系最为密切，他们日常生活与工作在组织范围内，构成公共关系实务活动中不容忽视的稳定型公众。因此，稳定性是内部公共关系的一大特点。如果一个组织关心每个职员生活，保障职工应有的权益，那么职员思想稳定，安心自己的工作，事事处处为集体的利益着想，竭力维护集体的声誉，自觉地为塑造良好的组织形象出力，就可以保持融洽而稳定的内部公众关系。

第二，相关性。组织与公众之间往来关系的密切程度，可以用它们之间信息传播的频率和信息内容的重要性等指标加以衡量。一般说来，内部公众与组织之间信息交流的次数与频率，显然要比其他公众要多一些。同时，内部公众利益与组织的整体形象休戚相关，两者之间的沟通效率又直接影响组织的工作效绩大小与组织预定目标的实现。所以，在各类公共关系网络中，组织与内部公众之间的关系密切程度必定高于其他任何一种公众关系。如果某一组织与内部公众之间关系疏远，不断出现矛盾与内耗，那么，组织的形象塑造工作就会隐藏危机。

第三，可控性。与各类外部公众关系相比较，组织的内部公共关系比较易于控制和调整。这是因为，一方面，组织可以利用行政隶属关系来控制和调节组织内部各类公众往来活动，可以有效利用行政管理手段和正式沟通渠道，对广大员工进行宣传教育，把他们的言行引导到共同的公关目标上来；另一方面，员工对组织也有一种上下级之间的服从关系，在广大员工看来，服从组织的统一指挥、参与各项公关活动也是有利于增进自身权益的。因此，在员工身上或多或少地带有一种自控能力，这是内部公共关系活动具有可控制的一个内在因素。

内部公共关系稳定性、相关性和可控性三个特征是相互联系、相互依存的。内部公共关系的可控性是由稳定性与相关性共同决定的。

一个组织内部的公众关系，只要是相对稳定的，就易于控制和协调沟通，而一个组织内部的公众关系只要是密切相关的和频繁往来的，彼此之间的信息交流就能易于反馈，因而也就容易控制与有效加以矫治。在筹划内部公共关系活动时，三者应当全面考察，切忌偏颇。

二、内部公共关系诸要素分析

要做好一个组织内部的公共关系工作，必须认真分析构成内部公众关系的各个构成因素。一般来说，一个社会组织内部的公众关系网络由员工、团体和领导者三个基本要素组成。

1. 员工公众

协调组织内部的员工关系，是组织开展公共关系工作的首要任务。在考察不同员工、不同层次的需求结构的基础上，针对性地引导员工的行为，最大限度地调动每个员工的积极性、主动性和创造性，有助于共同塑造好组织形象。在协调员工关系时，着重要处理好三种员工关系：

(1) 管理人员关系。管理人员是组织内部各种业务部门和职能部门的主管人员。他们在职工中有较大的影响，有一定的号召力。他们与决策层之间关系密切，是决策层与一般员工之间信息沟通的中间环节。他们是决策层的后备队伍，自我期望比较高，又较多地掌握组织内外的各类信息，对组织的前途与利益较为关心，对自身形象与组织形象的塑造，比其他职工更为敏感。

(2) 技术人员关系。技术人员分布在组织的各个部门与各个环节，专业技术人员具有相当高的文化知识素养，由于他们从事的是以脑力劳动为主的复杂劳动，他们希望有一个宽松的人事环境和融洽的家庭式氛围。他们的自尊心，自我控制能力和自我发展能力都比较强，他们也十分关心组织的形象问题。技术人员是组织得以运作的基本力量。

(3) 操作人员关系。操作人员处于组织业务活动和日常工作的第一线，在人数上占了员工公众的大多数，他们的劳动直接关系到组织的形象，他们积极性的高低直接影响到产品和服务的产量与质量。与操作人员关系融洽，就使内部公共关系有一个可靠的坚实的基础。由于操作人员数量众多，情况复杂，因而在内部公共关系工作中，处理好与这部分公众的关系，所需要的时间和所花的精力也最多。

2．团体公众

组织内部的团体，是介于组织集体与员工个体之间的社会群体。团体成员互相影响互相依存，具有相同或相近的行为规范和工作目标。组织内部的团体既包括车间、班组、科室、工会、社团等正式团体，又包括文娱沙龙、兴趣小组、业余爱好聚会等非正式团体。在各种内部公共关系活动中，通过发挥组织内正式团体与非正式团体的作用，协调组织内部员工之间和组织与员工之间的关系，是不可忽视的一个环节。

不论正式团体还是非正式团体，都具备完成组织下达的任务与满足员工的心理需要两大功能。它能够在某些方面弥补组织的不足，组织在开展内部公共关系活动时应该普遍重视发挥正式团体和非正式团体的作用。日本的一些企业往往在推行一整套正式团体与管理的制度时，还大力提倡非正式团体的活动。如丰田汽车公司除了有2000多个质量管理小组，车间自主管理制度之外，还在公司内组织大量的非正式团体，有体育俱乐部、文娱协会、同乡会、同学会等，这些大大有助于企业内部发展良好的互助合作关系。

三、内部公共关系分类

组织作为公关活动的主体，它并不是一个分散的个体的偶然集合，而是具有一定的组织程序、行动规范的社会细胞。任何一个企业或其他组织，都必须存在着三个不同方面的运转沟通机制。从我国实际情况来考察：其一是业务运转沟通机制，职工⇌产品或服务⇌市场；其二是行政管理沟通机制，党委⇌行政⇌工会；其三是人际关系沟通机制，个体⇌群体⇌组织。有效开发内部公共关系，必须对组织内部各类公众关系的性质进行分类评析：

1．人际关系

人际关系是组织内部最普遍、最常见的一种公众关系。在任何一个组织内部，领导者与职工下属、脑力劳动者与体力劳动者、第一线操作工人与后勤工作人员、不同年龄层次和不同文化程度的职员之间等，构成组织内部的各类人际交往关系。

人际关系是组织内部公众关系中一个"特殊类"，它产生于每一种社会交往与合作关系之中。人际关系的最重要特征是具有感情基础，组织内部的人际关系根源于公众结合性的情感和分离性的情感。结合性的情感是各种使人们相互接近并且产生情感，在这种情况下对手是一个使别人愿意与其合作和采取共同行动的群体。结合性情感使组织内部业已存在的正式团体或非正式团体，它使公众联系更加巩固，分离性情感是使人们互相倾轧、彼此游离的不良情感，在这种情况下对手是一个使别人不愿与其合作的难以共处的群体。分离性情感常常导致组织内部人际关系的紧张，产生不必要的"内耗"，影响其他方面的公众关系状态，从而不利于组织形象的塑造。

2．信息关系

在社会活动中，不但组织与外部公众存在着复杂而大量的信息交换关系，即使组织内部也充满种种子信息传递活动。总之，组织与各界公众之间的公共关系都是一种双向信息沟通活动。

在内部公共关系工作中，组织内部公众之间的信息传播有知识性信息沟通、思想性信息沟通和生活性信息沟通三种类型。知识性信息沟通是指在日常工作中内部公众对新科学、新技术、新工艺的知识学习和普及活动；思想性信息沟通是组织作为社会细胞和建设精神文明的重要基地，开展的思想政治教育，还包括组织内部上下级之间、同级之间的思想沟通与观念交流；生活性信息沟通是指内部公众之间在生活方式、福利待遇、风俗习惯等方面的互相渗透、互相影响和互相感染。所有各类信息沟通活动，都能够潜移默化地改变组织内部的公众交往关系及其本组织在广大公众心目中的人格形象。

3. 竞争关系

面临激烈的竞争环境，一个企业的活力主要来源于内部公众的竞争力。内部公众的竞争关系可以表现为个人间的竞争关系和群体间的竞争关系。大量公共关系实例表明，内部公众的竞争机制和竞争关系能够激发员工们的工作热忱和潜在能力，增强企业的活力。当然，内部公众的竞争关系也会带来一些不利因素，产生紧张、不安乃至妒嫉、敌意。这就需要我们在内部公关活动中，特别强调内部公众竞争是一种平等互助的关系。

从实质上来看，内部公众之间的竞争关系也体现了一种利益分配和利益实现的关系。组织的纵向利益关系就是我们常说的国家、集体和职工个人之间的利益格局关系。组织是三者利益关系的中介，它既要直接与国家利益发生联系，又要合理分配员工个人的利益。组织的横向利益关系是组织内部公众不同受益层次的竞争关系，这种利益竞争必须以员工的工作能力和实际贡献为依据，实行"各尽所能、按劳分配"，同时兼顾公平与效率的原则。

4. 权力关系

权力关系不是天生的，而是组织内部的公众共同赋予的。在内部公关工作中，一个组织的权力总是通过集中控制而最终由组织的领导者加以实施的。内部公共关系工作的对象不是物，而是人。不同的组织具有不同的管理体制与风格迥异的领导方式，相应也反映出不同的上下级权力关系。分析国内外公共关系的实际情况，不同组织领导方式所产生的上下级权力关系，如下表所示。

表 11-1 不同组织领导方式与权力关系的比较

公众关系 \ 管理方式		专制式	命令式	协商式	参与式
上下级权力关系	信任程度	对下属部门和公众失去信任	具有主仆之间的信赖关系	上下级之间有一定的但不完全的信任	领导者与下属之间完全信任
	交往程度	交往很少或是在不信任的情况下交往的	交往是在上级指令、下级屈从的情况下进行的	适度的交往，并在相当信任的条件下进行的	上下级之间的彼此交往是深入的友善的
	沟通程度	上下级之间没有沟通	上下级之间的沟通很少	上下级之间实现正常的沟通	上下级之间、左右之间完全沟通

第二节 内部公共关系的目标与功能

一、内部公共关系工作的目标

1. 造就卓越的价值观念

一个能够取得成就，并能长久保持竞争优势的企业或组织机构，靠的究竟是什么法宝？对此，许多一流的企业家和潜心钻研它们成功经验的公关界人士普遍认为，其中一条重要经验是认真重视和积极开展内部公共关系活动，培养广大员工积极上进的精神风貌。正反实践表明，员工的价值观念是决定企业成败兴衰的一个根本问题，每一个社会组织都必须有一个基本信念和目标宗旨，以维系、动员和激励员工，充分调动他们的积极性、主动性和创造性。根据中外企业成功的经验分析，创业成功应具备七个基本要素，即“7S”：组织机构(structure)、经营战略(strategy)、组织系统(system)、组织班子(staff)、组织作风(style)、实务技能(skills)与内部员工共有的价值观念(shared-value)。其中员工的价值观念是“7S”中的核心要素，它是企业成功的法宝，也是内部公共关系工作的一个主要目标。在组织内部谋划开展各类公共关系活动时，一个首要任务是造就优秀的员工所认可的价值观念体系。

在内部公共关系实践活动中，日本松下电器公司树立的宗旨是“认清我们身负的责任和使命，追求进步，促进社会文明，致力于世界文化的长远发展”。他们提出的员工信条是：“惟有本公司每一位成员齐心协力，才能促成进步与发展，我们每一个人都要时刻记住这一信条，努力促使本公司的不断兴旺。”他们在内部公共关系工作中还制定了“松下七精神”，即产业报国精神、光明正大精神、和亲一致精神、力争向上精神、礼节谦让精神、顺应同化精神、感谢报恩精神。在日本，松下电器公司是第一家有公司歌曲和价值规范的厂家。公司在日常经营管理中给予员工两种特别训练，一种是基本的业务操作和生产技术训练，另一种则是公司特有的“松下精神”教育，每隔一个月，员工们就要在他所属的部门中进行十分钟的演讲，阐述本公司的精神价值观，以及公司与社会、个人之间的相互关系。松下公司的企业价值观念与“松下精神”不仅成为公司兴旺发达的内源动力，甚至成为战后日本经济起飞的象征。

培养员工的价值观念对于塑造组织形象具有重要作用。首先，它赋予广大员工的日常工作以崇高的意义。人们总是希望自己在从事的工作岗位上建立个人与组织的认同关系，获得归属感和荣誉感，并且希望在特定的工作环境中以自己的才干实绩赢得他人和社会的承认与尊敬。因此在内部公共关系活动中，正确地揭示每个员工的自身价值，把他们的日常工作与高层次的价值目标联系起来，能够使广大员工超脱低层次的狭隘眼界，获得精神动力，团结一致为共同的目标任务而精诚合作。其次,员工的价值观念赋予企业以重大的社会责任。一个正确选定的价值观念,同时要求企业从社会责任出发,来指导和校正自己的行为,不仅强调组织自身的局部利益,而且自觉认识到肩负的社会义务,并且以此作为自己的价值规范和行为准则。再者,价值观念为广大员工提供了日常工作的指南。在激烈的竞争面前,一个企业要图生存求发展,必然要求上至领导者,下到普通员工共同拥有一个积极上进的价值观念体系,促进上下左右各方围绕共同的价值准绳作“向心运动”,将组织内部全体公众在目标一致、利益一致的基础上紧密地结合为一个有机整体,自觉地调节个人利益与集体利益,眼前利益与长远利益之间的关系,保持员工们思想言行的正确方向。

2. 培养融洽的“家庭式气氛”

内部公共关系工作应包括对生产经营和日常工作的各个方面给予积极的关心,使员工感到置身于组织集体之中犹如身处自己的家庭之中。人所共知,每一个职工都有经济的、社会的、心理的、精神的不同层次的内在需求,只有他们种种需求在组织内部得到基本满足,才能促使他们努力劳动,勤奋工作。因此,照顾好每个员工的工作、生活是内部公共关系工作应尽的责任。那些获得卓越成就的企业,都十分重视员工的八小时之外的生活,在企业内部培养和谐融洽的人事环境,他们总是把公司看成是一个扩大了的家庭。例如美国著名的德尔塔公司,就大力提倡和培植广大职员的“家庭情感”,并把“家庭情感”融入了各项制度之中。他们把培养“家庭情感”看得比眼前利益和成本投资更为重要,这就形成了他们获得成功的闻名于世的“德尔塔之路”。

每一位在单位供职的员工,不仅希望自己从事的工作富有价值和意义,在事业上有希望有奔头,而且希求自己的组织是一个充满人情味与温馨感的“大家庭”。只有在融洽的家庭式气氛中,员工们在工作中碰到的焦虑和压力才能得到缓解,同时这种家庭式的情感需求的满足,必然促使广大员工形成强大的动力,从而把组织造就成为一个坚强团结的集体，以卓越的事业效绩去赢得社会各界公众的信任与好感。在这方面，日本的一些企业有其独到之处。第二次世界大战之后，日本经济之所以得到迅速恢复与崛起，公认的结论是它将欧美先进的科学技术与本民族优秀的文化传统相聚合，从而成功地创出一条"儒家资本主义"式的现代化发展道路，用日本人自己的话来说就是"和魂加洋才"。从日本的历史演变进程来看，儒家文化构成了日本民族文化的重要源流。"和魂"是指以传统的儒家学说为核心的家庭士族伦理，它是构成日本企业精神的基本信条，家庭观念是当代日本企业管理和开展内部公共关系活动的基石。儒家的"和为贵"主张在今天已经扩展成为和睦相处、团结协作的集体主义思想。在日本企业里，"和"是人们向往并努力争取达到的一种公共关系目标。员工们在日常工作中强调互相仁爱，彼此亲如一家，反对个人主义，尽量避免无谓的内部倾轧，把企业造就成为俱荣俱损的命运共同体。日本企业内部公共关系工作的成功促使我们对民族传统文化进行深刻反思，对现阶段各类内部公共关系工作进行锐意的探求，努力摸索行之有效的内部公共关系活动模式。

3. 优化组织内部的人群关系

从内部公共关系的角度来看，一个组织机构能否取得成就，关键在于组织内部各类公众之间的人群关系是否融洽，领导者与职工之间以及职工个人之间的协作关系是否顺畅。在内部公共关系活动中优化和改善各类人群关系，必须从实际情况出发，满足内部公众各个层次的需要，使广大职工形成和获得方向感、信任感、成就感、温暖感、舒适感和实惠感。

所谓方向感指的是员工对组织的近期目标和长远发展目标是否了解，是否对集体寄予希望；员工对个人的职位和工作前途是否感到满意乐观。如果广大员工的方向感良好，那么就会对组织集体产生向心力，甘愿为组织的声誉付出不懈的努力。

所谓信任感是指组织内部各类公众之间的互相沟通和互相依赖程度。广大员工充分信任本组织的领导人和其他管理人员，上层领导人物也充分信任基层职工。这种相互信任感的建立会使员工自觉以主人翁的态度来关心集体，以主人的身份从事各自的岗位工作。在内部公关活动中，培养内部公众的信任感是建立组织内部和谐人群关系的基础性工作。

所谓温暖感指的是广大员工把组织看成是自己的另一个家，企业是一个“扩大了的家庭”。组织内部上下左右之间关系融洽，气氛亲切和谐，上级主动关心基层，为群众排忧解难，下级自觉体谅上级的困难，踊跃分忧。身处这样的组织集体之中，每个人都会感到亲切和温馨。

实惠感指的是组织关心员工的切身利益，能够帮助解决广大职工的实际问题，报酬合理，奖惩得当，员工的衣、食、住得到妥善安排，基本的物质生活得到保障，使广大员工切身感受到本人的利益和组织的兴旺发展是密切联系在一起的。

舒适感是指组织为自己的员工创造和提供良好的工作条件、生活环境，重视劳动保护，合理安排劳动强度，使广大员工在八小时之内和八小时之外都感舒畅。

成就感指的是每一位员工都认识到个人的每一项劳动都与集体荣誉和组织形象息息相关，企业努力使每个职工取得更大的进步和成绩，而员工们则把个人的工作业绩与集体荣誉挂起钩来，正确认识自己的工作价值与社会职责，并且激励自己不断进取。

不久前，有关部门曾经就内部公众方向感、信任感、温暖感、实惠感、舒适感和成就感等六项指标，对上海580多家企业的人群关系状况进行了测评，结果表明，接受调查的职工都把精神性需求比如信任感、方向感排在前列，而将物质性需求如实惠感放在后面。这次调查给我们一个启迪，就是组织内部的人群关系状况对于该组织的兴衰成败是至关重要的。开展内部公共关系工作的一个主要目标，就是促进组织内部公众之间的相互沟通、相互理解与相互信任、相互尊重。

二、内部公共关系活动的功能

1. 导向功能

内部公共关系活动既然反映了广大职员共同的价值观念、共同的追求目标，它必然对组织内部的每一位公众产生一种强烈的感召力，把众多的员工言行引导到组织既定的公共关系目标上来。如美国国际商用机器公司(IBM)在长期的内部公共关系实践中，始终强调“提供 24 小时最佳服务”的宗旨，并以此来教育引导数万公司员工的一言一行，为遍布世界各地的用户提供尽可能满意的服务，广大职员在日常工作岗位上自觉把自己的一举一动同 IBM 公司的整体形象联系在一起，使该公司成为举世瞩目的世界 500 强企业。在内部公共关系工作中，一个企业或组织一旦确立了自己的价值观念和行为规范，就为自身形象建设树立了一面旗帜，它向全体职工发出了号召。这种号召一经广大员工的认可、接受，就会产生巨大的导向作用。

2. 凝聚功能

内部公共关系活动使人们在个人目标与组织集体目标保持高度一致的基础上建立以组织为中心的群体意识，从而产生一种无形的向心力。具有强烈集体观念的各个成员会对本组织所承担的社会责任和发展目标有深刻的理解，继而成为一帖强有力的“粘合剂”，把本组织全体成员的意志和力量凝聚在一起。在各类内部公共关系工作中所确定的价值观念和行为准则，是广大员工共同意愿的集中反映，为每一位员工所理解和接受，进而保证组织内部上下左右各方面“心往一处想，劲往一处使”，成为一个和谐协调、配合默契的高效率的群体。

3. 约束功能

内部公共关系往往是通过一些无形的、非正式的、非强制性和不成文的行为准则起作用的，它虽然不见诸文字却由于约定俗成而对每一位员工的思想观念和言行举止起着约束作用。在一个组织环境中，人们由于合乎组织特定准则的行为受到肯定和赞扬，从而获得身心的平衡与满足，反之，则会产生失落感和挫折感。因此，在公共关系活动中，作为组织成员往往会自觉地服从那些根据大多数职员共同利益和意愿制定的行为准则，产生“从众行为”。内部公共关系工作在尊重个人情感的基础上，引导员工为实现组织共同的价值目标进行自我控制和自我约束。

4. 激励功能

所谓“激励”就是通过各种形式的刺激，使组织内部全体成员产生一种士气高昂、自觉奉献的精神状态。在内部公共关系活动中，较之各种名目的物质激励来说，内部公共关系活动更侧重从精神上给员工以激励，它的适应性更广泛，作用力更持久。据国外研究表明，通过物质刺激只能发挥职工工作能力的60%，而剩下的40%的潜在能力只有依靠精神奖赏的方法才能充分激发出来。因此在奖励先进时，应该坚持物质鼓励和精神鼓励相结合，两者并举，不可偏废。在一个“人人受到栽培，个个得到尊重”的组织环境中，每个成员的进步和贡献都会及时得到领导的赞赏、同事的夸奖和集体的褒扬，从而诱发和刺激人们潜在的热忱与干劲。

5. 幅射功能

内部公共关系能够使各类企业的人、财、物诸要素与产、供、销诸环节得到优化组合和合理配置，有助于发挥整体优势和特长。同时，内部公共关系活动也是一种自我张扬活动，它向社会展示本组织的综合形象，包括员工的精神面貌、管理风格与特色、价值观念和行为准则，以及产品、服务水平、不断向各界公众提供各方面真实的信息，以提高本组织在公众心目中的知名度与美誉度。各类企业组织不仅是一个经济实体，也是一个社会细胞；它不仅是物质财富的生产者，也是精神文明与精神财富的创造者。实施内部公关活动不仅要培养本单位员工热爱集体、关心集体的道德情操，培养彼此之间精诚团结、互相信赖的“团队意识”，而且要从长远入手，着力提高他们的思想觉悟，既为本企业的经营目标尽力，又为社会文明进步作贡献，把广大职员热爱企业、关心集体的朴素情感升华到热爱祖国、热爱社会主义的崇高境界。

第三节　内部公共关系的运作机理

每个社会组织都有自身特定的内部公众对象及其内部公众关系网络。内部公众在与组织双向互动过程中必定产生认知、动机、态度和相应的行为，这就是内部公众关系工作的基本环节和基本内容。内部公共关系活动就是采取特定的谋略手段和操作方法，对内部公众的认知、动机、态度和行为进行有计划的调节和有意识的引导。

一、增强内部公众的认知

公众的认知是指他们对企业行为或组织行为的知觉、印象、记忆、想像、判断和理解。公众对组织形象的认知和信息接受，是公众心理活动的开端。在内部公共关系工作中，增强内部公众对组织的认知是一个首要课题。

组织形象实际上就是各界公众对它的感受的评价，组织形象的好坏固然决定于它自身的行为，但也决定于公众对它的认知程度。在内部公共关系活动中，有效增强公众对组织的认知，可以从以下几个方面入手：

1. 要重视组织给公众的“直面印象”

组织给社会公众留下的印象有三类：真实的组织形象、想像的组织形象和隐含的组织形象。真实的组织形象存在于公众与组织的直接接触与协作交往之中，想像的组织形象存在于组织的广告宣传与亲善推广活动中，隐含的组织形象存在于组织从事的某些象征性行为之中。在上述三类公众印象中，对于一个企业最为重要的是真实的企业形象，即广大公众直接交往而产生的对组织的整体评价。各类企业要以实际行动赢得各界公众的信赖，让其亲身体验和实地掌握企业在产品与服务方面提供的可靠信息。

2. 要重视内部公众对组织产生的“第一印象”

从公众的认识规律来看，人们对认知对象留下的第一印象很重要，即所谓“先入为主”的心理现象。公众对某组织有一个好的第一印象，以后很可能长时期地保持这个良好印象；反之，如果公众对该组织的第一印象很差，以后就很难扭转这种不良印象。

新产品推出、新职工报到、新商场开张、新顾客上门等场合都务必认真布置，周到接待，不可草率从事。以接待新职工为例，新工人刚进厂门第一印象的好坏，将对他们产生持久的影响，欢迎新职工的目的是为了使他们尽快熟悉了解工厂，消除新老职工之间的陌生感，使新老职工共处和睦友善的家庭式气氛之中，让新职工从迈进厂门的第一天开始就产生深刻难忘的崭新印象。对于熟悉企业的老职工来说，他们最关心的是本单位的“新招数”、新产品、新工艺和新进展。因此，内部公共关系活动要督促企业在各个方面不断创新，以便给广大公众留下充满生机活力的印象。

3. 不断增加组织的透明度

透明度是指组织的管理决策及其日常行为能被公众感知的清晰程度。公众只有对组织活动看得清、看得准，才能在全面认知的基础上与之保持良好的合作关系。在内部公共关系工作中，增加组织的透明度，必须提倡“玻璃屋式”的做法，以便让广大公众更详尽地了解组织的全貌。在现阶段，通常的做法是：

(1) 敞门法。为了增进内部公众和外部公众对本企业本单位的认识，进而取得他们的信任和配合。不少企业专门设立“开放日”，经常安排本厂职工与各界公众参观企业，向他们介绍自己的现状和发展远景。

(2) 对话法。不少单位在内部公共关系实践中，广泛开展协商对话活动，领导与群众互相通气，并且逐步形成制度，取得了显著成效。各级组织机构通过内部公众和外界公众的双向沟通，可以向群众清楚地解释本单位的宗旨、任务、方针政策及其现状，从而赢得公众的理解，消除彼此之间的隔膜。

(3) 安民告示法。内部公共关系工作的一项重要任务就是促使组织内部信息顺达流畅，做到“上情下达”和“下情上达”。在实践中，可以经常向广大公众发布新闻，通过文件、广播、橱窗等形式，把有关企业组织的重要活动、决策规划、规章制度告诉员工，从而争取他们的密切配合与大力相助，共渡创业难关。

二、激励内部公众的动机

动机是指人们为了满足一定需要而产生的兴趣、意愿和期望。在内部公共关系实施过程中，可以采用如下方法来激励广大职工的心理动机：

(1) 榜样激励。榜样激励即通常所说的典型示范，以典型带动一般，以先进推动后进。通过树立榜样，会促使先进员工更加严格地要求自己，积极奋发更上一层楼。同时，榜样对普通群众和后进分子会产生触动，促使他们对比先进找出差距，激励广大群众的上进心。在树立榜样时，要注意其真实性、典型性与可学性，切忌眼光过高，一味追求高、大、全，要注意榜样的树立对组织内部各层次的公众都具有说服力和感召力。

(2) 民主激励。要激励职工，调动群众的积极性，必须切实保障职工群众的主人翁地位，真正做到职工当家作主，使广大群众有权参与组织重大事件的决策，经常对上层领导进行监督和质询，以此焕发群众的积极性，在组织内部各个层次的公众之间建立和维系良好的公共关系。

(3) 领导行为激励。在组织内部，领导者行为对于广大员工下属具有很大的感染、鼓舞和示范效应。领导者的模范行为是一种无声的号召，为此领导者在工作作风、领导方法、领导艺术等方面应该对自己提出更高要求，甘当“服务员”和“勤务员”；领导者要廉洁奉公，正确运用群众赋予的权力，以平等、真诚的态度经常与下属沟通，深入基层发现问题，认真听取员工的意见、建议，与职工群众平等相处，取得他们心目中的威信和情感上的默契，使他们产生“士为知己者死”

的心理效应。

(4) 反馈激励。在内部公共关系工作中，及时地把员工业务成绩和学习效果反馈给本人，同时作出客观的评价和奖赏。这样会更有效地激励内部公众的积极性。比如，可以通过各种信息反馈手段来激励员工，逐月公布每个职工的各项生产活动指标和业务进展，建立和公布职工技术、文化、业务考核资料，给他们设置可行的努力目标，这样做的结果肯定会有效地激发老、中、青员工的行为动机。

(5) 情感激励。在内部公共关系活动中，要注重对职工进行感情投资，对职工 8 小时内外的学习、工作和生活都不断给予关心照顾。情感需要是内部公众最基本的心理需求之一。在日常工作中，感情投资不受时空条件的限制，与有形的物质联系相比，情感激励产生的作用与内聚效应更为持久。增强各类公众与组织之间感情上的联系，不断密切彼此间的沟通联络，是塑造现代企业形象的一条必由之路。

三、转变内部公众的态度

态度是公众对某类事物所持的一种心理倾向，这种心理倾向包括认识的因素、情感的因素和意向的因素。一个人的态度对他的行为具有指导性和动力性的影响，因为态度通过行为表现自己，行为的动力蕴藏在态度之中，态度影响到公众对客观事物的认识，而对客观事物的认识又会强化他的态度。组织内部不同类别的公众，其经历各不相同，除了形成多种不同的个性之外，还形成了不同的态度。例如，有的人对工作认真负责，一丝不苟，有的人却马马虎虎，得过且过。对待同一事物、同一问题，有的职工赞成，有的职工反对。公众的态度在很大程度上决定了他的思维方式、生活方式和工作方式。

公众的态度不是天生的，而是在社会环境及其日常生活中经过学习而逐渐形成的。内部公共关系工作的一项重要任务就是通过各种形式的宣传、教育和沟通，有针对性地对广大员工进行深入细致的引导。端正职工的思想，改变消极的态度。由此，可以用公众态度变化的方向和程度来考核，评价内部公共关系工作的成效。

实施内部公共关系活动,改变或强化组织内部公众的态度,必须依次经历服从→认同→顺化三个不同的阶段。

(1) 服从阶段。这是从表面上转变观点和态度的时期,也是转变公众态度的开局阶段。处于这一阶段的公众只是被迫表现出一些顺从的言行,其内心并非心甘情愿。

(2) 认同阶段。在这一阶段,公众不是被迫而是自愿接受他人的观点、信念,并努力使自己的态度与他人的态度逐渐接近。如加入某一团体的人,经过一段时间相处之后,认识到作为该团体的一名成员,必须遵守统一的行为规范和价值标准,将此作为一种自己恪守的信念。在认同阶段,公众并不在外界压力下转变态度,而是自觉自愿地改变自己原来的态度倾向。

(3) 顺化阶段。在此阶段,公众真正从内心深入相信并接受他人的观点,从而彻底抛弃和改变自己的态度。作为公关人员来说,必须借用公众接受心理的"名片效应"与"同仁效应",从而提高公共关系活动的效率。

所谓"名片效应",就是指在公共关系宣传中,公关人员在阐述自己的基本观点之前,先表明自己在许多问题上与公众对象有一致意见。亮出这张"名片"的目的是为了削弱公众的对立情绪,避免公众对公关人员所倡导的观点持挑剔态度与抵触情绪,使公众认为双方有许多共同的观点和利益,进而有助于对方尽快改变原先所持的态度。

所谓"同仁效应"则是"名片效应"的进一步发挥,即公关人员在论证自己的基本观点之前,不仅表明自己在许多问题上与宣传对象有一致意见。而且突出强调己方与对方在其他方面也有不少相似之处,如相同的职业、习俗、兴趣、个性等。这种全"亮出"会进一步缩短宣传者与受众之间的心理距离,消除彼此之间的陌生感和隔阂,使公众从双方相似之处引出认同感,把把宣传者看成"自己人",从而全面接受宣传者提供的信息和观点。

四、引导内部公众的行为

内部公共关系活动的最终目标是引导内部公众的行为。一个组织要有良好的劳动秩序和生活秩序，就要对广大内部公众的言行举止进行合理导向，以制止越轨行为的出现、蔓延，鼓励和倡导正当行为发扬光大，保持员工的个人目标和集体目标的基本一致，使由诸多职工个人行为构成的组织行为协作系统产生最大的功效。

对内部公众的行为引导，一般要经历三个不同的时期。

(1) 解冻期。“解冻”就是公众破坏原有的价值观念与传统的处事习惯，愿意接受新的行为方式。当一个人觉得再也不能按老经验、旧一套继续下去了，非改变原先的价值标准和行为习惯时，就可以说他开始进入了解冻期。加速解冻的办法是增加公众改变行为的内驱力，这时要注意使愿意改变的行为与奖赏激励结合起来，把不愿改变的公众行为与处罚联系起来，从而促使公众行为的解冻。

(2) 消融期。当一个人已经被激励去改变自己的态度或行为时，他便能接受新的行为方式。这时，公众行为是一种努力向新型行为模式接近的归化认同行为。在消融期里，有效改变公众行为必须激发他们对待新型行为的认同和归化。当旧的行为方式越来越少，新的方式越来越多并已成为主导行为方式时，就开始进入一个新的行为阶段。

(3) 冻结期。冻结期是指将公众新的行为方式固定成为一个模式，并使之持久、巩固的阶段。这时，公关人员必须对特定的公众对象进行有效的定向强化和控制。连续的强化控制是对被改变的公众对象每次从事新的行为时都给予表扬和赞赏，每当他出现一次积极的行为就给予一次正面强化。断续的强化控制是按照公众对象预定的行为次数在间隔时间里施行不断强化，它可以保证公众改变行为的积极性。

在各类内部公共关系实务中，对于公众行为的引导大致可以采取以下不同的控制方式：

(1) 思想控制。内部公众的思想状态如何，对于提高内部公共关系工作的效率具有决定性的意义。思想控制是以正确的世界观为前提的，用正确的思想指导公众日常行为，可以保证公众行为的目的性和方向性。在内部公共关系工作中，借助思想观念的引导控制可以使其他管理方法与公关手段更好地发挥作用，惟有思想引导和控制才能在一个相当长的时间内收到稳固的成效。

(2) 纪律控制。在内部公共关系工作中，思想教育和必要的纪律约束是相辅相成的。内部公关中的传播沟通不仅是口头上的说服倡导，也包括纪律约束这种外在强制的形式。利用纪律手段对内部公众的言行进行合理疏导和矫正，是内部公关活动不可缺少的环节。在加强思想教育的基础上，对于违背组织纪律的少数职员，应当给予必要的处置。

(3) 道德控制。道德控制是通过信念的无形力量来规范和约束公众日常行为。在实施内部公共关系工作中，要特别重视运用职业道德来引导、规范和控制广大员工的言行举止。职业道德是促使人们热爱职业、献身职业的内在力量源泉，一个人的职业道德水准如何，直接影响他所从事的职业效绩。职业道德也是协调内部公众相互关系的有力手段。在一个组织内部，公关纠纷时常发生，有许多问题的解决需要利用职业道德、职业规范等杠杆，才能有效地约束广大员工的个人行为，从而保证组织行为的健康发展方向。

(4) 心理控制。这是在公众内心愿望与外界要求互相一致的情况下产生的一种自主性控制形式。考察各类组织形式不同的公共关系活动，利用心理调节的方式对内部公众的行为进行合理引导和控制，能最大限度地发挥职工群众的自主性和积极性。

(5) 舆论控制。在内部公关活动中，舆论控制是依靠社会舆论的监督力量，实现对组织内部的公众行为进行必要的规范和约束。一般来说，社会舆论作为“局外人”的身份，这的评价客观而且公正。处于社会舆论的监测之中，组织形象的塑造更需要考虑自身所承担的社会责任及其公众利益。在内部公关活动中，对内部公众行为进行舆论控制亦显得更具适用性和持久性，公众舆论的力量也显得更具威力。

第四节　内部公共关系实施方法与渠道

一、树立企业精神

企业精神是企业形象之魂，它是企业全体员工在长期的生产劳动和经营管理实践中逐渐建立起来的共同的价值观念、思想觉悟和行为规范的综合体现。我们知道，企业内部公关工作的宗旨是培育独特的企业风格与优秀的企业形象。所谓企业风格和企业形象，是指一个企业区别于其他企业的个性特征，它不仅来自有形的，看得见摸得着的外显事物，更重要的是源自为广大公众所感知的企业精神。

企业精神包括坚定的企业追求的目标，强烈的集体意识，正确的激励原则，鲜明的社会责任感，卓越的企业价值观和方法论。倡导和树立优秀的企业精神，是内部公关活动的中心环节，也是实现企业管理现代化的重要内容。创建和培育优秀的企业精神，必须从以下几个方面入手：

第一，选择适当的价值标准。一个企业选择什么样的价值标准，这是创建企业精神的基础和前提。一般来说，一个企业在选择价值标准时首先应当具体考察企业属性，企业精神因为各个企业属性的差异而有所区别，工业企业与商业企业不同，商业企业中的百货商店和食品商店也有一定的区别。所以，一个企业首先要根据自身的性质来选择适当的价值标准。例如，工厂可以从产品出发树立“向消费者提供最优产品”的价值标准，商店可以根据自己的经营特点，提倡“顾客至上”的价值标准。其次，要考虑企业内部职工的素质及其构成，不同类型的员工及他们的组合方式都会影响企业精神建树，每个职工的价值观念与企业的价值标准是互容还是互斥，直接关系到企业的价值标准能否为每个成员所接受。因此企业在选择价值标准时应当认真分析“人”的因素。再次，树立企业精神还要考察企业的外部环境与外在条件，包括政治、经济、法律诸方面的因素，这些东西都会影响企业成员的思想意识和举止行为。如社会生活的民主气氛会影响职工对企业集体的关心程度，社会传统习惯会影响人们改变旧思想接受新观念。总之，企业价值标准的选择并非单纯由主观意志决定，只有在认真分析研究企业内外因素的基础上，才能创造出既能体现企业的不同特性，又能为每个企业成员所接受的价值标准。

第二，不断强化"团队意识"。企业一旦选择了合适的价值标准以后，就要研究如何使这一价值标准为员工所接受，并且成为每个企业成员价值观念和行为规范的有机组成部分。如果人们能把企业真正当成个人生活的必要构成部分，能够在工作中获得成就感、荣誉感，那么他们就会对企业产生一体感和归属感，这样企业成员就很自然地对企业怀有深厚的感情，也就容易接受企业所选择的价值标准。所以对一个企业来说，关键是要重视增强每个企业成员的集体主义意识。为此，首先，要确定企业生产经营目标，把企业价值观念具体化。企业目标要易于为大家所理解、所认可，同时需要明确每个企业成员为实现企业目标应遵循的行为准则及其权利义务；其次，要真正实行民主管理，使职工意识到自己是企业主人和管理的主体。使他们不再从个人与企业对立的角度来考虑问题，而是能够以主人翁的姿态，从企业整体的角度出发处理协调个人与集体之间的关系，自觉地按照企业目标来校正自己的行为；再次，要重视企业内部非正式团体的作用，管理者要善于协调企业与小群体的关系，特别是要取得小群体中领袖式人物的配合与支持，引导他们接受企业的价值标准，使企业内部非正式团体的作用力与企业目标方向互相一致，积极帮助指导非正式团体的活动纳入内部公关工作的轨道上来。

第三，培养企业领导者的模范行为。企业领导者的行为是一种无声的号召，对于企业精神的创建和企业形象的形成有直接的影响。因此，要树立优秀的企业精神，塑造和维护企业共同的价值观念，首先，企业领导自身就应当是这种价值标准的化身，他们必须通过自己的行动向全体职工灌输企业共有价值观，日本"电器大王"松下幸之助具有事必躬亲的工作作风，他在退休之后仍然仔细阅读工厂报告，不分昼夜地打电话指挥公司的管理活动，他的模范行动对他的下属影响很大。在日本企业界，松下公司的管理人员以坐办公室最少而著称。其次，企业领导者要特别重视职工的感情投资。要注意与下属经常联络感情，以平等、真诚、友善的态度对待职工群众，取得他们心目中的信任和情感上的默契，使他们产生“士为知己者用”的心理效应，从而能够有效地增强职工成员对企业的忠诚态度和集体归属感。

第四，与时俱进，不断丰富和充实企业精神，企业形象并不是一成不变的，随着企业内外因素和经营条件的不断变化，原来的企业精神与企业形象就有可能显得陈旧过时，这就要及时扬弃旧的企业精神，创建新的企业精神。在我国企业公共关系工作中，必须继承优秀的民族文化遗产，特别是要继承发扬几十年来党领导下形成的优良传统，如“南泥湾精神”、“大庆精神”等。同时，也要创建具有时代特点的企业精神，如开拓进取、敢冒风险、勇于创新、尊重科学等新思想与新观念。总之，建设卓著的企业精神和企业形象是一个长期努力的过程，绝不能简单地理解概括为几个字几句话便能完事，也不是靠大轰大嚷所能奏效，它需要企业领导、职工群众和党政工团各方面日积月累的共同努力，倡导培植。

二、实施多种形式的内部沟通

1. 编印企业刊物

企业内部公共关系工作的一个重要任务就是沟通企业内部的信息交流，做到“上情下达”和“下情上达”。有时我们各方面的工作都做得相当不错了，可是还不为员工所理解，这种“一厢情愿”的情况说明企业与员工之间的信息交流不够顺畅。所谓“上情下达”是指企业决策层通过情况简报、信息发布、传达文件、广播、布告栏等方式把企业内部的重要信息，如企业经营现状、经验交流、市场供求、新技术新工艺、违纪处理、立功奖赏等情况告诉广大员工。“下情上达”是指企业的职工群众通过建议箱、黑板报、民意测验等方式把他们的建议、意见等告诉管理者与领导层。

企业刊物是内部公共关系活动的书面媒介，大型企业可以编印工厂刊物，中小型企业可以用黑板报，布告栏或简报代替。企业刊物有利于沟通各种横向信息交流和纵向信息交流，密切管理部门与职工之间的往来联系，促进企业上下左右的相互了解。企业刊物的内容包括生产经营状况，人事和机构变动，职工的文化体育和其他活动等。还可以刊载同行业的信息，如新技术、新产品、新工艺动态。开办一些社会新闻、时事短评专栏以充实刊物的内容版面，吸引职工的注意。企业刊物的内容一定要是职工关心的问题，切忌过分严肃，要做到生动活泼丰富多彩，并且发动广大职工动笔投稿，厂长经理也亲自动手撰稿，以提高职工群众对企业刊物的关心和兴趣，使他们认识到它是大家自己的刊物。企业刊物的分发也要保证送到基层职工手中，经常听取员工们对刊物的意见建议，不断提高办刊的质量。在国外，企业刊物日益增加，美国35000多种，日本有12000多种，其中比较著名的美国福特公司的《Ford Times》，克莱斯勒公司的《Friend》发行量高达150万份。在我国不少企业也开始重视企业刊物的工作，如上海正泰橡胶厂从1983年开始创办了《正泰每日新闻》，向全厂职工报告各种信息，反映企业生产经营的真实状况，促成工厂领导和群众上下信任、互相理解，为办好企业提供了良好的条件。20多年来，被管理专家称之为“魔力神奇的《正泰每日新闻》”。

2. 建立合理化建议制度

在内部公关实务中，要倡导鼓励每一位员工参与决策，就必须完善企业内部的合理化建议制度。经常向企业领导者提合理化建议，可以提高职工的自信心和自豪感、责任感，如果他的建议被采纳，更使职工感觉到自己在企业中受到重视，在国外，“建议箱”已经成为企业管理的宠儿，成为经理董事们不可缺少的公关工具。美国企业界流行一句口号就是“请拿出你的主意去换金钱”。

实行合理化建议制度，应当鼓励每个职工对企业的经营管理、技术改进、产品创新诸方面提出有价值有见地的建议。合理化建议制度的推行一定要订出合理的方案，事先设计好“合理化建议表格”分发给职工填写，随时随地收集各类意见建议，并抓紧时间审议处理，对于每一条建议都要认真分析，反复斟酌，筛选出其中有价值的可行的东西，还要经常注意信息反馈，及时向广大员工公布合理化建议的采纳情况和实际效果，对提建议的积极分子给予适当的表扬和奖励。广州市机床厂和上海第三钢铁厂就曾先后开展过“假如我来当厂长”、“我为企业献一计”的合理化建议活动，绝大多数职工对工厂的人、财物、产、供、销各个环节提出了许多有益的意见，既调动了广大职工的主动性、积极性，又提高了企业的经济效益。在日本，丰田汽车公司的合理化建议制度是驰名于世的，早在 20 世纪 70 年代，丰田公司每年的建议总数就达 463000 多条，平均每个职工提了十多条建议，而公司每年采纳总数达 86000 多条，对于所采用的建议，公司还发给建议者 500～10 万日元不等的奖励。大量实践证明，推行合理化建议制度是一种行之有效的企业内部公共关系方式。

与此同时，合理化建议制度还应当和企业奖励制度结合起来。奖励先进要做到：

(1) 明晰性。要让企业员工明确公司奖励什么行为，使人觉得有确定的目标去争取奖励。

(2) 即时性。应该随时注意员工的积极表现，及时发现，当场奖励，使大家感到亲切，倍受鼓舞，尽量避免事过之后再去奖赏。

(3) 可获性。一项大奖的获得是很不容易的，应当使员工注意小发明、小创新，从而使多数人有机会成为优胜者，较频繁的小型奖励比大规模的奖励更有效。

(4) 多样性。广义的奖励不仅包括物质鼓励，而且包括晋升和赏识，精神鼓励往往具有物质鼓励无法替代的效果。美国福克斯波罗公司的“金香蕉奖章”就是公司对优秀员工的最高奖赏，获得它的职工便取得了企业最高的荣誉和声望。一只小小的金香蕉形别针，为调动企业员工的积极性起到了巨大作用，对于公司的兴旺发展立下了汗马功劳。研究表明，通过物质鼓励只能发挥职工工作能力的 60%，而剩下的40%的潜在能力只有依靠精神奖赏的方法才能激发出来。因此在奖励先进时，应该坚持物质鼓励和精神鼓励相结合，两者并举，不可偏废。

3. 丰富员工的文娱活动

现代社会中，无论是工厂，还是商店、宾馆，日常业务都十分紧张繁忙，企业不能只强调工作和生产任务的重要性而忽视职工的身心健康。每一个企业应当尽可能改善和提高职工的福利待遇，同时企业公关人员也应该设法使职工在紧张的工作中保持身心平衡，帮助企业职工组织读书小组、体育协会、文化沙龙和旅游观光等各种活动，以此丰富职工的业余生活，彼此联络感情，让广大员工能够在不同的场合发挥各自的才干和特长。比如，为了调动青年工人的生产积极性，丰富他们8小时之外的业余生活，原上海第二机械厂定期举办了"二机杯"足球赛，吸引了青年工人中占80%的业余球迷，做到了生产与比赛两不误。上海市毛麻公司根据职工要求，创办了每月一次的"月末俱乐部"，每次活动内容从单纯做报告、布置任务转移到开发智力、培养创新意识上来，大大调动了广大员工的积极性，这种公关方式寓教于乐，成为联络感情、沟通信息的桥梁，维系了职工之间和干群之间融洽的人际关系。广州花园酒店公关部在1985年5月发起了我国首次"母亲节"活动，向社会各界介绍"母亲节"的来龙去脉，提倡尊重妇女、保护儿童的社会风尚。由于这次活动策划得当、安排合理，加之形式新颖，内容适合我国具体国情和社会主义精神文明建设的要求，因而引起新闻媒介和社会各界的普遍赞扬，成功地提高了花园酒店在海内外公众心目中的信誉。

三、内部沟通障碍及其消除对策

内部公共关系活动实质上是组织内部的信息沟通过程。推行卓有成效的公众关系沟通并非易事，它要受到许多因素的阻碍和干扰。主要表现在三个方面：

(1) 内部公关沟通中的主观障碍。即由公众个性因素所引起的障碍，知识水平差距导致的障碍，知觉选择偏差所造成的障碍。以公众沟通中最常见的口头传达和书面语言为例，由于公众的性格兴趣和语言修养不同，表达能力有高低差别，对同一思想观点有的表达清晰，有的模棱两可，有的人听后马上理解，有人听了半天还是理解不了，有的听后作这样的解释，有人听了却作另外的阐述，因而产生语义上的障碍。专家研究表明，公众因为记忆力不佳所造成的损失也十分严重。在进行口头传达时，每传递一次大概要遗漏30%左右，造成信息的失真。对信息的不同接受者来说，一般员工只能记住他所接收信息的50%，领导者只能记住所接受信息的60%。

(2) 内部公关沟通中的客观障碍。即由空间距离所造成的障碍，组织机构设置所造成的障碍，外界环境干扰所造成的障碍。比如，空间距离对信息沟通传递及其效果有很大影响。一般说来，信息的发送者和接收者进行面对面的直接交流有利于把复杂的问题搞清楚，提高公关工作效率。如果沟通双方距离太远，面谈接触机会很少，只能借助于通讯设施和书面媒介来传递信息，那就有可能造成沟通障碍。外界的干扰过多过大，超过了信息传播的信号强度，如噪音干扰过强，就会使内部沟通工作难以进行。另外，合理的组织机构有利于信息沟通的顺达流畅，如果机构设置过于庞大，中间层次太多太杂，不仅容易使公众信息漏损失真，而且会浪费时机，影响信息传递的及时性和有效性。

(3) 内部公关沟通方式的障碍。即由语言沟通方式所造成的障碍，沟通渠道选择不当造成的障碍。信息传递中冗余量过大造成的障碍。语言媒介是各类公关宣传活动的一种基本工具，但是言语使用不当肯定会带来沟通上的障碍，措词不当，无休止的套话和空话，使用方言土语等都会影响公关工作的效率。

总之，在内部公关工作中既然存在信息沟通，也就必然存在沟通上的阻碍。公关人员的任务在于正视这些障碍，找出其形成的缘由和病灶，并且采取相应的措施来清除这些沟通障碍，构建组织内部良好的公共关系状态。

首先，创造最佳的沟通环境和气氛。尤其是作为领导者和管理者要做到作风民主、平易近人，善于倾听不同意见，鼓励下级员工大胆进谏，提出合理化建议，这样可以消除沟通各方的紧张和拘束，形成轻松和谐的沟通环境和气氛，从而为有效开展内部公关活动创造条件。

其次，作出主动沟通的姿态，拓宽多种沟通渠道。公共关系人员在日常工作中应当主动出击，寻找一切与公众交往的机会，乐于同各部门、各科室和广大基层成员进行接触，增强内部公众对自己的信任感和亲近感。同时，在内部沟通协调中，力求做到信息收集制度化、信息表述标准化、信息传递规范化、信息贮存档案化。在内部公共关系工作中，建立科学的公众信息管理系统，是有效清除内部公关沟通障碍的制度保证。

最后，遵循内部公关"沟通10诫"原则。公关界人士曾经总结了国内外1850多个企业内部公关实例，提出了改善组织内部沟通的十项建议，其主要内容是：①沟通前做好准备，预见可能发生的事件及其应变措施；②认真确定本次沟通的预期目标，选择适当的沟通语言和可行的沟通方式；③全面考察信息沟通的环境和氛围条件；④力求表达的信息内容准确、简练；⑤善于抓住最有利的沟通时间与场合；⑥重视沟通交往中的"体态语言"；⑦克服不良的聆听习惯，学会做一个合格听众；⑧信息传播者言行一致、讲究信用，善于在他人面前推销自己；⑨注意对方的反应，及时变换己方策略；⑩在与对方交往沟通中，除了合理运用语言文字之外，还应酌情使用图表、数据和实物以有效说服对方。

四、股东关系的沟通与协调

股东关系又叫投资者关系，它是指股份制企业针对广大投资者所做的公关工作。对于各类股份制企业来说，股东是具有特殊身份的"内部公众"，因而也是内部公关活动不可忽视的工作对象。股份制作为当前我国企业机制改革的创新尝试，决不是仅仅发行股票、上市交易便大功告成。股东关系既是正在孕育着的一种新型社会经济关系，也是摆在众多股份企业面前的一项公关新课题。任何团体或个人，只要持有一个企业的股票，即成为该企业的股东(投资者)，而企业一旦获准将本企业发行的股票上市公开交易，即成为"上市公司"。通常情况下，企业在发行上市股票之后，其经营管理的公开性、透明度以及企业自身的知名度都会随之提高，股票价格的变动情况也将影响企业在公众心目中的形象，构筑良好的股东关系，争取广大投资者的信任和支持，已经成为股份企业公关工作的"重中之重"。

1. 股东关系的对象

上市公司的股东队伍是随着股票交易而不断变化的，股东关系应该是上市公司中的持股人与其他股东之间的关系。其他股东包括社会闲散持股个人、境外投资者和公司内部员工。人民币特种股票(即B股)的发行，使一批境外投资者成了公司的股东。目前，股份公司为了照顾员工的利益，也为了有利于造就企业内部的团结精神，加强企业凝聚力，普遍向自己的员工发售内部职工股。

2. 股东关系的基本内容

股东关系工作首先从招股做起。成功的招股工作，既可以完成企业所需资金的募集筹措，又是宣传企业的最佳时机。

股东关系，说到底就是通过信息传播工作，促进上市公司与投资者之间的双向沟通。为此，上市股份公司必须写好招股书、上市报告书、年度报告，定期召开股东大会，让股东们充分了解企业经营现状与发展前景。股东关系最重要的目标就是吸引股东，使其长期持有本公司股票。如果股东们经常抛售本公司股票，则势必造成股票价格与股东队伍的经常变动，对企业的正常运行造成额外的压力和损害。

与此同时，要树立正确的股东意识，争取广大股东成为企业的"业余公关人员"。企业的股东来自社会的各个阶层与各行各业，他们与社会各阶层人士保持着密切联系。通过他们可以广泛地了解各种信息，通过他们也可把企业各种需要向外传递的信息，传播到各界公众中去。所以，在内部公关工作中，要使股东了解他们也是公司一员，他们应该与公司站在一起，共同塑造良好的企业形象。

思考与练习

1．什么是内部公关？为什么说内部公关是塑造形象的起点？
2．内部公共关系工作的目标和功能是什么？
3．内部公众关系的特点是什么？它可以划分为哪些类型？
4．在内部公关活动中，怎样培育优秀的企业精神？
5．股份制企业应当如何正确处理股东关系？

第十二章　公共关系专题策划

所谓公共关系专题策划，就是一个社会组织有意识、有计划地运用传播媒介和沟通手段，自觉协调组织与公众的社会关系，影响组织依存的公众舆论倾向，成功塑造自身良好形象的一系列公共关系实务工作。本章结合实际，探讨公共关系活动的一些具体策划要点与操作方法。

第一节　企业形象识别

时下正掀起一股“CI 热”。尤其进入 20 世纪 90 年代以来，许多企业借鉴欧美公司导入 CI 战略的成功经验，着意设计富有个性的企业形象。同时，“CI 热”也使当代公共关系理论和实务操作进入了一个崭新的天地。

一、企业形象识别概述

CI 是 Corporate Identity 的缩写，许多人士认为它是一项系统工程，应加上 System，缩写为 CIS。Corporate 的原意不仅指企业、社团，泛指所有的社会组织。Identity 的原意是个性、特性。CI 战略的含意是通过公关策划，突出组织的个性与特性，便于公众识别自己。

企业形象是各类公众对企业的总体评价，不仅仅是个别要素所能反映的，它是经济、技术、管理、社会、文化、心理等各种要素总和。这些要素可分为外在形象和内在形象两大部分。内在形象来自于长期为公众所感知和记忆的企业行为所表现出来的内在精神和内在素质，外在形象来自于有形的、看得见、摸得着的外显事物。内在形象与外在形象是辩证的统一，它们既有区别，又密不可分。

企业形象识别是塑造企业总体形象的一种新方法。企业形象识别是由视觉(visual—identity)、行为识别(behavior—identity)和理念识别(mind—identity)三大系统构成。目前在公共关系实践中，应用最多的是视觉识别系统工程。

二、企业视觉识别系统

企业视觉识虽(VI)是CI战略的硬件部分，它是企业形象最外在、最直观的表述。

1. 企业名称

企业名称是用文字符号表达的视觉识别系统中的基本要素之一，公众对一家企业的印象往往是从它的名称开始的。企业名称必须体现出企业的本质和特点，同时还应考虑到让消费者便于记忆。企业名称是要让消费者进行识别以后认知的。如果名称很难记，字数冗长，字体繁杂，公众不容易记忆，或者名称很不雅致，则有损企业的形象。这样的命名，都不利于企业提高自己的知名度和美誉度。

如何确定一个企业的名称？首先，企业名称应当反映企业理念，体现企业的经营特色和业务范围。比如，我国的北极星钟表集团、熊猫电子公司、万宝电器集团、四通集团公司等知名度较高的企业，就是根据各自的创业特点先后确定名称的。一旦企业名称不利于信息传播，或者由于自身的业务内容有了变化，原来的名称不能很好地适应业务活动的开展，这时候就需要改换原有名称。

第二，企业取名应考虑字数少、笔画简单。在信息传播过程中，企业名称的字数越少，句越短便越具有优势。图12-1是国内外专家经过长期研究而制订出来的企业名称字数与公众认知程度的关系比较图。从图中可以看出，企业名称字数的多少对公众认知度会产生重大影响。一般来说，名称越短越有利于传播，公众对它的认知程度也就越高。同时，文字的笔画越少，消费者记忆起来也就越方便。“少、短、小”是企业取名的一条基本原则。诸如日本几家著名的大公司，其名称丰田、松下、三洋、日立、东芝等，简短明快，笔画单一，为各国消费者所熟知。

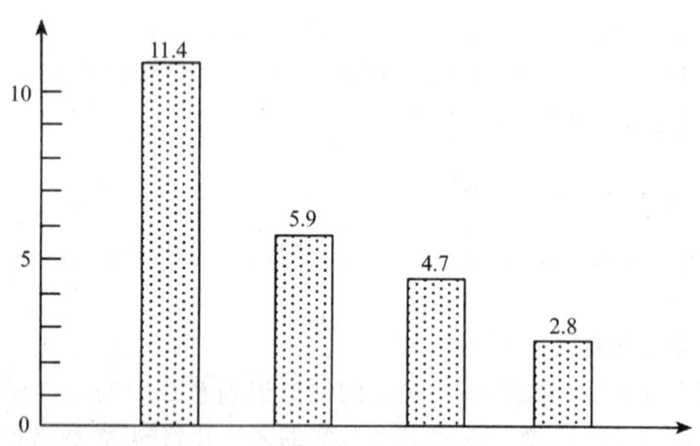

图 12-1 企业名称字数与公众认知程度比较图

第三，企业名称要求通俗易懂，读来琅琅上口，富有自己的个性，给公众以吉祥的色彩与美好的联想。如果公司的名称念起来很拗口，认起来很生疏，就不利于消费者记忆；反过来，如果企业给自己定名太普通，且与别人容易混同，也不易让人识别。对此，香港“金利来”集团主席曾宪梓深有感触。他说：“要创名牌，先要选好名字！金利来原名叫金狮，有一天我送两条金狮领带给亲戚，不料对方满脸不高兴，说是再也不戴你的领带了，金狮金输，什么都输掉了。原来香港方言中的‘狮’和‘输’读音相同，大家对此很忌讳。当天晚上我一夜未睡，为改换原有名称绞尽脑汁，终于将金狮 Gold Lion 改为意译和音译相结合，Gold 意译为金，Lion 音译为利来。金利来名称一出，很快为大众所接受。”因此，不管是企业名称还是商品名称，都要选择有新鲜感、易于流行的名字，既好读又好记，便于男女老少识别，不与其他厂家雷同化，这样的名称可以巧妙地打出企业及其产品的知名度，又可以培育独树一帜的企业形象。

2. 企业标志

企业标志是用图案来表现企业形象的视觉识别要素，它是企业理念、行为特征的象征符号。

(1)标志设计的造形

构成企业标志的设计造形有点、线、面、体四大类。由于每个造形要素本身具有独特的造形意义,因而在企业标志的设计中可以根据企业的特征,表现的重点和题材的需要,选择适当的造形要素,使企业标志具有独特的视觉面貌和强烈的表现力。

——以点为造形要素。这是造形要素中一切形态的基本单位,富有延展性,适合于各种构成原理与表现形式的运用。点可由大小、形状、疏密、远近的构成组合造成空间透视、层次变化等效果。点的理想形状是圆点,可连续并列串连成线,由此拓展成面、堆积成体。由于现代科技的发展,电脑、电信业的日趋发达,点在工商企业标志设计上起着重要的作用。

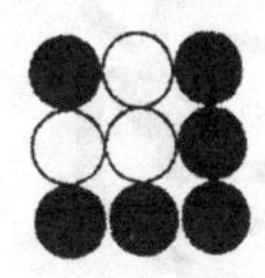
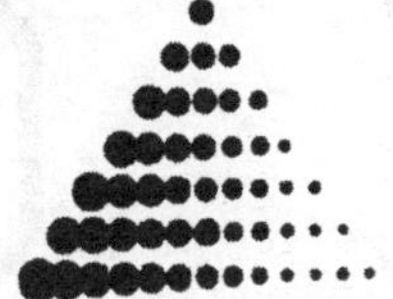
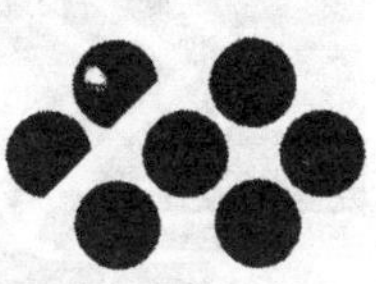

——以线为造形要素。线可分为直线、曲线两大系统。线以长度为其造形特性,并具有粗细、长短、宽窄等变化。直线具有指引方向、表现速度等意义;曲线则表现转折、弯曲、柔软等特性。

——以面为造形要素。面可由点的扩大、线的移动、线的加宽和集合等形成。当然,面也可以不借助点、线而独立形成。面是最丰富的造形要素,既可以是圆形、三角形、方形、多边形等几何形状,也可以是凹凸有致、充满生机的图案。

（德国）汉堡荷花公司

（美）保险公司

——以体为造形要素。在二维的平面上利用透视原理把造形转化为立体感的三维空间的幻觉表现，塑造强烈的视觉效果。这种做法基本上有两种情况：一是利用文字或图形本身的转折、相交、组合而构成立体感；另一种则是利用阴影作厚度，使其产生立体感。

（瑞士）库普施造纸公司

国际外国语教材规划贸易公司

(2)标志的表现题材

企业标志设计的主题、素材是标志的生命，只有确定了主题、造形要素、表现形式和构成原理才能展开。否则，缺乏严密计划、随意选择题材的企业标志将导致设计方向的不固定，以致事倍功半，也难以符合企业的经营状况。因而必须按照 CI 总体报告书所设定的方向，慎重地进行题材的确定。

标志设计的表现形式主要分为文字标志与图形标志两大类。又可细分为中英文、全名、字首、具象、抽象及文字与图形组合等形式。以下就标志设计的题材及表现形式进行分类说明：

——以企业、品牌为表现题材。这类企业标志的设计方法是一种直接传达企业形象的强力诉求，以企业及其品牌名称设计字体标

（美）卡罗卡影片发行公司

诺皮亚诺艺术研究中心

志是近年来标志设计的新动向。有的是在字体标志的全名之中选择一字使其具有独特性，以增强视觉的冲击力。

RCA

SONY

NEC

Alitalia

DIXIE

Mobil

——以企业、品牌名称的字首作为造形设计的主题也是常见的形式，也有双字首或多字首的表现形式，而造形单位越单纯，形式也越活泼生动。在单字首型的标志中有字母（文字）结构、笔划变化和字母（文字）空间变化处理等方法。双字以上的有平列、重叠、贯通和扣连（正负）等组合方式。

美国广播公司 ABC

大新银行（大）

中国包协（包）

味全（W）

——还有以企业、品牌名称与其字首的组合进行设计的，这种设计形式在于追求字首形式的强烈造形的冲击力和字体标志直接诉求的说明性，兼顾两者的优点。

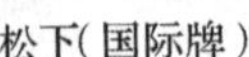
松下(国际牌)

联合航空公司

——以企业文化和经营理念为表现题材。把企业独特的经营理念与精神文化用具象的图形或抽象的符号传达出来，通过含义深刻的视觉符号唤起大众的共鸣与认同。

积水化学工业(生态保护)

第一劝业银行(爱心)

——以产品造形为表现题材。这种设计手法具有直接说明或象征企业业务范围、服务性质、产品特色等作用，但需要注意的是，它不能与政策法规和公众习俗相违背，不能触犯有关禁忌。

——以创业历史或区域环境为表现题材。刻意强调企业、品牌悠久的历史传统或独特的地域环境，诱导消费者产生权威性的认同，这是具有强烈的故事性与说明性的设计形式。这类标志常以写实的或卡通的造形作为表现形式。

—以首写字母与图案组合为表现题材。这种设计形式是把文字标志与图形标志综合，兼顾文字说明和图案表现的优点，具有视听觉同步诉求的效果。

出版社
（书籍）

国际羊毛局
（羊毛）

美国影艺学院
（胶卷+明星）

动物园

加拿大复职代办处
（鸟投林）

空中公共汽车公司
（循环）

肯德基炸鸡
（创始人山德斯）

威尔斯华格银行
（驿马车代表拓荒精神）

加拿大航空公司
（枫叶表现地理环境）

3. 企业标准色

色彩是视觉识别中一个重要因素，能在无形之中影响公众的思想、情绪及其行为，能有效地传递企业形象的相关信息。色彩能引起种种心理感觉，如象征好恶、冷暖、兴奋、宁静以及软硬等。这种感觉的综合，我们称它为色彩的联想形象。

(1)色彩的形象感知

——红色。红色的视觉效果富有刺激性，给人一种活泼、生动而又不安的感觉，它饱含着一种力量、热情和方向感。许多企业都以红色为标准色，是取其视觉上巨大的冲击力。但上述特点，是红色在稳定状态时所表现出来的，当对比条件改变时，就会使它发生相应变化。如在绿蓝底色上，红色像一种炽烈燃烧的火焰；在黄绿底色上，红色变得激烈而不寻常，似一个冒失、鲁莽的闯入者；在橙底色上，红色似乎显得郁积、暗淡而无生命；在黑底色上，红色迸发出它最大的，不可征服的、超人的热情来。广东“太阳神”口服液的商标设计就采用这种红、黑的对比，给人以强烈的震撼效果。

——黄色。这是色彩中最亮的颜色。它给人以光明、辉煌、醒目、庄重、高贵、忠诚、轻快、纯洁和充满希望的感觉。黄色因为让人觉得年轻、活泼、充满活力，所以年轻人的用品，使用鲜艳的黄色十分合适。

——绿色。纯粹的绿色使人稳定而平静，有助于消除视觉的疲劳，它能给人一种如同自然界那样的清新感，显出一种青春的力量和旺盛的生命力，给人以活泼、充实、平静、希望以及智慧和忠实的感觉。同时，它又象征着和平和安全。日本“富士”胶卷采用明亮的绿色，给人以娇艳欲滴的生命感。

——黑色。黑色在视觉上是一种消极性色彩，它象征着悲哀、沉默、神秘、肃穆和死亡、不吉利。但另一方面，黑色又具有稳定、深沉、庄重、严肃大方、坚毅等特点。黑色与其他颜色一起使用，往往可以使标识设计收到生动而有分量的视觉效果。

——紫色。这是色相中最暗的色彩，因此在视觉上知觉度很低。它是高贵、庄重的色彩，给人以神秘、高贵、奢华和优越的感觉。紫色应用在企业识别系统，多用于化妆品，近年来家电用品也开始采用紫色调了。

——蓝色。此种色调容易使人想到蓝天、海洋、远山、严寒，使人具有崇高、深远、透明、沉静、凉爽的感觉。它也象征着幸福、希望。它又是现代科学的象征色彩，给人以力量和智慧。但蓝色又能给人以深奥莫测之感。在色彩对比中，蓝色也是具有多种变化，黑底色上的蓝色，显得纯洁而鲜明；淡紫红底色上的蓝色，显得退缩、空虚和无能。

(2)企业标准色的设计原则

企业的标准色设计应当突出企业风格，体现企业的性质、宗旨和经营方针。如海王集团选用蓝色为公司标准色，象征着向海洋进军的公司目标，借蓝色冷静、幸福的形象，体现企业对高科技的追求，为人类的健康美好而创造的决心。又如美国航空公司在其广告、公司员工服装、飞机内部以及机票上都使用红、白和蓝的公司标准色，这三种颜色正好是美国国旗所使用的颜色，这清楚地表明了公司作为美国运输强者的地位。

标准色的设计要制造差别，鲜明地显示企业的独特个性。企业在室内装饰、办公用品、员工制服等颜色的选用上，都要统一化、规范化而又有独特个性，与其他企业形成显明的差别，从而给公众以深刻的印象。同时，标准色的设计应当与消费者的心理相吻合，有利于促进企业产品的销售。如日本第一劝业银业，以心的形象为中心设计公司的各种标识，统一使用红色作为标准色，象征公司热情周到为客户服务。美国 TCBY 连销店，以经营各种酸奶为特色，所有连销的分号一律以绿和灰黄相间搭配装饰，象征着天然和健康，有利于吸引顾客。又如广州市煤气公司选用蓝色为标准色，煤气是火源，有危险性，出售危险商品的企业应给人以安全感。蓝色是水色，有灭火的象征，同时蓝色又给人镇定、平静感，因此大阪煤气公司以蓝色为标准色，显示着安全可靠，能取得公众的好感。

4. 企业音乐

音乐是通过一系列和谐的音调而形成艺术形象，是一种表达人们的思想感情，反映社会生活的艺术形式。在企业形象识别系统中，音乐最能直接表现和激发人们的感情，它容易为各种年龄的人所接受，也为广大公众所最喜爱。音乐艺术的特点是它在反映现实生活时，不描绘事物的具体外貌和动作，而是着力于表达人们对客观事物的内在感受，同时它在通过声响作用于人的听觉系统时，可以使人产生联想，并在心目中形成一定的艺术形象。

企业识别音乐是确立本企业惯用的、特有的音乐曲调。它以优美的旋律和节奏，用器乐和声乐的方式，通过企业内外各种传播渠道传递给公众。将企业惯用音乐融进企业公关宣传和日常管理中去，经过反复播放，使广大公众熟识记忆，增进好感，产生对企业的感情定势，进而使企业音乐成为企业形象的特有标志。在企业管理中，企业音乐能够使劳动者处于一种愉悦、轻松、活泼的工作环境和氛围，从而引起审美快感，给人带来精神振奋。同时，优美的企业音乐还能提高人们的视觉与听觉神经的敏感性，缩短对声光信号的反应时间，帮助员工集中注意力，增强记忆力，驱散疲劳感，提高职工们的工作兴趣。一般企业可以选择一些优美音乐的段落作为本企业的惯用音乐，有条件的企业也可以创作自己的特有乐曲，在上下班时间、工间休息和举行各类仪式、庆典活动时播放。在公关策划时，企业将播放厂歌作为一种习俗固定下来，有利于形成企业特有的文化环境和管理氛围，振奋全体员工的斗志和士气。对于职工来说，无论处于何时何地，只要一听到自己的厂歌厂乐，就会产生一种特有的亲切感和集体荣誉感；对于外界人士来说，可以通过厂歌厂乐来识别企业，凭借特有的企业音乐来烘托企业形象。

第二节 危机事件处理

一旦发生突发事件，如我国 2003 年春季突如其来的非典病疫袭击，发生自然灾害、重大事故的时候，组织的公共关系状态便处于危机之中。面临强大的舆论压力和严峻的社会环境，如何及时化解危机，往往需要公关人员的精心运筹与艰苦努力，综合利用各种传播渠道和应对策略，妥善处理。

一、危机处理的原则

尽管处理危机事件没有固定的模式，但公关人员还应尽可能依据下述原则行事：

1．及时性原则

处理公共关系危机的目的在于，尽可能控制事态的恶化和蔓延，把造成的损失减少到最低限度，在最短的时间内重塑或挽回原有的形象。

2．冷静性原则

危机发生后，处理人员应冷静、沉稳，应付自如，不要因头绪繁多、关系复杂而变得急躁，出言不慎。

3．全面性原则

危机往往涉及或影响组织内部和外部的诸多方面，处理时既要考虑内部公众，又要顾及外部公众，既要注意现在的影响，又要预见未来的或潜在的影响。

4．准确性原则

危机发生后，由于种种原因会导致信息容易失真。为了防止公众的猜测、误解和谣言的产生，公关人员应及时准确地传递完整的信息，不应隐瞒或省略某些关键细节。

5．公正性原则

在处理与事件有关的公众关系时，要公正、坦诚、客观，排除主观的因素，不能感情用事。

6．灵活性原则

危机会随着情况的发展而不断变化，也有可能原方案不够周全，因此在处理时必须根据具体情况灵活运作。

7．公众性原则

在处理危机时，当然要考虑组织的利益，但必须强调，要把公众利益放在第一位。

8. 针对性原则

由于危机具有不同的类型和特征，同一类型的危机事件所面临的环境也会不同。因此，提出的解决措施、处理程序应具有针对性，提出的方案要符合实际。

二、危机处理的对策

由于没有完全相同的危机事件，处理时也就不可能有固定的模式。因此，这时采取的所谓的“对策”，仍只是一种原则性的提示。不同的公众对象，与组织构成不同的公众关系，就应采取不同的公共关系对策。

1. 组织内部对策

(1)迅速成立处理危机事件的专门机构。机构的领导应由组织的负责人担任，公关人员必须参加，会同各有关职能部门的人员组成一个有权威、有效率的工作班子。

(2)了解情况，正确诊断。应迅速而准确地把握事态的发展，确定危机的类型和特点，确认有关的公众对象。

(3)制定处理危机事件的基本原则、具体的对策与程序。并通告有关部门与相关人员，统一认识，协同行动。

(4)急告需援助的部门、机构，共同参与处理。

(5)向媒介、社区等公布事件的真相，表明组织对该事件的态度，通报将要采取的措施。

(6)调查引发危机事件的原因，并对处理工作进行评估。

(7)奖励处理危机事件的有功人员，处罚事件的责任者，并通告有关各方。

2. 受害者对策

(1)迅速查明和判断受害者的类型、特征、数量和分布情况。

(2)听取受到不同程度影响的公众对事故处理的意见和愿望，诚恳地向他们致歉，实事求是地承担相应的责任，避免出现为自己辩护的言辞。即使对方有一定责任，也不在现场追究。

(3)通过不同的渠道公布事件的经过、处理方法和今后的预防措施,必要时可印发书面材料。

(4)在处理危机的过程中,专人负责,专人把关,不要随意更换负责处理的工作人员。

3. 新闻界对策

(1)在搞清事实真相的基础上,制定向新闻界披露信息的对策,包括措辞与采用形式。

(2)由专人负责发布消息,集中处理有关的新闻采访,向记者提供权威的资料,避免口径不一致的情况出现。

(3)为了避免报道失实,向记者提供的资料应尽可能采用书面形式,介绍应简明扼要,避免使用技术术语或含糊不清的辞语。

(4)对新闻界表示出合作、主动和自信的态度,不可采取隐瞒、搪塞、对抗的态度。对确实不便发表的消息,应说明理由,求得记者的同情和理解。可以要求记者暂不报道,但不能要求记者不作记录。

(5)注意以公众的立场、观点来进行报导,不断向公众提供他们所关心的消息。

(6)当媒介发表了不符真相的报道时,应尽快提出更正要求,但应注意不能产生敌意态度。

第三节　新闻发布会

新闻发布会是社会组织为了向公众宣布重要信息,或对已经发生或将要发生的事件作出解释而策划的专门公关活动。其目的在于借助大众传播媒介向公众传递真实、权威、清晰的信息,树立良好的公众形象。

要召开一次成功的新闻发布会,应当自始至终认真有序、细致操办,其要点是:

一、确定会议主题

在召开新闻发布会之前，必须确定会议的主题，明确其中心任务，并对记者可能提及的问题加以预测，做到心中有数。一次记者招待会只应确定一个主题，同时发布互不相关的几条消息，会分散新闻媒介的注意力，影响主题传播的效果。

二、遴选会议主持人和发言人

举办新闻发布会，一般由主持人简介会议概要，而后由主要发言人详细发言。公共关系负责人可担任会议主持人，主要发言人原则上由组织的高级领导担任。因为只有他们最清楚企业的整体情况、方针、政策和计划等问题，也只有他们的回答最有权威性。

记者的提问有时尖锐深刻，甚至很棘手，这就对会议主持人和发言人提出了更高要求。他们必须思维敏捷，反应迅速，口齿清晰，具有较强的应变能力和表达能力。因此，当会议主持人和发言人选定之后，应尽可能进行会前预演，提出各种可能会出现的问题，共同研究，寻出最佳答案。这样做也使主持人和发言人能对各种可能的场面应付自如。

三、确定邀请对象

新闻发布会邀请对象除记者外，也应邀请一些专家和名流，以提高会议的规格和可靠程度。前不久，四川“泸州老窖”获国际金奖后召开的新闻发布会，就邀请了全国人大、政协的领导，因为有中央领导出席，可大大提高新闻传播规格和扩大传播范围。中央台播发会议新闻有个很重要的条件，就是国家副委员长职务以上的领导出席的会议，才可在新闻节目中播送。

邀请记者的范围要视发布新闻的内容而定。如果事件涉及到全国，则要邀请中央新闻单位记者出席；如果事件涉及到专门的问题，则请专业性报刊或新闻单位专业记者参加为好。如果是向社会发布本组织的好消息，只要有能力，就应尽可能地扩大邀请范围，以期提高自己的知名度。“泸州老窖”虽产自四川泸州，但获国际金奖是极大的荣誉，因而厂方将记者招待会定在全国政治文化中心北京召开，广泛邀请在京记者参加，以期获得更大的宣传效果。

四、准备会议材料

为使记者对所发布的消息有充分的理解，会前应准备好有关材料，事先分发给记者。包括领导人的发言稿、宣传重点、背景材料、照片、图表等，为记者提供一个系统简洁而又具体形象的报道提纲。如果会议的主题是向公众推荐一种新产品，会议主持者就应将产品的性能、特点、规格、型号向与会者作全面介绍，并编制图文并茂的资料赠给记者，必要时还可进行实物演示或播放录像，以增强其感性认识。如果会议的主题是发布食用性产品或日常生活用品，还可让记者们品尝、试穿或试用，以加深认识和体会，使他们的报道更为生动、形象、具体。

五、选择会议地点

会场选择应尽量与会议内容、规格、气氛相吻合，同时要考虑到交通的方便，并为记者创造良好的采访条件。“泸州老窖”的新闻发布会选定北京人民大会堂，因人民大会堂具有四大优势：第一，政治地位高，是我国党和国家领导人政治活动的重要场所；第二，大会堂知名度高，影响大，国内外瞩目；第三，与国家领导人的身份吻合，便于接受邀请；第四，交通方便，停车及安全有保障。良好的会议地点，对于新闻发布会的成功有着不可忽视的辅助作用。

六、制定预算计划

预算计划应根据新闻发布会的规模来制定。预算计划应留有余地，以备不时之需。

七、具体事务安排

新闻发布会规格及范围不同,会议的组织程序和基本事务却大体一致。到会宾客与新闻记者越多,越要讲求效果,故必须组织一支精干的筹备队伍,分工明确,密切配合,做好准备工作。具体事务包括以下内容:选择适当的日期和时间;认真做好请柬发放工作;会议程序安排应紧凑周详,会议时间不宜过长;精心、妥善安排好来宾座次;安排足够的接待人员;准备供记者使用的视听辅助器材;安排拍摄会场情景,以备宣传、纪念之用。

八、会后的评估反馈

新闻发布会结束后,必须检测会议效果。以总结经验,改进工作。

第四节 公益赞助

社会组织向社会公众提供物质的公益援助,就是公益赞助。通过形式不同的赞助活动,社会组织巧妙地向公众传播了自身信息,达到公众与组织之间的双向互动沟通,从而有利塑造组织自身的良好形象。

一、公益赞助的形式与范围

社会赞助经常采用的形式有:资金赞助、实物赞助、联办和主办等。资金赞助是向赞助对象提供货币资金的赞助形式。由于货币资金的"通用性",其运用范围非常宽泛。这种形式虽然被普遍采用,但从其公关效果来分析,它侧重于提高组织的知名度。

实物赞助是向赞助对象免费或低价提供本组织产品的赞助形式。这种形式仅适合需要实物,并且是向与组织经营内容相吻合的社会活动,比如向某项比赛提供奖品,向某次会议提供消费品或纪念品。实物赞助的优点是既提供了赞助，又宣传了产品。

联办和主办是一种参与程度较高的赞助形式。这种形式是通过组织直接插手于一项事务的形式来进行赞助的，可以将物质资助与兴办事业很好地结合起来，使组织对赞助效果的可控性增加，是一种有广阔前景的赞助形式。

就企业而言，常见的赞助范围是：

1. 体育事业

这是赞助活动最常见的一种形式，它不仅可以促进体育活动的普及和提高，而且可以最大限度地提高企业的知名度。因为体育运动是公众影响面最大，公众投入感最强的活动，特别是奥运会和世界足球锦标赛这种大型体育比赛，涉及的公众可达几十亿人。赞助体育事业的方式有提供经费、实物，组织体育比赛，承包运动队等。

2. 文化事业

赞助社会文化事业不仅可以培养公众的情操，提高民众的文化素质，而且可以大大提高组织的美誉度。文化活动吸引的公众层面比较宽泛，影响也比较好。赞助文化事业的方式主要有承包文艺团体、赞助文艺演出、赞助电影电视节目的拍摄、书画摄影以及举办各种节会，如“文化节”、“服装节”等。

3. 教育事业

教育事业关系千家万户。赞助教育事业，有助于教育事业的发展，能显示组织对社会的高度责任感，从而树立组织的良好形象。赞助的主要方式有：兴办学校，兴建学校图书馆、科技馆、教学楼，建立基金会，提供奖学金，提供科研经费，添置教学设备、图书资料，赞助青少年活动，奖励教育工作者等。

4. 福利事业

赞助社会福利和慈善事业，是组织谋求政府和社区两大公众关系的最佳手段。这种赞助虽然没有前述几项赞助的影响广，但却更能体现组织对社会公德的关心，是组织积极承担社会责任和义务的重要途径，因而最容易获得公众的好评，提高美誉度。这类活动的对象主要涉及社会救济对象。其主要方式有赈灾，对敬老院、孤儿院的捐助，兴办残疾人事业，提供医疗设施等。

5. 学术活动

赞助学术科研活动，影响面虽然不大，但意义却是深远的。它可以推动与本组织性质、产品和服务有关的科学研究的深入，为组织的进一步发展奠定基础，使企业保持旺盛的生命力，在同行业中处于领先地位。这项活动的主要方式有与科研机构挂钩，提供经费，资助科研项目，赞助学术讨论会，资助出版学术著作等。

6. 市政建设

赞助市政建设能得到地方政府、社区公众的认同与支持，使组织获得良好的声誉。有些道路、桥梁以赞助单位命名，更能大大提高组织的知名度。这项活动的主要方式是资助市政建设中的交通、绿化、排污工程，生态环境保护等。

二、公益赞助的原则与步骤

1. 社会效应原则

要认真研究赞助对象和项目的社会意义与影响，分析赞助的社会效果。组织所赞助的对象必须有可靠及良好的社会背景和社会信誉，所赞助的项目必须有积极的社会意义和广泛的社会影响力。

2. 传播效果原则

赞助属于公益型公共关系，赞助的项目应该有利于扩大本组织的知名度和美誉度。赞助是一种直接提供金钱和物质来进行的传播活动，因此必须考虑传播效果。不仅要使赞助的项目本身能有效地扩大企业及其产品的社会影响范围，而且要分析公众特别是大众传播媒介对有关赞助项目的关注程度，明确对于赞助所给予的传播补偿方式和条件，力争取得最好的传播效果。

3. 自愿原则

赞助应该是有目的、有计划的自愿行为，而不是赶时髦、凑热闹。赞助有组织主动申报承接的，也有答应被赞助单位的请求的，不论何种情况,都应该是真正自愿的,而不是勉强的。这就要求公关人员对赞助对象进行比较分析,慎重作出选择。对明显不能对其提供赞助的征募者,组织应坦率而诚恳地解释组织的有关政策,婉言拒绝。

4. 量力而行原则

公益赞助对组织和社会都是有意义的。但对组织来说并不是越多越好,越大越好。在一定的时期内,向谁赞助?赞助多少?怎样赞助?都要根据组织的承受能力来决定。如果超出了组织的承受能力,对组织的生存和发展带来负面影响,那就有悖于赞助的初衷和公共关系的基本宗旨。

5. 倾斜优先原则

赞助当然是向公益性组织和服务性组织提供的,但这些组织在自身性质和所处环境等方面都有特殊的情况。要分析这种情况,分清轻重缓急,尽量做到"雪中送炭",而不是"锦上添花"。一般说来,要优先对各种慈善事业、社会福利事业、公共设施和教育事业进行赞助,进行倾斜照顾。这样做既表明组织对社会的责任和义务,又较容易获得社会各界的好感。

为了保证赞助能获得最佳的信誉投资效果,赞助还应遵循一定的科学程序。一般的程序是:

(1)慎重选择赞助对象。选择的基本原则是引导公益事业方向,符合组织公关目标。前者是指对社会的宏观需要和长远需要有利有益,后者是指对组织的现状和发展有利有益。为此,必须对赞助的对象和项目进行详细的调查论证。

(2)制定年度赞助计划。在调查研究的基础上,根据组织的赞助方向、赞助政策和赞助能力,拟定年度赞助计划。其主要内容有:赞助目的,赞助金额,赞助方式,赞助时机等。赞助计划是赞助活动的具体化,是整个赞助活动的基本依据。赞助计划一定要尽量具体和留有余地。

(3)评定审核赞助项目。这一步主要是针对具体赞助项目进行的,对每一项具体赞助项目,都应进行分析研究。首先,对赞助项目进行总体评价和估计，检查是否符合赞助方向。其次，对赞助效果进行质和量的评估。质的评估主要是这次赞助向社会表明了所承担的社会义务和责任，社会公众对此有何评论，能否起到树立组织良好形象的作用。量的评估是从作用的大小，影响的覆盖范围，营销效益等方面进行。审核是结合年度的赞助计划，对制定每个赞助项目的子计划和具体实施方案进行审定。

(4)实施落实赞助活动。在赞助计划和具体赞助项目确定以后，应派出专门的公共关系人员去实施赞助方案。在实施过程中，公关人员要利用各种有效的公关手段，创造出组织内外的"人和"气氛，尽可能扩大赞助活动的社会影响。与此同时，组织还应以各种传播手段，扩大赞助活动的影响，使赞助活动的效益达到最佳峰值。在实施过程中，还应将公关人员的形象和组织的形象一体化，谋求被赞助者和社会公众的好感，使赞助获得圆满的成功。

第五节　展览与展销

在诸多公共关系实务中，举办展览会、展销会是一种综合运用多种信息传播技术的专题活动。与一般的文字交流和电子媒介相比，展览展销会更具宣传力、吸引力。

一、展览与展销会的特点

展览会和展销会有很多共同点，也有一定的区别。从二者的共同点来看，它们都是通过集中的实物展示和示范表演，配之以多种传播媒介的复合传播形式，来宣传产品和企业形象的专门性公关活动。从二者的不同之处来看，展览会是以实物、模型、文字、图表、音像、影视材料等为媒介，以介绍企业、团体、机关甚至个人的各种情况、工作成就、最新产品、最新技术等为主要内容，纯粹是一种公关宣传活动；展销会则是一种目的明确的经济活动，以推销产品、转让技术等为主要内容，它是公关宣传活动的继续和延伸，是公共关系与市场销售的“协同作战”。

这里所讲的有关内容，是就展览会和展销会的共同点而言的。展览展销会的基本特点是：

(1) 集中性。展览展销会在各种不同的名目下，可以组织全行业或跨行业、全地区或跨地区以至全国的商品样品于一个展示场所。组织可以倾其所有和盘托出，公众可以货比三家，博采众长，双方都有便利之处。

(2) 复合性。展览展销会可以同时使用多种媒介进行交叉混合传播，包括声音的媒介，如讲解、交谈和现场广播；文字的媒介，如印刷的宣传手册、介绍材料；图像的媒介，如各种照片、幻灯片和录像等。

(3) 直观性。展览展销会通常以展出实物为主，并进行现场的示范表演，真实可信，形象生动，带有一定艺术和娱乐价值，能唤起观众的好奇心，强化观众的记忆，使现场观众对组织和产品留下深刻的印象。

(4) 沟通性。展览展销会上，一般都有专人讲解并回答参观者提出的问题，还可以就他们感兴趣的东西进行深入地讨论。这样，组织在让公众了解自己的同时，也在了解公众对自身形象、展品的意见，从而根据公众的信息反馈进一步改进组织的各项工作。

(5) 轰动性。展览展销会期间，大批厂家、客户在有限的时间、空间内汇集一处，政府部门、公交系统、餐旅业都随之加速运转，往往能酿成节日气氛，创造轰动效应，在当地公众生活中造成巨大影响，甚至能明显地刺激社会购买力的活跃，带来一定的繁荣景象。这种情况，又往往引起新闻界的注意，大量的新闻宣传又必然使这种影响进一步扩大。

二、展览展销会的类型

展览展销会的类型很多，可以用不同的标准划分：

(1) 按参展企业划分。有单一的、行业的和地区性综合的展览展销会。单一的是指单个企业自行组织的集中性贸易活动,一般规模较小,在节假日期间较为多见。行业的是指某行业系统的企业共同参展的展览展销会,它集中了某一地区同类型生产或经营企业,一般规模较大。地区性综合的则是上级主管部门发起和组织的多品种、多企业、多层次的展览展销会,规模就更大。

(2) 按参展商品种类划分。有单一(系列)商品展览展销会和混合商品展览展销会。前者指品种单一但规格却众多的展览展销会,由于是系列商品陈列,一般集中了某一品种的多种牌号,包括国内外多种型号,因而便于求购者的比较和选择,往往竞争非常激烈,这种形式也可称为纵向展览展销会。后者是指多种商品的组合,品种繁多,可以满足消费者的多种需求,这种形式又可称为横向展览展销会。

(3) 按占用场地划分,有室内展览展销会和室外展览展销会。二者在展览展销商品的性质、规模等方面都有不同。大多数展览展销会都在室内举行,显得较为隆重,且不受天气影响,举办时间可以延长,但室内展览展销会的布置较为复杂。所需费用也较大,一般适宜于较为精致、价值较高的商品。露天展览展销会的最大特点是布置工作较为简单,所花费用可大大减少,但受天气的影响较大,一般适用于农产品、生产资料产品的展出。

(4) 按展出持续的时间划分,有长期的、定期的、临时的展览展销会。长期的展览展销会,一般有固定的内容和形式,如博物馆。定期的展览展销会,一般都定期更换内容,形式相对稳定,如美术馆、农业展览馆。临时的展览展销会一般都时间较短,或者仅仅一次,或者周期性地举行,如春季商品展销会。

(5) 从展览会的性质来划分,有贸易展览会和宣传展览会。前者的目的是看作实物广告,促进商品销售,而后者的目的则是宣传某一观点、思想和信仰,或者是让人们了解某一段史实,如中国丝绸产品展览会和交通安全展览会。这两种展览的展品也是不同的,前者主要是实物产品,后者通常展出照片资料、图表和有关实物。

三、展览展销会的策划筹办

(1) 制定展出主题。举办展览展销会要有明确的主题,或以贸易为主,或以宣传为主,要根据主题决定展览展销会所使用的沟通方法、展出的规模和形式以及接待的方式。

(2) 确定参展组织。要对可能参展的组织做好宣传和吸引工作,可采用广告的形式,也可采用邀请函的形式,但不论哪种形式,都要讲清此次展出的宗旨、项目类型、估计参观者的类型和人数、有关要求、费用预算等情况,以便提供参展组织的决策。

(3) 培训工作人员。展览展销会工作人员的素质,直接关系着展出的实际效果。因此,要对讲解员、接待员、服务员以及业务洽谈人员进行严格的公共关系训练,并就展出的项目、内容进行专业知识培训。

(4) 明确公众类型。展览展销会的直接公众是参观者,要针对特定的公众,采取相应的工作方法和传播手段。在展出的策划阶段,必须明确基本的目标公众和重点公众,明确公众的基本素质和愿望需求。公众的情况明确了,工作的针对性也就增强了,比如,对懂得展出商品专业知识的公众和对一般的消费者公众,在讲解人员的配备上就应有所不同。

(5) 选择展出地点。地点的选择要考虑到多种因素,诸如参观者是否容易寻找、乘车是否方便、食宿是否便当、周围环境是否与主题相关、辅助设施是否容易配备和安置等。地点是展出活动中的一个重要因素,必须慎重考虑,妥善选择。

(6) 确定费用预算。展览展销会要有基本的费用保障,在预算时要根据组织的整体实力、承受能力、发展状况及发展战略等多种因素来综合考虑。一般的费用项目包括:场地费用、设计费用、职员费用、宣传费用、联络交际费用、运输费用、保险费用等。费用预算既要精打细算,量力而行,又要留有余地,便于工作。费用预算一经确定,便是整个展出活动的重要的制约因素。

(7) 编制宣传材料。展览展销会所担负的一个重要任务就是宣传企业、宣传产品、沟通信息。所以,必须备有各种小册子、目录卡、录像带、幻灯片等,特别是新产品介绍,必须备有说明材料,而且尽量简练清晰、印制精美。

(8) 成立新闻机构。展览展销会本身就有制造新闻的性质,其间必定有许多具有新闻价值的东西,这就需要成立一个专门对外发布新闻的机构,一方面负责挖掘和撰写新闻稿,另一方面负责与新闻界的沟通联络。

(9) 准备相关条件。展览展销会的举办,不是组织自身完全能承包下来的,它需要社会有关部门及方方面面的配合与支持,这就要事先做好协调与沟通工作。比如,举办一个国际性的展览会,应该设有处理对外贸易业务的部门,附设产品订购、文书、邮政、检验、海关、海陆空运输、旅游和饭店等服务部门。

(10) 做好导展工作。展览展销会要时刻为参观者着想,为他们提供一切方便条件。在布置展览厅时,要在展厅的入口处设立咨询台和签到处,并贴出展览会的平面图,为参观者当向导。

四、展览展销会的操作实施

大量的准备工作为展览展销会的顺利举行创造了有利的条件,在开幕之后如何有效地操作和实施,就成为最重要、最关键的问题。

1. 做好接待服务,形成良好印象

参观者进入展出场地,接待服务人员要热情诚恳地迎接、周到礼貌地服务,力争使参观者对组织形成良好的第一印象。作为接待服务人员,不仅要热情大方,而且应具备良好的修养和素质,能为参观者提供产品、业务方面的咨询服务。

2. 赠予宣传资料,满足精神需求

参观者进入展厅,最渴望的是对本展厅有个全面的了解,这时服务人员应礼貌地送上有关宣传资料,并附上一封热情洋溢的信,使参观者得到精神上的满足,并进而认真地参观本展厅的产品。

3. 细心讲解介绍，展示展品价值

有时参观者进入展厅后，很可能不是对每一件产品都认真、仔细地观看，但解说员娓娓动听的解说，会使展览展销充满生机，仿佛给展品注入了生命的活力，从而使参观者明显感受到它的存在，明了其实际价值。要做到这一点，讲解员就应熟悉展览展销会的全部内容，懂得基本的专业知识，在介绍版面和展品时能以生动流利的语言和丰富的表情，去感染参观者，并能回答有关的提问。

4. 动手操作表演，促使产品成交

对于一些参展产品，就需要技术人员亲自动手操作，并在操作过程中进行必要的讲解，这样可以加深观众对产品的认识和对操作规程的了解。与此同时，还可以通过播放录像、展示产品模型等手段，来激发观众的兴趣，增强其对产品的信赖，最后达成交易。

第六节　对外开放参观

向社会各界开放，及时组织和安排接待广大公众参观本单位的设施建设和工作现场，是增进与社会各界往来，提高组织的透明度，争取外界支持与了解的一个重要手段，故应列入企业经常性的公关活动计划。

企业为了让公众更好地了解自己，通常由公共关系部门负责策划一些对外开放参观活动。在这些开放参观活动中，企业的家属、新闻工作者、学校师生和其他对企业感兴趣的公众等可以到企业参观和考察。企业可利用这些机会向公众进行宣传，表明自己的存在是有利于社会和公众的，以得到公众的理解和支持。企业组织的对外开放参观是件繁杂的工作，但这又是一项很好的公共关系活动，它可以使公众对企业产生兴趣和好感，增强企业的美誉度。组织对外开放参观活动需要做好以下工作：

一、确立主题

任何一次对外开放参观活动，都应确定一个明确的主题，即想通过这次活动让参观者留下怎样的印象，取得什么效果，达到什么目的。企业的对外开放参观活动，最常见的主题是：强调企业的优良工作环境，表明企业是社区理想的一员，企业只会给社区和周围市民造福。

二、安排时间

开放参观的时间最好安排在一些特殊的日子，如周年纪念日、企业开业、逢年过节等。在喜庆的日子里进行参观，可以增添公众的兴趣，获得更好的开放效果。

要有足够时间准备对外开放参观活动。规模较大的开放参观活动需3～6个月的准备时间，如果还要准备大规模的展览、编印纪念册或其他特别节目，则需时更多。策划者还要合理安排活动开放时间，尽量避开假期。考虑到气候原因，较理想的开放日一般以晚春和早秋季节为宜。

三、成立专门机构

如欲将开放参观活动办得尽善尽美，就需要成立一个专门的活动筹备委员会。委员会成员应包括企业领导、公共关系人员、行政和人事部门人员等。如果主题是强调服务或产品，则还要有营销部门人员与专业技术人员参与。

四、准备宣传工作

要想使开放参观获得成功，最重要的是做好各种宣传工作。准备一份简单易懂的说明书，发给参观者。正式参观前放映录像或幻灯进行介绍，可以帮助参观者了解企业的概况。之后，由向导陪引参观者沿参观线路作进一步解说和回答问题。最好将参观者分成五六人一个小组，这样即使场地嘈杂，也能让参观者听清讲解。如果设置较明显的路标为参观者导向，那么就可以安排专人在人们可能最感兴趣的地方做集中讲解。

要使参观活动产生持久效果，不妨赠送参观者一份有纪念性的小册子。这些小册子通过参观者之手转送未能亲自参加参观的人，还能成为十分有用的传播媒介。

五、划分参观路线

提前划分参观路线，防止参观者越过参观所限范围，以免出现不必要麻烦和事故。有些企业往往担心开放参观活动会使秘密技术泄露，其实，只要精心妥善安排是不会出现这种情况的。

思考与练习

1. 怎样给一个企业(产品)取名？选择企业品牌图案设计的题材有哪些方面？
2. 危机事件一旦发生，公关人员面对不同的公众对象可以采取哪些不同的化解对策？
3. 举办新闻发布会(记者招待会)应注意什么操作要点？
4. 企业参与公益赞助的原则和步骤是什么？
5. 怎样策划一场成功的展览(展销)会？